Colección Támesis
SERIE B: TEXTOS, 45

MOCEDADES DE RODRIGO

A más de veinte años de la última edición aparecida de las *Mocedades de Rodrigo*, la presente edición ofrece la novedad de presentar los tres estados reconocibles del proceso de transmisión y reelaboración del poema, que va desde la composición original hasta el único testimonio conservado. El libro consta de una edición paleográfica del manuscrito (*Crónica rimada*), una edición crítica del poema reelaborado por un clérigo pro-palentino (*Refundición de las Mocedades de Rodrigo*) y una reconstrucción conjetural del cantar de gesta original (*Gesta de las Mocedades de Rodrigo*). El trabajo editorial se completa con un detenido estudio de las características de la obra como poema épico tardío, su proceso compositivo, estructura narrativa, ideología e inserción contextual. El análisis literario desplegado en las notas redondea un exhaustivo comentario del poema que tiene en cuenta casi toda la producción crítica desde Menéndez Pidal hasta la fecha y que proporciona una nueva concepción de la obra, basada en los conceptos de heterogeneidad y fragmentarismo como principios constructivos de la textualidad bajo-medieval.

LEONARDO FUNES es catedrático de literatura medieval española de la Universidad de Buenos Aires.

A Claudia,
que todo lo ilumina

MOCEDADES DE RODRIGO

Estudio y edición de los tres estados del texto
al cuidado de
LEONARDO FUNES

con la colaboración de
Felipe Tenenbaum

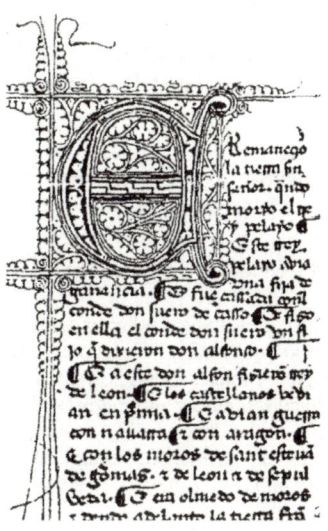

TAMESIS

© Leonardo Funes 2004

All Rights Reserved. Except as permitted under current legislation no part of this work may be photocopied, stored in a retrieval system, published, performed in public, adapted, broadcast, transmitted, recorded or reproduced in any form or by any means, without the prior permission of the copyright owner

The right of Leonardo Funes to be identified as the author of this work has been asserted in accordance with sections 77 and 78 of the Copyright, Designs and Patents Act 1988

First published 2004
by Tamesis, Woodbridge

ISBN 1 85566 101 2

Tamesis is an imprint of Boydell & Brewer Ltd
PO Box 9, Woodbridge, Suffolk IP12 3DF, UK
and of Boydell & Brewer Inc.
669 Mt Hope Avenue, Rochester, NY 14620, USA
website: www.boydellandbrewer.com

A CIP catalogue record for this book is available
from the British Library

Library of Congress Cataloging-in-Publication Data
Funes, Leonardo.
  Mocedades de Rodrigo : estudio y edición de los tres estados del texto / al cuidado de Leonardo Funes ; con la colaboración de Felipe Tenenbaum.
    p. cm. – (Colección Támesis. Serie B, Textos ; 45)
Includes bibliographical references and index.
  ISBN 1–85566–101–2 (hardback : alk. paper)
1. Crónica rimada del Cid. – Criticism, Textual. 2. Cid, ca. 1043–1099 – Romances – History and criticism. I. Tenenbaum, Felipe. II. Title.
PQ6366.A4 2004
861'.1 – dc22   2004001177

This publication is printed on acid-free paper

Printed in Great Britain by
Antony Rowe Ltd, Chippenham, Wiltshire

ÍNDICE GENERAL

Prefacio vii
Estudio. ix
  1. *Mocedades de Rodrigo* como poema épico tardío xi
      1.1. *Mocedades de Rodrigo* y la materia épica cidiana xi
      1.2. La condición de poema épico tardío xv
  2. El proceso compositivo de las *Mocedades de Rodrigo* xxi
      2.1. Las huellas fragmentarias del proceso compositivo en el texto conservado. xxvi
      2.2. Descripción del testimonio conservado. xxvii
      2.3. Los estadios textuales xxix
          2.3.1. El texto del códice parisino como estadio recepcional (la *Crónica rimada del Cid*) xxix
          2.3.2. La *Refundición de las Mocedades de Rodrigo* xxxiv
          2.3.3. La *Gesta* primitiva xxxviii
  3. Análisis histórico-literario de *Mocedades de Rodrigo* xxxix
      3.1. Fragmentarismo y heterogeneidad en su estructura narrativa . . . xl
      3.2. Fragmentarismo y heterogeneidad en su ideología. lii
      3.3. El poema tardío en un contexto de crisis lx
  4. Crítica textual de *Mocedades de Rodrigo*. lxii
      4.1. Ediciones anteriores. lxii
      4.2. La presente propuesta ecdótica lxvii
      4.3. Criterios de edición y de presentación gráfica lxx

Edición crítica 1
  1. *Crónica rimada*. Transcripción paleográfica del Ms. BNF Fonds Esp. 12 2
  2. *Refundición de las Mocedades de Rodrigo*. Edición crítica. 3
  3. *Gesta primitiva de las Mocedades de Rodrigo*. Reconstrucción conjetural 119

Tabla de episodios de la *Refundición de las Mocedades de Rodrigo* . . 151
Notas histórico-literarias 153
Glosario 182
Obras citadas 186

Índice onomástico 195
Índice de topónimos 200
Índice de materias 203

Printed and published with the assistance of the
Modern Humanities Research Association

PREFACIO

Como suele ocurrir con tantos temas de investigación, mi interés en las *Mocedades de Rodrigo* nació de la necesidad de preparar unas clases sobre el texto para el curso general de Literatura española medieval de la Universidad de Buenos Aires. Mediaba la década de los '80 y la cátedra resurgía bajo la dirección de mi maestro Germán Orduna. Por cierto que mi gusto (poco compartido) por este poema había nacido de lecturas anteriores, enriquecidas por los estudios de Ramón Menéndez Pidal, Samuel Armistead y Alan Deyermond. Ya entonces me intrigaba entender cómo interpretaciones tan diversas pudieran ser a un tiempo no sólo parejamente brillantes sino también igualmente válidas. Pero el pasaje de la docencia a la investigación fue impulsado por la lectura de un artículo fundamental de Thomas Montgomery ("Some Singular Passages in the *Mocedades de Rodrigo*") y la dirección que mis indagaciones tomaron fue el resultado del encuentro de lecturas críticas tan motivadoras como las nombradas, el entusiasmo que pude despertar en un nutrido grupo de estudiantes (alimento de mi propio entusiasmo) y las perspectivas teóricas que iba madurando bajo la guía de Germán Orduna en el SECRIT, que apuntaban a mantener la distinción entre texto y manuscrito (v. mi artículo de 1983). Todo ello dio sus frutos en un trabajo publicado en *Incipit* en 1987 ("Gesta, refundición, crónica: deslindes textuales en las *Mocedades de Rodrigo*"). Por entonces iba definiendo el tema de mi tesis de doctorado, para el que lo previsible parecía ser el estudio y edición del poema según los lineamientos que ya tenía apuntados. Pero sorpresivamente presenté como tema el estudio del discurso narrativo en la historiografía medieval castellana. Confieso que no fue la decisión más sensata, pero en aquel momento consideré que, teniendo en cuenta que la labor de investigación del SECRIT giraba en torno de las crónicas del siglo XIV, en especial las del Canciller Pero López de Ayala, lo más adecuado era proponer un tema de doctorado más estrechamente ligado a la tarea general del equipo de investigadores.

Esto significó suspender por una década mis estudios sobre *Mocedades* que finalmente pude retomar en 1997, cuando tuve ocasión de visitar la Bibliothèque Nationale de France y realizar una inspección directa del códice que contiene el poema. A partir de entonces y con infinitas interrupciones para atender las variadas obligaciones académicas que conlleva nuestra profesión en Argentina (donde no existe ni el concepto de año sabático), llevé a cabo el trabajo que se plasma ahora en este libro.

Nada de esto hubiera podido concretar sin la ayuda de un gran número de colegas, amigos y alumnos. La Prof. Florencia Tallone, que reside en Francia, gestionó el envío de las ampliaciones del códice parisino con que inicié el examen textual, la Dra. Ana María Barrenechea me puso en contacto con Israel Burshatin, quien gentilmente me envió una copia de su tesis doctoral. La Prof. Nancy Joe Dyer me hizo llegar una copia (incompleta, por intervención del correo argentino) de la valiosísima tesis doctoral de Samuel Armistead.

En los últimos años la generosa disposición de muchos colegas de mi país y del extranjero me permitió enriquecer la investigación con aportes bibliográficos para mí inaccesibles y con muy oportunos comentarios; en este aspecto quiero destacar mi deuda especial con Alberto Montaner, que tanto sabe de tantas cosas, y luego sí, mencionar a Daniel Altamiranda, mis compañeros del SECRIT (José Luis Moure, Jorge Ferro, Hugo O. Bizzarri, Gloria Chicote, Lilia F. de Orduna, Georgina Olivetto y Mercedes Rodríguez Temperley), Joseph Snow, Thomas Montgomery, Matthew Bailey, Irene Zaderenko, Mercedes Vaquero, José Manuel Lucía Megías, Carlos Alvar, Fernando Gómez Redondo, John Gornall, David Pattison, Barry Taylor y Alan Deyermond. Desde el primer grupo de estudios que coordiné en 1986 hasta mis actuales alumnos de posgrado, muchos estudiantes me ayudaron a pasar en limpio el cotejo de las ediciones, a preparar la bibliografía y a someter a la discusión grupal mis hipótesis. Para todos ellos mi más sincero agradecimiento.

Quería dejar para el final dos menciones especiales. En primer lugar, la ayuda brindada por mi discípulo Felipe Tenenbaum creció tanto que se convirtió en estrecha colaboración desde finales de 1999: en este libro ha sido el primer responsable de la transcripción paleográfica, los comentarios paleográficos del estudio introductorio y la elaboración del glosario; luego, obviamente, corregidos y editados por mí.

En segundo lugar, la generosa intervención de Alan Deyermond fue crucial para que este proyecto editorial se transformara en un libro tangible, dando cima a la aspiración de que mi trabajo alcanzara el honor de compartir la misma serie editorial con su estudio sobre *Mocedades* (que fue, por otra parte, el primer libro en lengua inglesa que leí completo en mis días de estudiante). Todo esto tiene una especial significación para mí, por lo que me complace dejar aquí testimonio de mi inmensa gratitud por haberme permitido concretar este viejo proyecto.

Leonardo Funes
Buenos Aires, julio de 2002

ESTUDIO

El texto que conocemos bajo el nombre de *Mocedades de Rodrigo* es un poema perteneciente al género épico que narra, en su mayor parte, las ficticias hazañas juveniles de quien fuera una personalidad histórica descollante y el máximo héroe épico castellano: Rodrigo o Ruy Díaz de Vivar, el Cid Campeador. Se trata de uno de los escasos testimonios conservados del modesto *corpus* de la poesía épica castellana medieval –el segundo en importancia, después del *Poema de Mio Cid*–, y, de hecho, el único testimonio del período final del género en la Península Ibérica.

El poema pertenece indudablemente al denominado "ciclo épico del Cid", es decir, al conjunto de poemas cuyo protagonista es el Cid: el *Poema de Mio Cid* (= *PMC*), el **Cantar de Sancho II y el cerco de Zamora* (= *Sancho II*), del que conservamos una versión prosificada en la *Crónica general* alfonsí, y, más hipotéticamente, ciertos cantares breves (**Destierro del Cid*, **Cantar de Fernando el Magno* o **Cantar de la partición de los reinos* y **La Jura de Santa Gadea*) que conocemos a través de crónicas o de romances.[1]

Como es el caso de tantas obras castellanas medievales, *Mocedades de Rodrigo* (= *MR*) se conserva en un solo testimonio: el Ms. Fonds Espagnol 12 de la Bibliothèque Nationale de France. A ello hay que agregar algunos testimonios secundarios: versiones cronísticas extensas, como las que encontramos en la *Crónica de Castilla* (= *CC*) y en la *Crónica General de 1344* (= *CG1344*), y relativamente breves, como las que aparecen en el *Libro de las bienandanzas e fortunas*, de Lope García de Salazar (1471–76) y en la segunda redacción o versión interpolada del *Compendio historial* de Diego Rodríguez de Almela (1504–16), y por último, versiones romancísticas de diversos episodios, tales como los romances impresos en el siglo XVI *Cada día que amanece, En Burgos está el buen rey, Día era de los reyes, Cabalga Diego Laínez, Rey don Sancho, rey don Sancho, A concilio dentro en Roma*, y romances recogidos de la tradición oral moderna en Andalucía, Gran Canaria, Azores, Madeira y Marruecos, principalmente, que hablan de las

---

[1] Sobre estos casos, véase Deyermond 1995: 92–105 y la bibliografía allí indicada. Habría que agregar a este ciclo el recientemente individualizado por Alberto Montaner *Epitafio épico del Cid*, un breve poema de seis versos en el irregular metro épico castellano, aparentemente escrito en el monasterio de San Pedro de Cardeña (v. Montaner, en prensa).

Quejas de Jimena ante el rey, del encuentro de Rodrigo y su padre con el rey y de la campaña de Francia.[2]

La amplitud y heterogeneidad de estos materiales básicos que nos han transmitido la obra han dado pie a las hipótesis más diversas y aún contrapuestas sobre todos sus aspectos históricos, literarios y textuales, desde la estructura narrativa hasta su propia nominación. Ello me obligará a acompañar mi caracterización general y particular de MR con un somero repaso de las diferentes opiniones de la crítica especializada.

Debido a que el testimonio conservado es fragmentario en su comienzo y en su final, no contamos con una titulación ni con un *incipit* o un *explicit* que nos permita conocer la nominación original de la obra; de modo que la crítica ha propuesto distintos nombres de acuerdo con apreciaciones sobre su contenido o su forma. En principio, el nombre de *Crónica rimada* acuñado por su (re)descubridor Eugenio de Ochoa, tuvo aceptación general. En la primera descripción hecha en época moderna del texto, Ochoa decía: "en el folio 187, comienza otra crónica general de España, desde la muerte del Rey Don Pelayo hasta Don Fernando el Magno, pero en la que casi exclusivamente se trata del Cid, de modo que más debiera llamarse crónica de este famoso Castellano" (1844: 106; regularizo la acentuación aquí y en citas subsiguientes). Y con el largo título de *Crónica rimada de las cosas de España desde la muerte del Rey don Pelayo hasta Don Fernando el Magno, y mas particularmente de las aventuras del Cid*, fue publicado por primera vez, dos años después, por Francisque Michel. *Crónica rimada del Cid* fue, pues, la denominación preferida hasta principios del siglo XX (y todavía la aceptaba Raymond Willis en 1972), con las excepciones de José Amador de los Ríos, que acuña el nombre de *Leyenda de las Mocedades de Rodrigo* (1863: 69, n.), de Manuel Milá y Fontanals, que le da el nombre de *El Rodrigo*, sin descartar el de *Crónica rimada* (1959: 327) y de James Fitzmaurice-Kelly, que lo llamó *Cantar de Rodrigo* (1898: 52). Con Menéndez Pidal aparece el nombre de *Mocedades de Rodrigo* en sus conferencias de Baltimore de 1909 (1945: 108), luego modificado en *Refundición de las Mocedades de Rodrigo* (1957: 315), aunque al editar el texto en 1951 eligió llamarlo *Rodrigo y el rey Fernando*. Todos estos títulos son en alguna medida válidos, hasta el muy discutido de *Crónica rimada*; pero por razones que explico en otro lugar (Funes 1987: 83), prefiero mantener el nombre de *Mocedades de Rodrigo*; de esta manera se evita la siempre discutible adscripción genérica (gesta, refundición, crónica rimada) y se aprovecha la nominación más temprana que recibió esta materia legendaria: la recepción aurisecular plasmada en la obra dramática de Guillén de Castro (*Las mocedades del Cid*).

---

[2] Para el estudio de esta masa de testimonios secundarios es imprescindible acudir a los trabajos de Samuel Armistead, desde su tesis inédita (1955) hasta su libro que reúne, actualizados, muchos de sus artículos sobre el tema (2000).

1. MOCEDADES DE RODRIGO COMO POEMA ÉPICO TARDÍO

1.1. "Mocedades de Rodrigo" y la materia épica cidiana

Cualquier síntesis panorámica del problema de la épica castellana medieval –y de la materia épica cidiana en particular– enfrenta la doble dificultad de la complejidad de un objeto cuyos propios perfiles son en gran parte hipotéticos y de la abundantísima producción crítica reciente, que en las últimas décadas ha prolongado y expandido controversias ya seculares.

En líneas generales se pueden reconocer en la producción erudita dos tendencias dominantes: una que perpetúa la vieja discusión entre los (autodenominados) neotradicionalistas y los (que han sido llamados por sus adversarios) neoindividualistas y la otra que intenta superar esta polémica y enfocar el fenómeno desde nuevas perspectivas.

La primera muestra signos de agotamiento en la medida en que las posiciones de unos y otros, en lo que podríamos llamar la "etapa anglosajona" de la polémica, se han vuelto cuasi-dogmáticas. Por un lado, esto es muy visible en trabajos como los de Ian Michael (1992) y Samuel Armistead (1989), donde no hay intención de un replanteo o revisión a fondo de las concepciones antagónicas del fenómeno épico. Pero, por otro lado, los límites aparecen muy pronto en aquellos casos en que se intenta un acercamiento de posturas, como en uno de los últimos trabajos de Colin Smith (1994).

La segunda tendencia tiene a su favor la voluntad de explorar nuevas aproximaciones al fenómeno épico: tales son el caso de Alberto Montaner (1993), quien nos ofrece un estudio omnicomprensivo de la problemática cidiana, como introducción a su edición crítica del *Poema*, el de Víctor Millet (1994), cuyo planteo ubica el problema de la épica en una perspectiva nueva, y el de Fernando Gómez Redondo (1997), que ofrece una visión tan novedosa como polémica de la interrelación de épica oral y crónicas latinas del siglo XII.

Una de las principales dificultades que enfrenta esta segunda tendencia es lograr una formulación de sus hipótesis cuyos términos permitan superar el constante riesgo de quedar involucrados en la vieja polémica y de ser encasillados en uno u otro bando. Por mi parte, y dentro de esta tendencia, intento una descripción del proceso evolutivo de la poesía épica en la Castilla medieval como producto de la interacción, muy tensionada, de prácticas discursivas como la actuación juglaresca, la escritura en verso y la escritura en prosa.

Desde esta perspectiva la épica es, en principio, resultado de una práctica discursiva surgida en un ámbito cultural donde la oralidad todavía es dominante: la actuación juglaresca, que se apoya tecnológicamente en el ejercicio adiestrado de la voz, la memoria, la gestualidad y en el dominio tanto de una combinatoria de episodios y motivos (fundamento de su productividad narrativa) como del espacio concreto de la enunciación, la escena juglaresca (fundamento de la concretización de esa productividad narrativa).

La característica propia de este fenómeno cultural, reconocible en lugares y épocas diversos, abona la existencia misma de una épica oral en Castilla anterior a los textos documentados. Consciente de las dificultades del caso, me arriesgo a decir una palabra sobre la fase inicial de emergencia de la épica castellana, poniendo entre paréntesis el problema de la relación entre esa épica oral y los testimonios conservados y enfocándome en dos factores: (1) la función social de la épica y de la actuación juglaresca en tanto práctica discursiva y (2) la existencia de una edad heroica.

Sobre el primer factor, es necesario recordar que el juglar era el portavoz de la comunidad y el depositario de los relatos que conformaban el patrimonio cultural y la identidad comunitaria. Su práctica tenía, además de la función recreativa, una función conmemorativa y celebratoria de esa identidad –y en ello residía su autoridad ideológica como institución cultural. Simultáneamente, cumplía una función historiográfica, que debe entenderse no según la concepción esencialista pidalina (la épica *es* historia popular), sino de acuerdo con la visión dinámica sugerida por Joseph Duggan (1986): una forma discursiva de origen tradicional que se apropia del conocimiento histórico, lo re-configura y lo dirige a un nuevo público.

En cuanto a la edad heroica, sabemos por C. M. Bowra (1964) que para que exista poesía épica es necesario que exista una edad heroica a la cual remitirse. Tal y como ha demostrado Alan Deyermond (1973: 67–81), serán los tiempos pioneros del surgimiento de Castilla, primero como condado y luego como reino, los que proporcionarán una edad heroica al pueblo castellano, una época capaz de incitar a los coetáneos de la poesía heroica a la emulación de las glorias de sus antepasados. Sabemos también por Bowra que esa edad solía ubicarse en un tiempo remoto: no es el caso de Castilla, cuya edad heroica se ubica en los siglos X y XI. Ahora bien, es necesario marcar aquí una diferencia: para Menéndez Pidal "edad heroica" no correspondía al momento de lo narrado sino al momento de la creación; era, pues, la época en que se compusieron los cantares de gesta; para Deyermond coinciden ambos aspectos, pues acepta que "la edad de ciertos poemas se remonte –tal vez– a la propia edad heroica" (1973: 67). Por mi parte, no acepto esta confusión: la funcionalidad ideológica de la actuación juglaresca necesita de la construcción de un imaginario heroico situado en el pasado. En efecto, así como una poesía épica necesita de una edad heroica a la que remitirse, esa edad heroica necesita de un contexto histórico que motive su creación.

Ese contexto de emergencia puede situarse en la segunda mitad del siglo XII, en medio de crecientes dificultades internas (minoría de Alfonso VIII, conflictos con el reino de León) y externas (desventajosa situación en la pugna con el Imperio almohade). La tradición épica sobre los condes de

Castilla y la figura del Cid proyectó una edad heroica en un pasado bastante cercano pero ya nimbado de gloria; de este modo logró cohesionar al pueblo castellano en una situación histórica desfavorable: la actuación juglaresca fue el motor fundamental para la celebración de la identidad de un pueblo, generando lo que Francisco Rico (1993) llama, refiriéndose al *Poema de Mio Cid*, un canto de frontera y, agrego, un espíritu de pioneros con arrestos de cruzada que culminó en Las Navas de Tolosa y en la expansión fulminante sobre Andalucía y Murcia en la primera mitad del siglo XIII. Si bien este esquema explicativo tiene dificultades para dar cuenta de la épica castellana en su totalidad (pensemos en el ciclo carolingio, por ejemplo), al menos es absolutamente pertinente para el caso de la materia épica cidiana.

A mediados del siglo XII, la actuación juglaresca era sin dudas la práctica discursiva dominante en una cultura casi completamente oral; los cantares de gesta producidos por aquellos juglares celebraban las pasiones heroicas esenciales (rebeldía y triunfo, traición y venganza), la singularidad del héroe en su búsqueda riesgosa del honor, la revitalización del orden tradicional mediante la transgresión o la muerte de lo viejo y su reemplazo por la nueva sangre. En consonancia con este clima hay que pensar en un hipotético primer *Cantar de Mio Cid* que abarcaría desde el destierro hasta la toma de Valencia (Deyermond 1995: 82–85 y Gómez Redondo 1997: 718), también quizás en una primera versión de *Sancho II* y en la *Jura de Santa Gadea*. Estos valores que alimentaban el imaginario de una comunidad en busca de la autodeterminación y la afirmación de su identidad, jamás hubieran sido aceptados un siglo después por los cronistas alfonsíes debido a su abierto contraste con la ideología monárquica de Alfonso X.

Pero en aquel momento el mundo de la escritura estaba circunscripto al ámbito de la erudición latina. Si bien la *Historia Roderici* y el *Carmen Campidoctoris* son testimonios elocuentes del profundo interés de ese ámbito culto por la figura del Cid, los clérigos cronistas del siglo XII y principios del XIII prestaron una atención selectiva y crítica a estos poemas narrativos orales, limitándose a espigar en su contenido informativo, cotejando sus datos divergentes para aceptarlos o desautorizarlos según los casos. Esta consideración fluctuante de las versiones juglarescas de los hechos históricos que encontramos en las crónicas hispano-latinas es un claro indicio de la desigual contienda que en el seno de una cultura oral libraba la escritura latina contra las prácticas discursivas orales.

En la primera mitad del siglo XIII la situación evolucionó y el ámbito de la escritura se extendió a la lengua romance, generando nuevas relaciones entre lo escrito y lo oral. La práctica juglaresca continuó su desarrollo, pero, ya en el contexto de una incipiente cultura manuscrita, su arte fue lo que con acierto Montgomery (1977) llama, refiriéndose al *PMC*, "oral art in transition". El fenómeno que define la nueva interrelación de las prácticas discursivas es la *puesta por escrito de los cantares de gesta* (Orduna 1985). Más allá de la discusión sobre la medida en que esa puesta por escrito significó una puesta en obra artística, los poemas transcriptos vehiculizaron nuevos valores que orientaban la fuerza originaria hacia un nuevo equilibrio. Tal fue, al menos, la experiencia en el ámbito castellano: la celebración de un orden nuevo pero conciliatorio, manifestado narrativa y artísticamente en la plasmación de una dimensión humana de lo heroico. De eso nos habla el texto conservado del *PMC* y lo que puede reconstruirse de la versión prosificada de *Sancho II*.

En la segunda mitad del siglo XIII, la ideología subyacente en estos poemas ofrecía, por fin, suficientes puntos de contacto como para ser acogidos *in extenso* en la naciente historiografía romance. Concordes en lo ideológico, los poemas tenían sobre las fuentes cronísticas la ventaja de su eficacia narrativa: la historia se simplificaba poéticamente realzando sus conflictos esenciales (mediante la disposición en orden progresivo de los avatares guerreros del personaje o la condensación de hechos o situaciones reiteradas de su vida política). De esta manera, el fenómeno de la *prosificación del discurso poético* significó el productivo encuentro de la épica y de la historia en el seno de la prosa historiográfica alfonsí, tanto en el plano de la forma como en el de la ideología.

Con este fenómeno, y ya ubicados en el período post-alfonsí, se inaugura una nueva etapa en la evolución de la épica castellana, que podríamos llamar "fase prosística tardía". El adjetivo "prosística" no significa que el género épico haya pasado simplemente a componerse en prosa, sino que en esta etapa la labor prosificatoria, que conocemos indirectamente en los textos cronísticos que nos han llegado (los borradores alfonsíes y las derivaciones post-alfonsíes de la *Crónica general de España* que proliferaron desde fines del s. XIII hasta fines del s. XIV), significó un avance decisivo de la escritura sobre la oralidad y de la prosa sobre el verso, lo que tuvo enormes consecuencias para la producción y la difusión del género épico. Por un lado, la leyenda épica del Cid, por ejemplo, comenzó a circular de modo cada vez más preponderante en su versión prosística; por otro lado, mientras la oralidad recuperaba su fuerza en la fragmentación de los viejos cantares, al precio de optar por lo lírico-narrativo, es decir, lo esencialmente estético que nutre el Romancero épico, los siglos XIV y XV conocían la pretendidamente verdadera historia de sus héroes a través de las crónicas. Este proceso de hegemonización de la prosa culminará, en el caso del Cid, con la publicación de la *Crónica particular del Cid* por Juan de Velorado (Burgos, Fadrique Aleman, 1512).

De esta fase prosística tardía de la épica castellana se conserva un solo texto: las *Mocedades de Rodrigo*. De modo que, como se ha dicho tantas veces, el orden cronológico de la composición de los cantares extensos sobre el Cid (*PMC* → *Sancho II* → *MR*) es inverso al orden cronológico de la vida del héroe (mocedades, adultez, madurez). Pero habría que agregar que las características de este grupo como ciclo son notablemente particulares en relación con otros ciclos épicos: hay en este caso una distancia temporal y una diferencia formal e ideológica muy grandes entre *PMC* y *Sancho II* por un lado, y *MR* por otro; no obstante, *MR* revela una conciencia muy grande de pertenencia a una macro-narrativa (que tal sería en este caso la definición más exacta de ciclo), al punto de construir su armazón argumental con numerosos motivos extraídos directamente de los poemas previos, según se verá más adelante. Con lo que, a pesar de las enormes diferencias constitutivas (lógico resultado de pertenecer a fases evolutivas diversas) *MR* viene a completar la vida del héroe por sus inicios.

1.2. *La condición de poema épico tardío*

La definición de *MR* como poema épico tardío se ha vuelto problemática por motivos no estrictamente histórico-literarios. El juicio lapidario de la crítica decimonónica sobre su calidad estética ha pesado en la valoración del texto conservado y en la caracterización del período tardío de la épica española. Y lo ha hecho tanto en quienes confirmaron el carácter fallido de la obra (homologando, además, "tardío" con "decadente") como en quienes han reaccionado contra ese juicio negativo y han buscado subrayar los méritos del poema (o de la tradición épica) sobre las mocedades cidianas.

De todo ello ha resultado cierta confusión crítica que a veces lleva a los estudiosos a quedar atrapados involuntariamente en discusiones inconducentes sobre la catadura moral del joven Rodrigo o sobre la congruencia (psicológica) de sus actos –para no hablar de las intenciones vengativas de Jimena.

Los juicios más rotundos sobre *MR*, desde Menéndez Pelayo hasta nuestros días, parecen hablarnos más de la época en que se formularon tales juicios que de la obra misma.[3] Digamos, para no salir del plano de las generalidades, que así como la hegemonía de la versificación regular y rimada en el siglo XIX hacía más chocante el anisosilabismo del verso épico castellano y la moral victoriana hacía más escandalosa la conducta de Rodrigo, en las últimas décadas del siglo XX el imperio del verso libre devolvió al verso épico un carácter poético pleno, a la vez que la puesta en entredicho de una escala de valores única ha conferido a los gestos y desplantes de Rodrigo los apreciados atributos de lo transgresor. Y si aún subsiste cierto consenso sobre la mediocre realización y la escasa coherencia interna del texto conservado, es de esperar que una próxima generación formada en la cultura del video-clip, el *zapping* y el texto-flujo terminará viendo en las *MR* una estructura perfecta.

Frente a este panorama, intentaré una caracterización no evaluativa de las *MR* como poema épico tardío, convencido de que es posible construir un

---

[3] Véase el completo inventario de estos juicios, desde el descubrimiento del poema en adelante, realizado por Alan Deyermond (1969: 29–49), cuyos comentarios sobre estos críticos he tenido muy en cuenta.

saber positivo sobre los textos que tenga, si no una objetividad absoluta, al menos sí la mayor imparcialidad; lo que se traducirá en la búsqueda de un equilibrio entre la historicidad de la comunidad textual en que se compuso y se difundió originalmente el poema y la historicidad de la cosmovisión de un lector especializado de principios del siglo XXI.

El carácter tardío implica, en principio, una posterioridad cronológica. En este caso, en relación con los poemas y leyendas sobre las hazañas de la madurez del héroe. Sobre este punto, y a la vista de la bibliografía crítica, considero que siguen en pie las líneas básicas de la caracterización formulada por Ramón Menéndez Pidal (1945): *MR* venía a cumplir la función de glosa o prólogo de los cantares sobre el Cid maduro, para lo cual apeló a la pura invención (es decir, no operó mediante la ficcionalización de hechos o personajes reales, sino mediante la reficcionalización de la narración poética), todo lo cual constituía una respuesta a la demanda de un público ávido por saber más sobre uno de sus héroes favoritos. La obra respondía, así, a una ley general de la épica también visible en la epopeya francesa.[4]

---

[4] Esta caracterización requiere al menos dos acotaciones: en primer lugar, el carácter tardío –que no decadente, en el sentido que usualmente le ha asignado la crítica, con Menéndez Pidal a la cabeza– no se ve afectado por el hecho de que en la composición de *MR* se haya apelado al modelo tradicional de las *Enfances* de la epopeya francesa. Precisamente John Gornall (1994–95) intenta impugnar el calificativo de tardío (= decadente) para *MR* argumentando que el género de las Mocedades heroicas se remonta al siglo XII y apoyándose en el cotejo con diversas *chansons de geste* francesas. Pero habría en su argumentación dos puntos débiles: 1°) no distingue entre el tema de la niñez en la *chanson de geste* cuyo héroe es maduro y el niño es un personaje secundario, y el subgénero de las *Enfances* (el propio Menéndez Pidal mostró los paralelismos con la épica francesa). Lo importante desde el punto de vista genérico no es tanto el héroe-niño sino la función de prólogo y glosa (cómo el héroe adquirió sus atributos de la madurez, qué motivó determinadas situaciones que los cantares anteriores presentaban como hechos dados): que esto se cumpla lógicamente en los años mozos está en segundo plano; 2°) lo tardío no depende de una cronología absoluta sino de la cronología interna de cada proceso genérico, con lo cual *MR* se estaría ajustando a un género tradicional *tardío*: no discutiré aquí un tema tan vasto y complejo, pero es oportuno señalar que tanto las características como las fechas de la fase final del género épico son notablemente diferentes en Francia y en Castilla; textos como las *Enfances Guillaume* (fines s. XII–princ. s. XIII), *Enfances Vivien* (princ. s. XIII), *Enfances Garin* (s. XIII), *Enfances Ogier* (fines s. XIII) pertenecen claramente a una fase tardía de la epopeya francesa, como fines del s. XIII y princ. s. XIV es fase tardía para Castilla. Gornall, que ha hecho un valioso estudio de la configuración poética del personaje de Rodrigo en varios trabajos (1985–86, 1989 y 1994–95), ha modificado levemente su visión para salvar el primer punto débil que aquí señalo (1997, pero aparecido en 2002). En segundo lugar, en cuanto a la pura invención de los hechos narrados en *MR* habría que señalar al menos la excepción del episodio del combate por Calahorra, que tendría un fondo histórico (Montaner y Escobar 2001: 17–26). Samuel Armistead sostiene al respecto que "en contra de lo que se suele decir, no faltan en las *Mocedades* algunas bases históricas, aunque sean muy lejanas e indirectas. No es, por lo tanto, un relato del todo legendario y fabuloso. Sobre esto

A esta posterioridad cronológica relativa es posible agregar, en nuestro caso, una posterioridad absoluta: en efecto, discutiendo sobre los rasgos excepcionales del personaje del Cid en el *PMC* frente al patrón del héroe épico, se ha llamado la atención sobre el hecho de que Ruy Díaz de Vivar fue el último de los héroes de la epopeya europea. Si esto es así, entonces existen grandes probabilidades de que *MR* haya sido el último cantar de gesta de la epopeya europea. Con lo cual, nunca más acertado que considerarlo un poema épico tardío.

Ahora bien, para desembarazarnos de la idea de decadencia es necesario dejar de lado el modelo organicista en la explicación histórico-literaria. Las épocas planteadas por Menéndez Pidal para la poesía heroica conllevan en sí la impronta organicista (florecimiento, apogeo y decadencia). Como nadie está dispuesto a suscribir la teoría evolucionista y determinista de un Brunetière, se ha preferido tomar esta división pidalina como pura convención historiográfica o se ha optado por clausurar el problema de la evolución para ver la épica como sistema y evitar el espinoso asunto de su historización.

Por supuesto, es perfectamente posible abordar la dimensión histórica del fenómeno literario sin caer en el historicismo decimonónico. La evolución de un género está pautada por el encuentro (o la relación dialéctica) de dos factores: reglas internas de producción textual y fuerzas histórico-culturales externas, de manera que un abordaje adecuado necesita combinar el análisis formal con el análisis histórico-contextual, combinación que, para abreviar, estaría en la línea de lo que Gabrielle Spiegel (1990) llama "the social logic of the text".

Como decía en el apartado anterior, la evolución del género épico puede entenderse como una serie de fases, que en el caso de Castilla serían tres: una fase oral de emergencia (s. XII), una fase de puesta por escrito y consolidación textual (1200–1270 aprox.) y una fase prosística tardía (fines s. XIII–fines s. XIV). El paso de una fase a otra implica una transformación parcial o total de los elementos constructivos del género. Esta transformación se da por acción de la lógica formal interna que regula la producción de los textos y/o por cambio de las condiciones culturales, sociales e ideológicas que regulan la funcionalidad de esos textos.

En la fase tardía, según lo que puede inferirse de *MR*, se observa que los recursos de composición oral propios de la fase de emergencia (estructuración episódica, lenguaje formulaico, verso como unidad prosódico-rítmica de significación, rima asonante, cambio de tirada), transformados luego por acción de la escritura en procedimientos literarios, agotan finalmente su productividad o cristalizan sus valores semánticos.

espero tener más que decir en otro lugar" (2000: 46, n. 21). Ojalá que pronto podamos conocer los nuevos aportes sobre este asunto de uno de los mejores especialistas en nuestro poema.

Así tenemos que, si en la etapa de emergencia oral de la narración épica la lógica episódica está por encima de la lógica global de la historia narrada, en la fase tardía este principio se acentúa hasta romper la consistencia general del relato en favor de un fragmentarismo dominante.[5]

En cuanto al lenguaje formulaico, tenemos que, por un lado, disminuye la densidad formular, y por otro, se observa un fenómeno de cristalización y automatización de las fórmulas, como es el caso, en *MR*, de la muy repetida *el buen rey don Fernando*, cuya carga semántica positiva entra en contradicción con determinados contextos de inserción;[6] lo mismo sucede con la expresión *conde lozano* o el atributo *lozano*, aplicado a los personajes más variados y en contextos positivos y negativos (el hecho de que el romance *Cabalga Diego Laínez* se refiera al conde Gómez de Gormaz como "conde Lozano", convirtiendo el atributo en nombre propio, es consecuencia del uso automático del epíteto y de la pérdida de percepción de su función épica).[7] Este automatismo se propaga a otros elementos de la composición narrativa, como los gestos (en el caso de *MR*, el acto de besar la mano, que cristaliza sus variados sentidos en la expresión de vasallaje) y los lugares (en *MR*, la permanente ubicación de la corte del rey Fernando en Zamora).

En cuanto a la versificación, la asonancia se convierte en una formalidad vacía y cae la función significativa de su variación. Por lo tanto, en el caso de *MR*, la pobreza en la variedad de rimas (el 83% de los versos riman en *á–o*) y la altísima recurrencia de las mismas palabras en rima (por ejemplo, *mano*: 45 versos; *Fernando*: 39 versos; *privado*: 29 versos; *grado*: 25 versos) no se explicarían simplemente por la mediocre tarea de un mal poeta, sino que apuntarían también a este cambio en la relevancia y la función significativa del recurso formal.

---

[5] El solemne voto de las cinco lides no se vuelve a mencionar después de la primera lid y su cumplimiento no se registra explícitamente en el texto conservado. El soplo de San Lázaro cumple su función en el duelo por Calahorra para luego desaparecer en las siguientes hazañas guerreras del héroe. Por cierto que pueden aducirse razones mecánicas, como el carácter lacunoso de la copia conservada (especialmente en el asunto del voto de las cinco lides). Pero aún así, habría que decir que la transmisión textual sólo parece haber agudizado la fragmentación y la heterogeneidad propias de la poesía épica en su fase tardía. Volveré sobre esto al tratar el problema de la estructura.

[6] Así como se pone en boca de Diego Laínez, que sospecha que el rey Fernando lo quiere asesinar a traición, que "iré a la corte do el *buen rey* está" (v. 383), así el poeta, aun cuando lo presenta como débil o perdidoso –en todo el episodio del desposorio con Jimena y la victoria de Rodrigo sobre el moro Burgos– se refiere a él invariablemente como "el buen rey don Fernando".

[7] En este aspecto, nos enfrentamos ya con el problema de la heterogeneidad del texto conservado. En lo que hace a las fórmulas, éste ha sido un tema especialmente estudiado por Ruth House Webber (1980) y John Steven Geary (1980), quienes, con variantes, llegan a la comprobación de que en el texto conservado es posible detectar la presencia de un sistema formulaico tradicional que tiene afinidades con el del *PMC* (y también con los del *Roncesvalles* y del Romancero), pero que este sistema habría sido desarticulado y deturpado por el impacto de formas discursivas ajenas al verso juglaresco.

Al mismo tiempo, otros recursos son privilegiados y potenciados: en el caso de *MR*, la sofisticación del conflicto argumental, que alcanza su punto culminante con el motivo de la doncella que pide casarse con el asesino de su padre (hallazgo dramático de larga fortuna), pero que también se hace visible en las derivaciones del amancebamiento de la hija del conde de Saboya con el rey Fernando, en la brillante serie de réplicas y contra-réplicas entre Rodrigo y el rey Fernando desde que éste convoca al héroe joven a su corte para desposarlo hasta que Rodrigo libera al moro Burgos en gesto desafiante de la autoridad regia. La eficacia y superioridad de estos recursos quedan demostrados por el perdurable éxito de las mocedades cidianas hasta el siglo XVII, cuando las vicisitudes domésticas del héroe maduro narradas en el *PMC* (que hoy, con nuestros parámetros, consideramos estéticamente muy superiores) estaban enterrados en el olvido desde hacía siglos.

Estos cambios en cuanto a procedimientos formales poéticos y narrativos deben entenderse, reitero, en el marco cultural de la fase tardía de la épica castellana: un contexto en el que formas no versificadas del relato compiten con el verso asonantado y relativizan la eficacia de sus procedimientos para la representación de la experiencia heroica. Precisamente, al componerse la *Gesta* primitiva de las *MR*, a fines del s. XIII, estaríamos en los momentos iniciales del proceso por el cual la prosa cronística irá ganando espacios al verso (juglaresco o clerical) como canal difusor preponderante de las hazañas legendarias de los héroes épicos.

En el plano político-social, los años finales del siglo XIII inauguran un largo período turbulento en el que la ruptura del orden social basado en el esquema estamental, la crisis del régimen económico basado en la tierra y el doloroso avance del primer proceso de acumulación capitalista, la ruptura de los lazos de solidaridad entre los diferentes grupos socio-políticos (familia real, aristocracia, baja nobleza, concejos urbanos, campesinado), son fenómenos que confluyen en la crisis de lo que suele llamarse el orden feudo-burgués. Habría, pues, una correlación entre la cosmovisión fragmentaria –que resulta de la percepción de las fracturas de un orden global y de una práctica política acotada a los intereses inmediatos del grupo de pertenencia– y el fragmentarismo como rasgo recurrente en la producción y percepción de los textos y de los discursos en la primera mitad del siglo XIV. Esta correlación haría tolerable e inteligible la discontinuidad, la inconsistencia o la heterogeneidad de los textos escritos. Esto permitiría explicar algunas características de ciertas obras de incómoda clasificación para la crítica, tales como el *Libro del cavallero Zifar*, el *Libro de buen amor* o el *Libro de las tres razones* de don Juan Manuel. También arrojaría luz sobre la naturaleza compositiva del romancero primitivo, primer género épico-lírico en el que el fragmentarismo es un recurso estético fundamental, fenómeno que veo en clara correlación con los patrones constructivos de la épica tardía.

En suma, tanto las características de la fase prosística tardía como la condición de *MR* como poema épico tardío se explican por esta concurrencia de factores internos y externos. De allí la necesidad de una consideración conjunta y equilibrada de tales factores: agotamiento y cristalización de recursos como el lenguaje formulaico, la rima asonante y el cambio de tirada, sofisticación del conflicto argumental (en cuanto a lo formal), tendencia hegemonizante de la prosa narrativa sobre formas versificadas del relato (en cuanto al contexto discursivo), atisbos de la crisis político-social que se agudizará y extenderá en el siglo XIV (contexto extradiscursivo).

Esta referencia a lo que los historiadores llaman la crisis del siglo XIV necesita mayores aclaraciones. En principio, abundando en la descripción general hecha más arriba, habría que recordar que esta crisis se manifestó en todos los niveles y en todos los ámbitos: el conjunto de los fenómenos económicos propios del proceso de agotamiento del modo de producción feudal provocó entre otras cosas una sensible disminución en la cantidad y calidad de los bienes y de los alimentos disponibles para la población, lo cual exacerbó la lucha de cada sector de la sociedad por mantener intacta su porción de una riqueza menguante. La caída de la renta señorial llevó a la nobleza a reaccionar tanto hacia arriba, redoblando la presión sobre el rey para el logro de mayores beneficios, como hacia abajo, aumentando la explotación del campesinado. La rápida elevación del nivel de conflicto social llevó a los concejos urbanos a buscar protección mediante el establecimiento de hermandades. El rey encontró en las ciudades un apoyo táctico para contrapesar el poder de la nobleza. Finalmente el campesinado, cuando la asfixia económica se volvía insoportable, estallaba en revueltas y levantamientos "a voz del común" –como se dice en las crónicas–, tan violentas como desesperadas, al cabo reprimidas sangrientamente. Desde el punto de vista ideológico, la crisis puso al descubierto las inconsistencias del orden estamental trifuncional, en la medida en que la armonía idealizada de los distintos estamentos cumpliendo cada uno funciones específicas y complementarias resultaba desplazada por una puja anárquica de todos contra todos que planteaba nuevos parámetros dinámicos de la contienda social e impugnaba algunos principios de autoridad garantes del orden jerárquico. Pero no quisiera dar la impresión de estar apelando a la crisis como *ultima ratio*, como concepto homogéneo y autosuficiente, o como principio explicativo universal. Quienes practicamos una perspectiva histórica en la investigación literaria enfrentamos a diario el riesgo de remedar prácticas del historicismo decimonónico o de plantear un estudio interdisciplinario desbalanceado, en la medida en que se tiende a trabajar con un concepto complejo y sofisticado de texto y un concepto elemental y simplificado de la historia. Y nada sería más desacertado que pensar la crisis del siglo XIV como un fenómeno homogéneo y uniforme. La diversidad de ciclos y derivaciones según las distintas regiones de Europa es tal que, en el caso de Castilla, un historiador se ha sentido autorizado a relativizar drásticamente los efectos de tal crisis en el ámbito económico e institucional del reino castellano (Ladero Quesada 1995). Teniendo en cuenta estas advertencias, acotaré mi referencia a la crisis a algunos aspectos indudables: más allá de progresos sectoriales –como un cierto auge de núcleos urbanos por la intensificación del comercio–, el descenso de la renta de la tierra y los problemas de disponibilidad de dinero a causa de la inflación (aunque ésta sea resultado de una mayor actividad comercial y no de una crisis fiscal) guardan estrecha relación con los conflictos políticos derivados del enfrentamiento entre la realeza y la aristocracia. Si a largo plazo esta conflictividad puede interpretarse positivamente como efecto colateral del proceso de consolidación del estado moderno en Castilla (proceso que culminará con los Reyes Católicos), no quedan dudas de que en el período que nos interesa ésta se percibió como una aguda anarquía de efectos devastadores sobre casi todos los grupos sociales. En el ámbito político, finalmente, hay que aclarar que en Castilla la cronología de la crisis debe adelantarse al último cuarto del siglo XIII, dado que el fracaso de la política alfonsí y el conflicto sucesorio entre los infantes de la Cerda y el futuro Sancho IV inician un proceso de inestabilidad que se extenderá hasta el establecimiento de la nueva dinastía Trastámara, con muy breves períodos de calma en el final de los reinados de Sancho IV y Alfonso XI.

Hechas estas aclaraciones, creo absolutamente pertinente afirmar que es un contexto de crisis político-social el que genera las condiciones de posibilidad para que determinadas estrategias discursivas sean eficaces y tolerables a un tiempo.[8]

2. El proceso compositivo de las *Mocedades de Rodrigo*

Para una caracterización más completa y profunda de nuestro poema es imprescindible discutir, primero, las características del testimonio conservado y deslindar, luego, sus estadios constitutivos y sus relaciones con la tradición épica de las *Mocedades* atestiguada por los testimonios secundarios.

Precisamente, la consideración del texto como un todo homogéneo ha sido un punto débil de la gran mayoría de los muy meritorios trabajos críticos realizados sobre el poema durante el siglo XX.

Sin embargo, no puede decirse que para la crítica decimonónica haya pasado inadvertida la problemática condición del texto conservado. Ya Eugenio de Ochoa vio en él "un *nuevo poema del Cid*, pero tan lleno de

---

[8] Sobre aspectos históricos de esta cuestión, véanse Julio Valdeón Baruque (1969), J. Gautier-Dalché (1970–71), Salvador de Moxó (1970–71), Bernard Guillemain (1977), Luis Suárez Fernández (1977), Juan Carrasco (1995); sobre su conexión con la producción literaria contemporánea, véanse mis trabajos teóricos (Funes 2003) y críticos (en prensa a).

anomalías, que no sé por mi parte qué pensar de él" (1844: 107; las itálicas son del autor); aunque luego se arriesga a un juicio general: "La creo un conjunto de retazos desparejados de varios autores y de varios tiempos. Además de que no siempre el lenguage es el mismo, hay tan poca hilación en los períodos, que con frecuencia resulta el sentido ininteligible" (110).[9]

Amador de los Ríos afirmaba que el texto "había sido adulterado sucesivamente por la ignorancia [. . .] de los copistas y trasladadores hasta llegar al siglo XV, tan cargado de enmiendas, alteraciones, glosas, apostillas, variantes y todo linaje de retoques que sólo, ensayando primero una total descomposición y después una restauración menos artística que filológica, sería dable restituirle todo el carácter y sabor de la época en que había sido escrito" (1863: 74–75). Pero en su comentario del poema no hay rastros de esas operaciones de descomposición y de restauración aconsejados; éste se limita a una interpretación del texto conservado, viciada por la creencia en la precedencia cronológica y la extrema antigüedad de *MR* con respecto al *PMC* y en el desconocimiento de la existencia de *Sancho II*.

Mejor consideración de la naturaleza heterogénea de la copia conservada se encuentra en Manuel Milá y Fontanals (1959, pero publicado originalmente en 1874) al distinguir en su comentario entre un redactor primitivo y un "compilador" moderno: "debemos suponer que la copia que poseemos es debida a un mal escribiente y no al compilador que en este caso, pudiera pertenecer a principios del siglo XIV o a últimos del XIII" (332); "Creemos, pues, la primitiva redacción de *El Rodrigo* posterior a *El mio Cid* y compuesto, lo más pronto, en las últimas décadas del siglo XII [. . .]. Será aventurado cuanto se diga del autor de la antigua redacción no menos que de la moderna" (336–37). Milá y Fontanals no se interesó en deslindar con alguna precisión las contribuciones del redactor antiguo, del compilador posterior y del escribiente moderno al texto conservado.

Esta línea posible de investigación fue clausurada en 1908 por Marcelino Menéndez Pelayo con uno de sus acostumbrados juicios rotundos: *MR* no es más que "un centón histórico-poético de tradiciones orales confusas y mal aprendidas, de fragmentos de antiguos cantares, y de glosas que indican que ya comenzaba a perderse el sentido de la tradición épica. Parece el cuaderno de apuntaciones de un juglar degenerado [. . .]. Infiel copista y torpe refundidor [. . .]" (1944: VI, 293).

---

[9] Alan Deyermond comenta sobre esta cita que "it clearly represents what was to become the dominant characteristic of nineteenth-century epic criticism, the resolution of difficulties by postulating multiple authorship or a series of interpolators" (1969: 30). A pesar de ello, nadie avanzó más allá de juicios generales o descripciones superficiales del contenido narrativo, sus inconsecuencias argumentales y sus disparates históricos, con lo que la apelación a múltiple autoría o acción interpoladora no fue punto de inicio sino punto final de la investigación literaria.

La visión de *MR* como poema de la decadencia (artística y moral) de la épica se convertiría en la explicación última de los numerosos y enigmáticos problemas que presentaba la copia conservada.

Los estudios de Ramón Menéndez Pidal (1945: 107–36; 1953: I, 215–21; 1957: 315–19) delinearon una caracterización de *MR* que, por la autoridad del ilustre filólogo, se convirtió en canónica hasta fines de los años '60. Ubicado en el marco de la tradición épica de las mocedades del Cid, analizado desde la perspectiva neo-tradicionalista, *MR* fue evaluado negativamente como un poema anti-tradicional, perteneciente al período de decadencia del género épico juglaresco castellano.[10]

El hecho de que en esta caracterización prevalezca una concepción de la copia conservada como un todo homogéneo, se pone en evidencia en la seguridad con que Menéndez Pidal le atribuye un origen y un carácter exclusivamente juglarescos.

Dada la virtualidad de la tesis del autor juglar en el ámbito hispánico (si es un poema épico, necesariamente debe ser juglaresco), no se consideraba indispensable allegar pruebas o fundamentarla, razón por la cual Menéndez Pidal sólo se detuvo a argumentar la tesis en los pasajes y aspectos más controvertidos: la introducción histórica, principalmente, a la que considera "una práctica juglaresca antigua" (1957: 317), y también las preguntas retóricas y el interés en la genealogía, adscriptos invariablemente a la práctica juglaresca, toda vez que "[e]ste saber genealógico era cultivado por los juglares y sin duda no era sólo atractivo para un auditorio nobiliario; se comprende que también el pueblo se interese por las familias poderosas" (1957: 318).

Samuel G. Armistead continuó la perspectiva pidalina, aplicándose al estudio y al trazado de la evolución de la tradición épica de las mocedades del Cid, desde sus primeras huellas en la historiografía alfonsí hasta sus últimos ecos en el romancero oral moderno. Su enfoque principal fue en la

---

10 Afirma Menéndez Pidal: "El carácter completamente arbitrario y muy personal que a sus arreglos y refundiciones dio el juglar autor de este *Rodrigo*, explica bien el hecho de que se quedase al margen de la corriente tradicional; el estilo atrevido, desbaratado y desconcertante de su refundición no podía tener éxito duradero" (1953: 221). "Esta refundición del siglo XV, tan libre y arbitraria en los pormenores consagrados por la tradición, aunque tan servil en reproducir los episodios, tan sin verdadera inventiva poetizante [. . .] nos indica que la tradición de las gestas se hallaba muy debilitada" (1957: 319). A pesar de las correcciones e impugnaciones que formuló Alan Deyermond a la concepción neo-tradicionalista del poema, Georges Martin está en lo cierto cuando observa que, en cuanto a lo afirmado en las dos citas anteriores, "[c]ette thèse fait le présupposé génétique des travaux d'Armistead et de Deyermond. [. . .] C'est le premier aspect de la thèse pidalienne, concernant la vie traditionelle des Enfances, que s'est attaché à explorer S. G. Armistead. [. . .] C'est à l'étude de la spécificité du *Poème* –seconde proposition de la thèse pidalienne, dont il respecte le cadre et même les éléments d'une morale esthétique traditionaliste– que s'est attaché A. D. Deyermond" (1992: 442–44).

Gesta primitiva de las *MR*, reconstruida a partir de la prosificación en la *CC* y en la *CG1344*, de modo que en su comentario sobre la copia conservada de *MR*, a propósito de la estructura narrativa de la obra (1963-64; ahora 2000: 59-67 y 161-63), se vuelve decisiva la comparación con la *Gesta*, de la que *MR* resulta una derivación/desviación y por ello, un producto secundario. En efecto, la estructura de *MR*, incierta por el carácter lacunoso de la copia conservada, revelaría su coherencia gracias a la proyección de la estructura acabada de la *Gesta*, en un marco que prolonga la consideración homogénea del texto poético conservado.

Alan Deyermond (1969) centró su estudio en el poema conservado y demostró que era fruto de un autor culto, un clérigo que escribía a favor de la diócesis de Palencia. En su argumentación no tuvo inconvenientes para refutar la concepción neo-tradicionalista del texto conservado. Deyermond captó hábilmente la debilidad de la argumentación pidalina y en el crucial cap. III de su estudio ("A popular or learned poem?") dedujo cuatro elementos principales de la tesis neo-tradicionalista y los neutralizó con facilidad, encontrando por la vía negativa el principal apoyo para su tesis del origen culto.[11] A continuación, el razonamiento metódico y la ejemplificación con paralelos poéticos, históricos y culturales aportaron suficiente solidez a su propia hipótesis, apoyada en cuatro argumentos principales: la introducción histórica, la actitud hacia los documentos, la descripción de documentos y el interés por la diócesis de Palencia.

Deyermond se ha mantenido abierto a la crítica y a los ajustes de su tesis, que en lo sustancial ha sido aceptada por la crítica y permanece como la más pertinente explicación del texto conservado. Su tesis, pues, de acuerdo con una última reformulación (1999: 14), afirma que el autor del texto existente fue un hombre culto, no un juglar, que estaba relacionado con la diócesis de Palencia y tenía la formación de un administrador. Este autor redactó el poema en el tercer cuarto del siglo XIV (su opinión de 1969) o (como ahora cree muy posible) h. 1300, adaptando un poema épico tradicional –del que incluyó trozos enteros– y apoyándose mucho, al principio, en el *Poema de Fernán González*.

Lo que podría acotar, desde la perspectiva que abre la línea de argumentación que estoy siguiendo, es que aún permanece en la lectura de Deyermond una concepción más matizada pero esencialmente homogénea del texto conservado. Como se verá más adelante, siempre será necesario poner sus conclusiones en perspectiva para ajustar su pertinencia al marco

---

[11] Los argumentos individualizados por Deyermond son: (1) el carácter de Rodrigo, (2) el interés erótico, (3) la falta de maestría poética y (4) la irregularidad métrica. Habría que recordar que la crítica neo-tradicionalista no consideró estos rasgos como exclusivos de la poesía juglaresca, cosa que Deyermond reconoce en cuanto al tercer punto. Su refutación es correcta, a excepción de la alegada tesis del texto oral dictado para explicar la irregularidad métrica y el comienzo en prosa, tesis que luego abandonó.

general del fragmentarismo y la heterogeneidad constitutivas del texto conservado, que sólo puede alcanzarse como fruto de un análisis textual, metodológicamente prioritario para un conocimiento más exacto del poema.

La falta de tal análisis textual y la ausencia, consecuente, de la consideración de la naturaleza fragmentaria y heterogénea del texto han marcado los límites de gran parte de la crítica de las últimas décadas del siglo XX.

Así, por ejemplo, en el estudio de las fórmulas en *MR* realizado por Ruth House Webber (1980), tenemos que la autora maneja una cantidad de información correcta, fruto de una cuidadosa labor empírica sobre el texto, pero la desconcertante incompatibilidad de esos datos le impide arribar a conclusiones más definitivas. El límite lo marca la falta de una discriminación de niveles. Webber comprueba que en los pasajes referidos a Palencia existe la misma densidad formulaica que en pasajes claramente tradicionales, pero a la vez comprueba el alto grado de deformación del discurso épico, ¿cómo articular estos datos, cómo explicarlos unitariamente? Webber detiene su conclusión en estos términos: la deformación ha sido intencional, las razones pudieron ser propósitos propagandísticos, exactitud historiográfica o capricho autoral; la refundición fue hecha para ser leída y no cantada. Y en esta última conclusión que cierra su trabajo aparece el error: la *refundición* pro-palentina sí fue hecha para ser cantada, es la *copia* conservada de 1400 la que fue hecha para ser leída, sin el menor interés por su posible recitación.

Aún en un trabajo de tan alta calidad como el de Thomas Montgomery (1982–83; 1984), cuyo análisis del texto conservado llama la atención sobre la diversidad de niveles redaccionales y de líneas ideológicas que lo constituyen, se observa esta limitación. El autor afirma acertadamente: "The style of the names in the *Mocedades* especially those including a title, is quite similar to that found in the chronicles, leading to the preliminary conclusion that the poem was retouched and the names elaborated by a prosaic hand, one insensitive to the poetic idiom, concerned perhaps with increasing the documentary credibility of the work", pero agrega como explicación "an aim compatible with the didactic or propagandistic functions attributed to the poem by leading critics" (1984–85: 5), lo cual es un error, pues no discrimina lo que pertenece a la refundición pro-palentina de lo que es propio de la copia de 1400, es decir, considera la intervención culta como un todo homogéneo.

También, y para terminar este repaso, un trabajo tan innovador e inteligente como el de Georges Martin (1992: 433–597) adolece de esta limitación, pues allí es más que evidente la consideración de la copia conservada, con todos sus errores, como un texto homogéneo, lo que lleva a una interpretación muy discutible de la información genealógica y geográfica. Su lectura presupone una identificación absoluta de texto y manuscrito, lo que lleva a la concepción errónea de que la copia conservada de 1400 habría transmitido con toda fidelidad unos contenidos poetizados originalmente un siglo antes.

2.1. *Las huellas fragmentarias del proceso compositivo en el texto conservado*

Cuando hablo aquí de "proceso compositivo" me refiero al que comienza con la composición del poema épico tradicional, hoy perdido, que denomino *Gesta de las mocedades de Rodrigo* (= *Gesta*) de acuerdo con Armistead, continúa con la reelaboración de este poema por obra de un autor culto, que llamo, siguiendo también a Armistead, *Refundición de las Mocedades de Rodrigo*, y culmina con la copia conservada que nos transmite la *Refundición* con fidelidad relativa, debido a las lagunas y a las interpolaciones que en ella se verifican.

Para la reconstrucción (parcial) de este proceso, hasta ahora se ha recurrido prioritariamente al *corpus* de testimonios secundarios (crónicas y romances). En particular, la crítica ha aceptado en forma casi unánime que la *CC* es el testimonio fundamental para reconstruir la *Gesta*. Pero Diego Catalán ha demostrado que el cronista que compiló la *CC* a principios del siglo XIV "desarticuló intencionalmente la intriga de la gesta para someter la épica a la imagen que de Rodrigo, de sus relaciones con el rey don Fernando y del estado del reino le interesaba presentar en su historia, imagen muy discordante de la que encontraba en su fuente épica" (2000b: 81); con lo cual se concluye que el mejor testimonio disponible para reconstruir la *Gesta* ya no es la prosificación cronística sino el propio poema conservado.[12]

Ahora bien, ¿qué es lo que posibilita relevar en un solo testimonio diferentes estadios textuales? Lo que denomino carácter aluvional de la copia conservada: los diferentes estadios se han depositado como capas superpuestas en el manuscrito, y lo han hecho de tal manera que, con el debido análisis, es posible deslindarlos e identificarlos. Por cierto, dado que esa sedimentación ha sido forzosamente fragmentaria, la operación de deslinde será sólo aproximada; pero aún así, con un muy satisfactorio nivel de certidumbre.

Tal confianza se funda en las características de las tareas de refundición y de copia. El poeta culto que refunde un poema tradicional no se limita a asumir una historia que luego reverbaliza a voluntad, sino que asume también

---

[12] Otras derivaciones de la sorprendente comprobación de Catalán, si se la relaciona con la muy bien razonada postulación de una fecha de composición más temprana del poema conservado por parte de Georges Martin (1992: 454–70), tienen que ver con la cronología de la tradición completa de las mocedades del Cid y la importancia relativa de sus testimonios: gran parte del esquema trazado por Menéndez Pidal (1953), ampliado por Armistead (2000) y aceptado por Deyermond (1969: 9–23) y las explicaciones del proceso compositivo derivadas de tal esquema (por ejemplo, el pasaje del Rodrigo obediente al Rodrigo insolente) deberán ahora someterse a una profunda revisión.

el discurso que narra esa historia: el nuevo decir se viste con las palabras concretas de lo ya dicho. Pero, lógicamente, no da acogida al poema en su integridad sino que aprovecha sólo fragmentos, muy extensos pero fragmentos al fin.

A su vez, la transmisión manuscrita cumplida en el siglo que va desde la *Refundición* hasta la copia conservada ha provocado la pérdida de pasajes de diversa extensión, con lo cual también en este caso tenemos una versión fragmentaria del poema.

Por todo ello hablo de "huellas fragmentarias del proceso compositivo" impresas en el texto conservado. Para entender la particular condición del testimonio único, es imprescindible comenzar por una descripción lo más detallada posible.

2.2. *Descripción del testimonio conservado*

Como dije al comienzo, el único testimonio que nos ha llegado de este poema se encuentra en un códice conservado en la Bibliothèque Nationale de France (Ms. Fonds Espagnol, 12) que contiene una versión de la *CC* –que, como se sabe, es una obra post-alfonsí desmembrada a principios del siglo XIV de la "Cuarta Parte" de la *Estoria de España*– en cuyos folios finales se ha copiado el texto de las *MR*. Se trata de un códice de papel, de 201 folios más 6 fs. de guarda al inicio y 4 al final, de 265 x 385 mm., escrito a dos columnas en letra gótica redonda de fines del s. XIV o principios del XV: la *CC* ocupa los fs. 1–187 y las *MR*, los fs. 188–201. El examen de la letra permite afirmar que una misma mano transcribe la crónica y el poema, coincidiendo con lo dicho al respecto por Diego Catalán y otros.

El reinado de Fernando I ocupa los primeros 14 folios. El de Sancho II comienza con una gran inicial en el f. 15 y esta sección continúa sin marcas especiales hasta el folio 30, incluyendo el comienzo del reinado de Alfonso VI. En el f. 31 comienza otra sección de la copia, caracterizada por una letra de módulo más grande (aunque parece tratarse de la misma mano); lo interesante es que allí se narra el destierro del Cid (es decir, el comienzo del *Poema de Mio Cid* conocido). La sección continúa hasta el f. 104v, sin otras particularidades que una inscripción ilegible hecha con punta seca en el f. 97v, cuando se están mencionando las demandas del Cid en las Cortes de Toledo, y un índice en el f. 100r señalando el momento en que los embajadores de Navarra y Aragón vienen a pedir la mano de las hijas del Cid. El f. 104v ha quedado en blanco, con un reclamo que dice "Cuenta la estoria que despues desto el grant soldan de persia por". En el f. 105r comienza una nueva sección de la copia con el relato de la Leyenda de Cardeña. En el f. 118v se narra la muerte de Alfonso VI, pero no hay marca divisoria especial. Sigue el texto de la *CC*, con los fs. 140 y 141 en blanco (laguna correspondiente a las Navas de Tolosa y el final del reinado de Alfonso VIII). Desde el f. 142r hasta el f. 187v se añade el texto de la *Crónica particular de*

San Fernando, según es habitual en la tradición conservada de la *CC*. Por esta somera descripción se hace evidente el marcado interés del copista por la figura y los hechos del Cid.

En la sección que corresponde a *MR* la disposición del texto continúa a dos columnas, cuya extensión oscila entre las 37 y las 45 líneas por columna.[13]

Las dos primeras columnas del primer folio (188r) contienen un texto prosificado. Las primeras 28 líneas de la tercera columna (188va) constituyen una zona de transición, en la cual el verso es claramente reconocible, aunque su distribución en la columna continúa el aspecto prosístico. A partir de la línea 29 del f. 188va comienza la transcripción del poema en su forma versificada. Por lo general, cada verso se desarrolla en dos líneas –una por hemistiquio–, se marca el comienzo del verso con un calderón y el fin de cada hemistiquio con un punto. De esta forma, se transcriben unos 20 versos por columna. Pero a partir del f. 196 desaparecen los calderones como marca de comienzo de verso. De la misma manera, el punto que señala el final del primer hemistiquio desaparece progresivamente.[14]

En cuanto a las iniciales, las hay de dos tipos: grandes y pequeñas. Las de gran tamaño son dos y ocupan casi media columna: la primera marca el inicio del texto copiado y la segunda aparece marcando la genealogía del joven Rodrigo (un dato más a tener en cuenta para evaluar los intereses genealógicos del copista). Las iniciales de menor tamaño (nueve en total), que ocupan entre dos y cinco líneas, desaparecen desde el f. 197 en adelante, fenómeno que se correlaciona con la desaparición de los calderones.

Resulta altamente significativa la concentración de la gran mayoría de las

---

[13] Todos los detalles de esta transcripción pueden apreciarse ahora gracias al excelente facsímil, prácticamente a tamaño natural, incluido en el libro editado por Matthew Bailey (1999b). Juan Victorio, en su edición de las *MR* (1982), fue el primero en notar que la copia estaba fechada. Pero esta inscripción con punzón o punta seca (lo que impide que aparezca en el facsímil) tiene rasgos problemáticos, según pude apreciar en una inspección directa del códice. La base de la línea de escritura de la fecha está a 2,5 cm debajo de la última línea de texto. Dice: "anno domini m c d". Hay un sello sobre la palabra "domini" y la "c" de la cifra romana es muy difícil de percibir. El módulo de la letra es de 1 cm pero la caligrafía es muy burda. Hay también algunos rasgos con punzón en el margen inferior del folio: eso pudo haber despistado a quienes estudiaron el ms. antes que Victorio. Sea como fuere, creo que es lícito plantear dudas en cuanto a que el autor de esa inscripción sea el mismo copista del texto. Me baso para ello en dos razones: (1) la caligrafía; (2) el distinto modo de expresar la cifra 'cuatrocientos' en números romanos: en cinco ocasiones el copista consignó "cccc" en el texto del poema y en ningún caso escribió "cd".

[14] En los primeros 8 folios hay un promedio de 110 puntos por folio y en los últimos 6 hay solo entre 35 y 50, lo que indica que se ha perdido la mitad que corresponde al primer punto. El segundo probablemente se conserva porque además de cumplir una función estructural cumple la función gramatical de señalar final de frase (dicho esto con las precauciones a que obliga la azarosa puntuación medieval).

lagunas del texto en los fs. 196–97, es decir, en la zona que comienza la sección más descuidada de la copia.[15] También es digno de notar que las tachaduras y las palabras sobreescritas se acumulan en estos dos folios en un porcentaje importante.

Otra peculiaridad es que en el comienzo del f. 197r no se respetan las dimensiones habituales de las columnas: las primeras ocho líneas de la primera columna tienen 3 cm. más de ancho, lo que provoca que las primeras 10 líneas de la segunda columna sean 3 cm. más angostas: no habría otra razón aparente que una distracción del copista. Todo ello nos da indicios de las enormes dificultades que ha debido enfrentar el copista de P con un modelo evidentemente deturpado en este tramo del texto.

Sobre estos datos la copia de *MR* puede describirse, de forma general, como un trabajo de transcripción que se divide en cinco secciones claramente distinguibles:

(1) transcripción en prosa [f. 188r];
(2) zona de transición en que se transcriben versos con apariencia de prosa [f. 188va, líneas 1–28];
(3) transcripción cuidada del verso con marcas relativamente regulares [desde línea 29 del f. 188va hasta f. 195];
(4) zona de transición con errores, distracciones y peculiaridades que apuntan a la copia de un modelo muy deturpado [fs. 196–97];
(5) transcripción más descuidada del verso, falta de marcas de inicio de verso o final de hemistiquio [fs. 198–201].

2.3. *Los estadios textuales*

2.3.1. *El texto del códice parisino como estadio recepcional (la "Crónica rimada del Cid")*

De este escrutinio del códice pueden inferirse, pues, los intereses que llevaron al copista, que acababa de transcribir una crónica, a incluir a continuación un poema épico que trataba los mismos hechos que la propia crónica narraba en sus primeros capítulos.

El interés por el personaje del Cid, ya mencionado, es fundamental, pero

---

[15] (1) Comienzo del episodio de la traición de los condes y la batalla contra cinco reyes moros (entre vv. 623 y 624): f. 196ra, línea 17.
(2) Mismo episodio. El moro Burgos alerta a Rodrigo (v. 630): f. 196ra, l. 28.
(3) Mismo episodio. El rey destierra a los condes (después de v. 717) y
(4) Comienzo del episodio de la reposición del obispo de Palencia (antes de v. 718): f. 197ra, línea 17.
(5) Mismo episodio. Rodrigo vence a los condes y repone al obispo (e. vv. 731 y 732): f. 197rb, línea 4.
Hay que recordar que en el ms. el texto se copia de corrido, sin ninguna indicación de laguna.

debo agregar que se trata de un interés de carácter puramente documental y no estético, pues las características de la copia revelan que no valoraba el texto como poema sino como documento historiográfico. En efecto, la copia no respeta la extensión, ni la asonancia, ni la disposición de los versos. Los indicios más notables son: el intento de prosificación inicial, prontamente abandonado; la pérdida de palabras finales de frase, portadoras de rima, toda vez que resultaban superfluas o redundantes en cuanto a la información; la propia disposición en dos columnas, absolutamente inadecuada para una transcripción inteligible de un texto versificado.

También revela un interés especial por la genealogía de los personajes, algo de lo que ya hay indicios en la sección que copia la *CC*, pues las pocas marcas marginales tienen que ver con datos genealógicos, y que se vuelve evidente en la sección de *MR* por la profusión de datos sobre títulos, parentescos y descendencia que aparecen cada vez que un nombre o una alusión genealógica del modelo le dio oportunidad al copista de abultar la información sobre esa materia. Que esta información se debió a iniciativa del copista (que la habría extraído de fuentes ajenas o de glosas marginales presentes en el texto modelo, según propone Deyermond) y no provenía del modelo poético se demuestra por la comprobación de que su inserción ha provocado una clara ruptura del discurso épico, por excesivo alargamiento de los versos al insertar nombres o títulos nobiliarios (problema ya apuntado por Webber 1980 y estudiado con detalle por Montgomery 1984–85). Así, por ejemplo, en el comienzo del episodio del duelo por Calahorra, el primer hemistiquio del v. 505 se lee: "Sópolo el conde don Martín Gonçález de Navarra"; tal como argumenta Montgomery (1984–85: 10), "el conde" y "de Navarra" son agregados que distorsionan gravemente el ritmo poético ("Sópolo don Martín Gonçález, cavalgó muy privado").

Más grave aún es la ruptura provocada por interpolaciones de diferente envergadura. En algunos casos se hace muy evidente que se está incorporando una glosa marginal. Por ejemplo, en el episodio de la campaña de Francia se hace un listado de los guerreros que acompañan al rey Fernando, siguiendo un motivo épico tradicional y, probablemente, el modelo ofrecido por el *Poema de Mio Cid* (vv. 735–41):

> el conde don Ossorio,   el amo que·l' crio,
> et el conde don Martín Gómez,   un portogalés de pro,
> et el conde don Nuño Núñez,   que a Simancas mandó,
> y el conde don Ordoño,   de Campos el mejor,
> et el conde don Fruela,   que a Salas mandó,
> et el conde don Alvar Rodríguez,   que a las Asturias mandó,
> y el conde don Galín Laínez,   el bueno de Carrión,
> y el conde don Essar,   señor de Monzón,
> y el conde don Rodrigo,   de Cabra señor,
> e el conde don Bellar,   escogiera el mejor,
> et el conde don Ximén Sánchez,   de Buruevaseñor,

> et el conde don García de Cabra,   de todos el mejor,
> et el conde Garci Fernández,   Crespo de Grañón
>
> (*MR*, vv. 788–800)

Entre los vv. 793 y 794 el copista insertó un comentario que rompe la estructura (bastante monótona) del pasaje; en dos líneas se lee:

> Etste poblo a mondoñedo
> Et {BLANCO} en quebrando

Claramente se trata de una glosa marginal del mismo tipo que el ms. trae en el f. 177r ("este viene de la casa de bonifaz"). Además, el blanco dejado en la 2ª línea y lo incomprensible de la frase trunca revelan que el copista transcribió lo que pudo entender de una glosa parcialmente ilegible, acción coherente con su conducta habitual de registrarlo todo, sin preocuparse por la calidad de la información, la forma poética o, en este caso, el propio sentido del texto.

De mayor entidad es el largo fragmento sobre la descendencia de los hijos de Laín Calvo. El pasaje que corresponde a los vv. 208–20 (= 210–24 de la ed. M. Pidal) se limita a nombrar a sus cuatro hijos con los lugares reconquistados por cada uno y concluye con la mención del hijo menor, Diego Laínez. A pesar de estar plagado de anomalías, sobre todo en las palabras-rima, el pasaje conserva una andadura poética aceptable. A continuación se narra la subida del rey Fernando al trono de Castilla y su posterior ascenso hasta lograr la hegemonía sobre toda la España cristiana. Luego de mencionar el llamado a cortes en Zamora se interpola el pasaje en cuestión:

> ¶ Delos fijos de layn caluo | todos q*ua*tro hermanos. | Don Ruy laynez fue cassado | con fija de don g*on*zalo mjnayas.| ¶ Et fizo en ella a don diego | ordones donde vienen estos | Que de vizcaya son llamados | Galdin laynez fue cassado | con fija del conde don rro*drigo*. | ¶ Conel conde de alua & debito*ria* | Et fizo enella vn fijo q*ue*l de | zjan don lope. | Do*n*de vienen estos laynez | de don luys diaz de me*n*doça | El ynfante laynez (l)era cassa | do con fija del co*n*de don aluaro | de feuza. | ¶ Et fizo enella vn fijo q*ue* dixi | eron aluar fan*n*ez. | donde vienen estos linajes de | castro. | Diego laynez se ovo cassado | con do*n*na theressa nun*n*ez | fija del conde Ramo*n* aluarez | de amaya. & njeta del rrey de leo*n* | ¶ Et fizo enella vn fijo quel | dixieron el buen guerreador | Ruy diaz.
>
> (fs. 191rb, línea 34–191va, línea 21)

Menéndez Pidal comenta en nota: "251–262: Este trozo tal vez debiera considerarse prosa, pues es muy difícil reducirlo a rima; además debe ir después del verso 222b" (p. 264); de esta manera, reubica el pasaje como una continuación del linaje de Laín Calvo, salvando su evidente improcedencia, pero quebrando la coherencia de la narración épica, pues a continuación se dice: "Allí se levantó el rey a los quatro fijos de Layn Calvo / tomólos por las manos, consigo los pusso en el estrado" (vv. 250–51 = 263–64 de la ed. M. Pidal), que sólo necesita como antecedente la presentación de los personajes hecha en los vv. 206–20 y en el v. 249 (= 251 de M. Pidal) "e los fijos de Laín Calvo todos quatro hermanos", principio de este pasaje genealógico y único verso auténtico. Juan Victorio acepta en líneas generales la solución pidalina diciendo en nota: "224: Otra gran confusión en el Ms., que sitúa todas las bodas que siguen después del verso 263 [= v. 250 de M. Pidal]. Efectuamos el cambio tal como ya sugería MP, al mismo tiempo que aceptamos, con leves retoques, su versificación, pues el texto del Ms. parece prosa" (p. 23). Tanto la reconstrucción hecha por Menéndez Pidal como la de Victorio revelan lo arduo que resulta tratar de convertir interpolaciones genealógicas en versos épicos tradicionales.

La improbabilidad de que este pasaje pertenezca al género épico, o siquiera contenga un texto poético subyacente deturpado por la transmisión, se afirma aún más cuando comprobamos que el pasaje tal como está revela una similaridad sorprendente con el estilo y la fraseología propios de un género en prosa: los textos genealógicos, tales como los *livros de linhagem* portugueses del siglo XIV. En efecto, como Geary (1980: 85–89) ha señalado, el uso frecuente de las frases *e fizo en ella* y *e fizo en ella un fijo* y el listado de nombres de descendientes son rasgos constitutivos de textos como el *Livro de linhagens* del conde don Pedro de Barcelos (similitud que Geary ilustra con pasajes de esta obra).[16] Al discutir la posible relación de

---

[16] Con todo, John Gornall (1995) ha criticado esta hipótesis, tal como se expone en Funes 1987, y ha reivindicado este pasaje como fruto de la labor del poeta pro-palentino; para ello se apoya en los siguientes argumentos: (1) no todo el pasaje es prosa, pues se reconocen un verso (*De los fijos de Laín Calvo, todos quatro hermanos*) y un hemistiquio (*que de Vizcaya son llamados*); (2) el pasaje guarda relación con la materia específica de *MR*: se nombra por primera vez al héroe (*el buen guerreador Ruy Díaz*) y a su madre, se menciona a sus tíos, que aparecen y actúan en dos episodios; (3) la posibilidad de extraer el pasaje sin afectar la coherencia del relato no se debería a su carácter de interpolación sino a que se articula en un texto compuesto mediante una estructura de entrelazamiento, técnica que Gornall ilustra con un pasaje de la *Primera crónica general*; (4) la información genealógica remite a familias nobles contemporáneas del poeta con las que quiere congraciarse (conde de Alba y de Vitoria; Luis Díaz de Mendoza) o son reminiscencias del *PMC* (Gonzalo Minayas; Diego Ordóñez; Alvar Fáñez). Con respecto al primer argumento, ya he aceptado que el verso aludido es auténtico, pero aun aceptando el hemistiquio (más discutible), tenemos que un 96% del pasaje es pura prosa, con lo cual la evidencia es irrelevante para sostener un carácter poético subyacente. Con respecto a (2), es mucho más lógico y coherente pensar que la relación entre el poema y los nombres del pasaje se basa en que la glosa genealógica se genera a partir del nombre del personaje épico. El tercer argumento en realidad favorece mi hipótesis, pues si la técnica es propia del relato cronístico, es más probable que el autor sea el copista-cronista de P y no el poeta-clérigo pro-palentino. El cuarto argumento también se ajusta mejor a un cronista conocedor de textos genealógicos (en los que es frecuente ese cruce de personajes nobles del presente o del pasado inmediato con personajes heroicos, históricos o legendarios) que

nuestro poema con las obras del conde de Barcelos, Georges Martin (1992) afirma que *MR* es anterior a la *CG1344* y al *Livro*, lo que es correcto en lo que atañe a la *Gesta* primitiva y a la *Refundición* pro-palentina, pero no es exacto si se considera el texto conservado en bloque como fiel testimonio del poema compuesto a principios del s. XIV. Todo lo relacionado, por ejemplo, con el parentesco de Alvar Fáñez con Rodrigo y la explicación genealógica se debe, seguramente –y contra la opinión de Martin: "Je ne crois pas que ces données communes soient dues à l'influence de l'historiographie portugaise sur le *Poème*" (1992: 452)–, al influjo del *Livro de linhagens* sobre el copista de P.

Continuando el análisis de la tarea del copista, es evidente que su marcado interés por acopiar información histórica y genealógica relacionada con el Cid y los orígenes de Castilla no va acompañado por un interés similar en la calidad de tal información. La aceptación por parte del cronista de una Introducción histórica tan descabellada sólo es explicable en un contexto (principios del siglo XV) en que se verifica una recepción acrítica de la historia del pasado remoto, consecuencia del manifiesto corte entre el hoy y el antes de ayer (Catalán 1966: 99–100). Además, habría que decir una palabra sobre la concepción historiográfica del copista de P, quien se inscribe en una tendencia cronística plurisecular, cuyo objeto es registrar la peripecia histórica del Cid, interesándose especialmente en su genealogía, tradición que comienza con la 2ª sección de la *Historia Roderici*, pero fundamentalmente con el *Linaje del Cid*, texto conocido como parte final del *Liber regum*, y que se continúa en la historiografía castellana de los siglos XIII y XIV, sobre todo en las crónicas post-alfonsíes, siendo el aspecto más notorio la diversidad en la conformación del árbol genealógico de una versión a otra, debida principalmente a la aceptación de datos legendarios.[17]

En síntesis, muchas de las imperfecciones del poema conservado son el resultado de la recepción de un texto poético por un cronista interesado en cuestiones históricas y no en cuestiones épicas, enfocado en la utilidad documental y no en la calidad artística de tal poema. Se trata, pues, de un estadio recepcional de la obra que es necesario desbrozar para llegar al

---

a un poeta clérigo al servicio de la diócesis de Palencia (a quien habría que imaginar jugando a varias puntas, como favorecedor simultáneo de intereses eclesiásticos y nobiliarios). En suma, ninguno de los argumentos de Gornall resulta concluyente para sostener que este pasaje haya sido de naturaleza poética y formara parte del texto de la *Refundición*.

[17] Véase al respecto Brian Powell 1983: 8–27. Conviene aclarar que no toda la materia genealógica es debida a la intervención del copista; hay por cierto elementos genealógicos constitutivos del poema épico desde sus orígenes, pero estos se distinguen por su configuración poética, de acuerdo con ciertos patrones folklóricos y ciertos modelos paralelísticos (el modelo de las tres generaciones, el hermano o la hermana menor que sobresale, los dos jueces, los dos héroes, el hijo bastardo).

estadio redaccional (o estadios redaccionales) que subyacen en el mismo códice.

La calificación del texto íntegro conservado en el códice parisino como estadio recepcional de las *MR* requiere una explicación adicional: el copista no revela ninguna intención de producir una refundición del texto; la redacción de un poema genealógico no está entre sus objetivos; el copista se limita a copiar su modelo con absoluta tolerancia para toda incongruencia formal o de contenido. Lo que tiene ante sí y lo que copia no es otra cosa, para su entendimiento, que una "crónica rimada".

2.3.2. La "Refundición de las Mocedades de Rodrigo"

El estadio redaccional de la *Refundición* se nos ofrece con mayor claridad una vez deslindados los problemas vinculados al manuscrito. A principios del siglo XIV, en tiempos del reinado de Fernando IV,[18] un poeta culto llevó a cabo una reelaboración de un poema épico tradicional, probablemente el de mayor resonancia en el momento, por tratarse de una composición reciente sobre el máximo héroe castellano, con el fin de realzar el prestigio de la diócesis de Palencia, a la que pudo pertenecer como clérigo seglar o para la que cumplía un encargo como poeta letrado. Llevó a cabo la reorientación del poema a la exaltación de la sede obispal mediante el expediente de incorporar la historia de la fundación de la diócesis en el relato de los orígenes de Castilla y de inventar un episodio en el que Rodrigo actuaba como restaurador y defensor del obispado. Deyermond ha realizado el estudio más amplio de la *Refundición* pro-palentina, de modo que aquí sólo agregaré algunas precisiones de acuerdo con mi enfoque en el proceso compositivo.

---

[18] Aunque se trata de una cuestión que no ha alcanzado una resolución satisfactoria (véase la nota a los vv. 130–35 en la sección "Notas histórico-literarias"), me inclino por aceptar la datación propuesta por Georges Martin (1992: 453–71), cuyos argumentos sobre fuentes (todas las reconocibles e indiscutibles, tanto directas como indirectas, son del siglo XIII o anteriores y ninguna hay del siglo XIV) y sobre huellas del contexto histórico (que apuntan al Fecho del Imperio de Alfonso el Sabio, hechos de tiempos de Sancho IV y a la minoría de Fernando IV) poseen mayor fuerza demostrativa que los argumentos que ubican esta versión en tiempos de la guerra civil entre Pedro I y Enrique de Trastámara (Deyermond 1969 y Victorio 1982). No termino de entender la necesidad de conectar la función propagandística pro-palentina con un momento preciso de crisis de la diócesis. Por un lado, la propia concepción instrumentalista de la propaganda es insostenible, puesto que es imposible encontrar evidencia positiva de su eficacia, único dato histórico relevante, desde este enfoque, para conectar el poema y la diócesis a una fecha determinada. Por otro lado, la decisión de refundir un poema para ligar a su héroe con un obispado pudo tomarse con iguales probabilidades en momentos de esplendor, de calma o de ruina de ese centro religioso. Todo lo que tenemos es una intención propagandística a favor de la diócesis de Palencia inferida del análisis interno del texto; pero, como decía Charles Faulhaber en su reseña del estudio de Deyermond, "*MR* was obviously destined to boost the prestige of the diocese involved, but how? And when? These questions must still remain open" (1975–76: 561).

En primer lugar, este poeta clérigo o letrado no fue el responsable de todos los elementos cultos del texto conservado, puesto que lo genealógico y parte de los datos (seudo)históricos le fueron ajenos.

En segundo lugar, su labor no consistió en una reelaboración completa del poema sino que se limitó, fundamentalmente, a interpolar material relacionado con Palencia con retoques mínimos para evitar inconsistencia estructural. En efecto, la crítica ya ha puesto de manifiesto que la materia referida a Palencia puede acotarse a cuatro fragmentos claramente delimitados:

1. Descubrimiento de la tumba de San Antolín y adquisición de Palencia por parte del rey Sancho Abarca (vv. 95–135).
2. Fundación de la diócesis de Palencia (vv. 143–201).
3. Designación del segundo obispo de Palencia y confirmación de privilegios (vv. 270–79).
4. Reposición del obispo de Palencia por intervención de Rodrigo (vv. 718–31; episodio fragmentario).

Todo lo cual suma 123 versos sobre un total de 1150 (según el cómputo de mi edición). La posibilidad de delimitación no sería por sí sola prueba suficiente para hablar de interpolación, puesto que podría aducirse la organización paratáctica del poema, pero a ésta hay que agregar el hecho de que la supresión de las tres primeras secuencias, anteriores a la aparición de Rodrigo en la narración, no sólo nos deja un texto perfectamente coherente sino que además pone de relieve la articulación narrativa que la materia de Palencia había oscurecido: las razones por las cuales Sancho Abarca, proclamado primer rey de Castilla en el v. 81, aparece desamparando a los castellanos por ser rey de León en el v. 202.[19] Desafortunadamente, la cuarta

---

[19] El texto desembarazado de la interpolación palentina quedaría así:
```
81   A Sancho Avarca bessan las manos    et "¡real, real!" llamando
     por Castilla dan los pregones    por tan buen rey que alçaron.
     Este fue el primero rey    que castellanos ovieron.
     Con grand onra e grand prez    grandes alegrías fezieron.
85   El buen rey Sancho Avarca    comenzó de reinar
     e mandó fazer señas    tendidas en cada logar.
     Con fija del rey de Françia    se ovo a despossar,
     et diógela de grado,    non le fezieron al,
     et la infanta dizen doña Isabel    e esta fue reina de prestar.
90   El rey Sancho Avarca fue por ella    ca tiempo avía de cassar
     a los puertos de Aspa se la traxieron    [............]
     et él del rey de Françia    allí fue la a tomar.
     Grandes alegrías han en España    quando el rey con la reina vieron tornar,
94   et mayor los castellanos,    quando la mano le fueron bessar.
136  El rey en plazentería    fincó alegre e pagado.
     Llegáronle mandados    de su avuelo, que era finado.
138  Tres fijas, et non fijo varón,    le fincaron,
142  Et fincaron en el rey Sancho Avarca    todos los reinos en su mano.
```

interpolación coincide con el lugar más deteriorado del texto, de modo que no es posible conocer la modalidad de inserción de la hazaña de Rodrigo referida al obispado de Palencia (¿agregado o sustitución de otra hazaña?); lo cierto es que la estructura fragmentaria favorecía la interpolación de un episodio sin afectar, en este caso, la comprensión de la carrera del héroe.[20]

Por supuesto que el hecho de que la interpolación de episodios haya sido la técnica dominante en la tarea refundidora no impide que, como sostiene Deyermond (1999: 11–12), el poema completo sea obra del poeta culto, que, de acuerdo con los modos de composición de la época, integra lo heredado de un poema previo con sus propios versos.

Por cierto que esta labor ha dejado sus marcas de sutura. En el episodio del descubrimiento de la tumba de San Antolín el rey Sancho Abarca ordena a su caballero Bernardo que descienda a investigar:

> Demandó por un cavallero que dezían Bernardo,
> diz: "Entra, Bernardo, por essa escalera, e cata este soterraño".
> (vv. 114–15)

Certificados del descubrimiento de la tumba del santo, el rey solicita al conde don Pedro la donación de Palencia a cambio de Campóo y el episodio concluye con la referencia heráldica a las nuevas armas del conde.

Pocos versos después, tras el relato de cómo Sancho Abarca hereda el reino de León (vv. 136–42), se interpola un nuevo episodio palentino: la fantástica historia de cómo un supuesto arzobispo de Toledo, Miro, que viene huyendo de los moros, es nombrado primer obispo de Palencia. El primer verso de esta sección dice: "Et dixo a su cavallero Bernardo que catasse el soterraño" (v. 143), mención extemporánea que resulta incongruente con lo que se relata a continuación ("Et oiredes lo que aconteçió estonçe en aquel año", v. 144). De la ausencia del sujeto principal de la frase puede inferirse que remite al sujeto mencionado en el verso anterior, final del episodio breve sobre Sancho Abarca, rey de León ("Et fincaron en el rey don Sancho Avarca todos los reinos en su mano", v. 142). Se trate de un burdo recurso de

---

202   Porqu' el rey era rey de León   desmanparó a castellanos,
       e vedes por quál razón: porque era León cabeza de los reinados.

[20] Como se sabe, Armistead propone que este episodio habría sustituido un episodio de la *Gesta* primitiva correspondiente a la campaña de Coimbra. Pero hay en esta conjetura dos puntos débiles: (1) la necesidad de postular una sustitución –y no un simple agregado– depende de presuponer que la estructura narrativa se organiza en torno del cumplimiento estricto del voto de las cinco lides (lo que, según creo demostrar más adelante, es incorrecto); (2) Diego Catalán (2000b: 84–87) ha demostrado que la campaña de Coimbra narrada en *CC* proviene de fuentes eruditas (*De rebus Hispaniae*, *Chronicon Mundi* y el *Codex Calixtinus*) a través de la llamada *Versión mixta de la Estoria de España* alfonsí. También la alusión a la investidura caballeresca de Rodrigo en Coimbra sería una interpolación cronística.

articulación llevado a cabo por un poeta inhábil o de la iniciativa de un copista que busca amenguar inconsistencias de un modelo interpolado, este verso es clara evidencia de que la labor mediante la cual el poeta pro-palentino integró lo heredado con sus propios versos estuvo muy lejos de la perfección.

Finalmente, Raymond Willis (1972) aportó clara evidencia de que la refundición no se limitó a la interpolación de pasajes referidos a Palencia: en el episodio de la batalla contra cinco reyes moros el poeta inserta una serie de comparaciones cultas que adoptan la forma de una estrofa de cuadernavía (vv. 668–71), al parecer inspirada en el *Libro de Alexandre*. Otros indicios de intervención culta no son tan inequívocos, pero basta un ejemplo para asegurar una mayor amplitud en la tarea refundidora del poeta pro-palentino.[21]

Por último, este poeta utilizó en su tarea las técnicas de composición juglaresca vigentes en su momento (fase prosística tardía), según surge del análisis de las fórmulas realizado por Webber (1980), quien demuestra que la densidad formulaica es idéntica en pasajes referidos a Palencia y en pasajes de origen tradicional. Además, según sostiene Albert Lord (1974), un escritor culto que vive en una cultura penetrada de poesía oral y que está familiarizado con el estilo poético oral, puede imitarlo fácilmente; tal parece ser el caso, teniendo en cuenta el estrecho contacto entre clerecía y poesía tradicional que caracteriza a la cultura de la época.[22]

---

[21] Remito a Willis (1972) para el comentario de la estrofa de cuadernavía, que en su versión se lee así:
        Paradas fueron las azes et mezclado el torneo,
        allí llamó Rodrigo a Santiago, fijo de Zebedeo;
        non fue tan bueno de armas Judas el Macabeo,
        nin Archil [nin] Nicanor, nin el rey Tolomeo.
También es interesante considerar la opinión de Georges Martin: "Du *Poème de Ferrand Gonzalez* peuvent provenir ou dériver [. . .] telle comparaison valorisante avec Judas le Macchabée [. . .]" (1992: 456). En efecto, en la estrofa 351 del *PFG* (ed. Zamora Vicente) se lee:
        Non cuentan d'Alexandre las noches nin los dias,
        cuentan sus buenos fechos e sus caualleryas,
        cuentan del rrey Davyt que mato a Golias,
        de Judas Macabeo, fyjo de Matatyas.
Asimismo, Willis comenta otros indicios de autoría culta, sin discriminar, obviamente, entre lo que pudiera provenir del poeta pro-palentino y lo que es fruto del copista del ms. P (o de glosas marginales previas), porque en su concepción el texto conservado se identifica ciento por ciento con el poema que él todavía denomina *Crónica rimada*.

[22] Un caso inequívoco de injerencia del modo de composición culta en la elaboración de un discurso épico tradicional se detecta en la tendencia a insertar el *verbum dicendi* en mitad del hemistiquio, ya iniciado el discurso directo (por ejemplo, "Oitme, dixo, mi fijo", v. 377; también se utiliza en vv. 175, 343, 360, 396, 472, 597, 896, 1007, 1017, 1041, 1074, 1101 y 1133).

2.3.3. *La "Gesta" primitiva*

El poema épico juglaresco que dio inicio a la tradición de las mocedades del Cid, que denomino *Gesta* primitiva, siguiendo a Armistead, nos llega de manera indirecta a través del texto conservado, principalmente, y de la prosificación incluida en la *CC*, en menor medida.

Este poema habría sido compuesto en los años finales del siglo XIII, es decir, muy poco antes de la *Refundición* pro-palentina, reuniendo muy probablemente noticias legendarias sueltas sobre Rodrigo y sobre el rey Fernando, par de emperador.[23]

Para una reconstrucción conjetural de su contenido, es necesario, en primer lugar, deslindar las interpolaciones con materia palentina y algunas intervenciones menores, como la estrofa de cuadernavía mencionada más arriba; en segundo lugar, confirmar aquellos episodios que con mayor seguridad pudieron pertenecer al contenido narrativo original mediante el cotejo con el relato prosificado en la *CC*.

Como resultado de estas operaciones, se llega a la hipótesis de que la *Gesta* constaría, al menos, de los siguientes episodios:

1. Una introducción histórico-genealógica sobre los orígenes de Castilla y los antecedentes de Rodrigo y del rey Fernando (probablemente motivada, de acuerdo con la hipótesis de Armistead, por la necesidad de refutar las versiones sobre el origen bastardo del héroe).
2. La muerte del conde Gómez de Gormaz a manos de Rodrigo y el pedido de reparación mediante casamiento de Jimena ante el rey Fernando.
3. La celebración de la ceremonia y el voto de las cinco lides que pronuncia Rodrigo.
4. La victoria de Rodrigo sobre reyes moros que se hacen sus vasallos.

---

[23] Apoyo mi hipótesis de datación en dos argumentos: (1) no hay rastros de utilización cronística de la *Gesta* en las crónicas alfonsíes y post-alfonsíes del siglo XIII, la más tardía de las cuales es la *Versión amplificada de 1289* –lo que nos certifica que la *Gesta* debió de componerse en el último decenio del siglo. La hipótesis de Samuel Armistead sobre huellas de las mocedades del Cid ya presentes en la versión primitiva de la *Estoria de España* compuesta en los años 1270–72 (1974, reproducido con agregados en 2000: 31–37 y 153–55) ha sido refutada convincentemente por Diego Catalán (2000b), quien demuestra que los lugares aducidos por Armistead como ecos de una leyenda épica sobre la crianza del Cid son sólo alusiones puntuales tomadas de *Sancho II* o, en algún caso, noticias inventadas por los cronistas basándose en los parlamentos de los personajes Ruy Díaz y Sancho conservados en la prosificación de *Sancho II*. La ampliación de estas noticias en las crónicas generales del siglo XIV es pura elaboración cronística, ajena a la épica tardía. (2) El contexto ideológico de inestabilidad política debido a una nobleza rebelde y un monarca débil, que permea toda la *Gesta* a excepción del episodio de la campaña de Francia, se ajusta más, dentro de ese decenio final, al tiempo de la minoría de Fernando IV que comienza en 1295. De allí que me incline a acotar la datación al último quinquenio del siglo XIII.

5. El combate singular por Calahorra, precedido del encuentro con el leproso-San Lázaro.
6. La victoria sobre los condes complotados con los reyes moros.
7. La campaña de Francia.

De toda esta lista, sólo la introducción histórica plantea problemas a la hora de afirmar su carácter épico-tradicional: Menéndez Pidal lo afirmaba sin reparos, Deyermond lo negó y colocó el fragmento en el ámbito de la composición erudita. A la luz de las discriminaciones realizadas, considero que hay en esta introducción una base tradicional estructurada sobre la doble genealogía de los Jueces de Castilla (leyenda de origen erudito, pero ya popularizada luego de más de un siglo de difusión) y sobre la contraposición de los dos héroes principales de Castilla: Fernán González y el Cid. Sobre esta base, el autor culto agregó la mayor parte del material palentino y finalmente el copista de P encontró aquí la sección de mayor interés del poema y se dedicó a acrecentar los escuetos datos genealógicos que originalmente traía la introducción. De modo que, si hacemos abstracción de las dos intervenciones cultas, el resto de la materia introductoria se revela perfectamente tradicional.

3. ANÁLISIS HISTÓRICO-LITERARIO DE *MOCEDADES DE RODRIGO*

Como he insistido en las páginas precedentes, el hecho de que haya sido posible que hipótesis e interpretaciones de *MR* tan diversas –y aún opuestas– prosperaran y encontraran asidero en el texto se debe, fundamentalmente, a la naturaleza radicalmente heterogénea de la copia conservada. Usualmente la operación de lectura ha consistido en una consideración parcial de los datos del texto, a partir de la cual se ha formulado una explicación y/o evaluación que se presenta como válida para el texto conservado en su totalidad.

Mi propuesta se basa en un nuevo punto de partida: la consideración analítica de la totalidad de los datos, lo que me permite deslindar los estadios redaccionales y recepcional que constituyen el texto conservado.

Como ya se concluía en un trabajo anterior (Funes, 1987), esta operación de deslinde permitió comprobar que los pasajes prosificados, los versos excesivamente alargados, las interpolaciones de datos ajenos al desarrollo narrativo relacionados con precisiones históricas, genealógicas y aún geográficas, y la disposición del texto, impropia de una obra poética, elementos que más han contribuido a la evaluación negativa de la calidad artística del poema, no son producto de la elaboración, sino de la transmisión del texto; es decir, de los intereses concretos que guiaron su transcripción en los folios finales de un códice cronístico.

Ahora bien, si se eliminan estos elementos ajenos al proceso de composición, no recuperaremos un poema prístino, coherente y uniforme, pero sí una obra cuyo carácter poético es indiscutible y en la cual será posible aquilatar el fragmentarismo y la heterogeneidad como principios constructivos del texto, válidos tanto para la *Gesta* primitiva como para la *Refundición* palentina.

3.1. *Fragmentarismo y heterogeneidad en su estructura narrativa*

Las inconsecuencias argumentales y los cabos sueltos de la trama episódica de *MR* que ya se enumeraron más arriba (v. n. 5) se proyectan también sobre la configuración de los personajes: Rodrigo es por momentos rebelde e insolente, por momentos fiel y piadoso (oscilando, como dice Deyermond, entre la santidad y la delincuencia); el rey Fernando comienza como el ambicioso y poderoso señor que mata a sus hermanos Alfonso y García en batalla y reúne bajo su dominio los reinos de León, Navarra y Castilla (vv. 228–36) para convertirse luego en el rey niño y débil sometido a la voluntad de Rodrigo y terminar glorificado como par de emperador; los condes hermanos Garci Fernández y Ximeno Sánchez de Burueva pasan de traidores peligrosos (vv. 684–98) a fieles guerreros alabados por el poeta (vv. 798 y 800). Podría decirse que cualquier personaje cuya actuación trasciende el límite de un solo episodio muestra incoherencias muy acusadas en su carácter y en su conducta (con la excepción, quizás, del moro Burgos de Ayllón).

Tales muestras elocuentes del carácter fragmentario de la trama y de la heterogeneidad de los episodios que la constituyen, nos enfrentan al problema de establecer hasta qué punto estas características son accidentales o voluntarias. En otras palabras: hasta qué punto son el fruto de los accidentes de la transmisión manuscrita o el resultado de la modalidad compositiva del poeta tradicional de la *Gesta* y del poeta clérigo de la *Refundición*.

En lo que hace a la estructura narrativa, hay que decir que a partir de Menéndez Pidal se intentó vislumbrar una coherencia general del texto conservado, más allá de los problemas estrictamente derivados de las lagunas de la copia, provocadas por pérdidas textuales en el proceso de transmisión. De esta manera se superaba la pobre opinión de la crítica decimonónica, que sólo veía un conjunto de retazos y por ello, negaba la existencia misma de una estructura general (opinión que era reflejo de "una considerable falta de esfuerzo por entender" dicha estructura, según el juicio de Armistead 2000: 60).

La concepción pidalina de la estructura de *MR*, plasmada en la división y titulado del texto en su edición del poema (Menéndez Pidal 1951: 257–89), identifica el voto de las cinco lides formulado por Rodrigo como el principio estructurador de la obra. Según este criterio, tanto la introducción histórica como la guerra entre Vivar y Gormaz serían antecedentes (remoto e inmediato respectivamente) de ese momento crucial del juramento, en función del cual se desarrollaría el resto del poema, como paulatino cumplimiento de las cinco lides prometidas.[24] El poema en su conjunto constituiría un solo cantar, que culminaría con las bodas de Rodrigo y Jimena, episodio perdido por el final fragmentario de la copia conservada.

Samuel Armistead (1963–64, actualizado en 2000: 59–67 y 161–63) propone otra estructura narrativa, que sigue aceptando el voto de las cinco lides como principio estructurador, pero conjetura otro desarrollo narrativo que resulta de variar la identificación de las cinco lides, reubicar el momento de las bodas y considerar la campaña de Francia como un segundo cantar, posibilitado por el cumplimiento del voto y la reconciliación con el rey. Para ello, Armistead se apoya fundamentalmente en el testimonio cronístico: la prosificación de la *Gesta* incluida en *CC* y en *CG1344*, pues el poema tradicional "pudo haber consistido en una Introducción [. . .], seguida de dos *cantares* más o menos independientes: uno relativo al cumplimiento del juramento por parte de Rodrigo [. . .] y otro, drásticamente abreviado en el proceso de prosificación, alusivo a las hazañas del héroe en Francia [. . .]" (2000: 63). Dado que la relación entre *Gesta* y *Refundición* sería "distante e indirecta [y] sin embargo, esencial" (*ibidem*), plantea que la organización general del texto (Introducción y dos cantares) sería idéntica en ambos casos.

Modifica luego la enumeración de las lides al dividir la tercera lid del esquema de Menéndez Pidal en dos: una contra los cinco reyes moros y otra contra los condes traidores. Se apoya para ello en la interpretación del v. 677 ("La batalla vençió Rodrigo, por ende sea Dios loado") como marca de cierre del episodio con los reyes moros, y en una referencia del *Libro de las bienandanzas y fortunas* de Lope García de Salazar a una lid con ciertos condes de Cabra.

En la *Refundición*, el cumplimiento del voto tendría lugar, por lo tanto, con el episodio de la reposición del obispo de Palencia, lo que "estaría completamente de acuerdo con los nuevos propósitos propagandísticos de la *Refundición* [. . .], al subrayar y ensalzar los asuntos de Palencia y de su

---

[24] Tal y como se detalla en los títulos de la edición, Menéndez Pidal plantea la siguiente estructura:
I. INTRODUCCIÓN. Primera parte: antecesores del rey Fernando. El primer obispo de Palencia.
II. INTRODUCCIÓN. Segunda parte: antecesores de Rodrigo.
III. FERNANDO, PRIMER REY DE CASTILLA. Sus comienzos. El segundo Obispo de Palencia.
IV. RODRIGO. Sus comienzos. Guerra entre Vivar y Gormaz.
    La querella de Jimena.
    Rodrigo desposado con doña Jimena.
    Voto de las cinco lides.
V. LAS CINCO LIDES CAMPALES. Rodrigo comienza a cumplir su voto.
    Primera lid: el moro Burgos de Ayllón.
    Segunda lid: sobre Calahorra.
    Tercera lid: traición de los Condes y vencimiento de los cinco reyes moros.
    Cuarta lid: reposición del Obispo de Palencia.
VI. LA QUINTA LID CAMPAL. Entrada del rey Fernando y de Rodrigo en Francia.

obispado mediante las victoriosas hazañas del joven Rodrigo" (2000: 67, n. 23).

A continuación, y como conclusión de este "Cantar de las cinco lides", se narrarían las bodas de Rodrigo y Jimena, de lo que no ha quedado testimonio por una laguna en el texto conservado. Funda su conjetura en una referencia de la *CC* a que Rodrigo estuvo ausente del consejo reunido por el rey Fernando para discutir las demandas del Papa, el emperador y el rey de Francia, porque "auia poco que casara con doña Ximena Gomez, su muger, e era ydo para alla" (*apud* Armistead 2000: 62).

Alberto Montaner (1988: 434–41) vuelve sobre el cotejo de *MR* con la versión cronística conservada en la *Crónica particular del Cid* (desprendimiento de la *CC*) y de su análisis concluye reafirmando una estructura unitaria semejante a la de Menéndez Pidal, en la que todo el poema culmina con las bodas de Rodrigo y Jimena. Su argumentación se apoya en las pautas del relato según la morfología de Propp que pretende descubrir en el **Rodrigo* (antecedente de la *Refundición* y de la *CC*): la articulación de dos secuencias (A: duelo – promesa de matrimonio; B: pruebas difíciles – realización del matrimonio). Por otro lado, impugna la validez de la referencia a las bodas en la *CC*, ya que, según demuestra, se trataría de una interpolación cronística, en línea con otros arreglos, productos de la incomprensión del prosificador y de su intento de racionalizar el relato. Aunque este análisis sigue apoyándose en el valor estructurante del voto de las cinco lides, Montaner adscribe la estructura perfecta sólo al **Rodrigo* original y no deja de ver los problemas estructurales de los textos (cronístico y poético) conservados:

> Todo parece indicar que las hazañas en sí fueron cobrando importancia a lo largo del relato, hasta desvincularse del voto inicial, que de hecho no vuelve a ser operativo ni en *CPC* ni en *MR*, lo que permitía concluir con un episodio cuya importancia propagandística podía eclipsar fácilmente el debilitado motivo inicial, que vino a traducirse tan sólo en la estructura de ensartado activo que liga narrativamente los diversos episodios, carentes de fuertes nexos argumentales, aunque vinculados connotativamente por una visión social uniforme en torno a la consideración armónica de las relaciones entre la nobleza y la monarquía, bajo la égida de ésta. (440)

David Hook y Antonia Long (1999) también rechazan la propuesta de Armistead, a la vez que aceptan el valor estructurante del voto y el esquema de Menéndez Pidal para la *Refundición* (único texto que consideran) con un importante ajuste: otorgan al episodio de la Reposición del obispo de Palencia la máxima importancia. Como se sabe, se trata de un episodio incompleto: conservamos el relato de la expulsión (vv. 718–21) y la querella del obispo ante el rey (vv. 722–31); pero una laguna se habría llevado el desenlace del episodio, pues en el v. 732 ya comienza el episodio de la campaña de Francia. Hook y Long sostienen que no es seguro que el episodio culmine allí, porque no es para nada claro que haya una laguna entre los vv. 731 y 732. Además –y esto es muy atendible– el v. 732 dice "En esta querella llego otro mandado". Esa querella no sería otra que la del obispo expulsado (v. 722 "E fuesse querellar al pueblo çamorano"); de modo que sería en la escena del reclamo del obispo al rey que llegan las cartas de Francia. No habría, pues, laguna en este pasaje. De ser así, la intervención de Rodrigo para reponer al obispo debió de narrarse después de la campaña de Francia: "A la batalla palentina, que sería así la quinta de la serie del voto y la última del poema, seguiría el casamiento del héroe, episodio esencial e integral de la estructura basada en dicho voto" (1999: 61).

De esta manera, en el esquema **Esponsales** → **[cinco lides]** → **Bodas** se articularía un subesquema **Palencia** → **[Campaña de Francia]** → **Palencia**. Siguiendo en este plan conjetural, Hook y Long imaginan que las bodas finales tendrían lugar en Palencia y serían celebradas por el obispo repuesto, con lo que el poeta palentino lograría abrochar la relación del héroe con el obispado: un rey lo establece, un papa lo confirma, un héroe lo restablece definitivamente (quizás con reconfirmación papal). Este final conjeturado respondería al patrón del regreso del héroe y la victoria sobre sus enemigos (como ocurre en la *Odisea*, por ejemplo): al cerrarse con el triunfo militar en Palencia y las bodas, el poema daría perfecto cumplimiento al voto de Rodrigo y a su pasaje a la madurez.[25]

Finalmente, J. Enrique Serrano Asenjo (1996) es el primero en descartar el valor estructurante del voto de las cinco lides (siguiendo quizás la sugerencia de Montaner ya citada). Luego de recordar que tal juramento involucra no sólo las bodas sino también el vasallaje ante el rey Fernando, apunta que el voto sólo se nombra una vez y luego se olvida por completo; lo mismo ocurre con las bodas y sólo hay mención explícita del besamanos como señal de vasallaje durante la campaña de Francia.

Serrano Asenjo propone otra estructura, basada "en el progresivo ascenso del protagonista, que a la vez lleva a su patria, Castilla, y a su rey, Fernando I, hasta los mayores honores" (1996: 161). Ese progresivo ascenso ya se cumpliría, en relación con Castilla, en la introducción histórica, porque pasa de ser "la tierra sin señor" a tener un rey que se convierte en "señor de

---

[25] La hipótesis, sumamente ingeniosa y atractiva, tiene algunos puntos débiles: a) la perfección de la estructura narrativa de tipo entrelazado no es totalmente consistente con la impericia poética que el autor pro-palentino deja ver claramente en el manejo de otros recursos de estructuración (enlace episódico, por ejemplo); b) aunque bien razonada, la propuesta conjetural se apoya más en lo que el texto no dice (episodio del obispo de Palencia expulsado, final del poema) que en el relato conservado; c) el voto involucra, con pareja importancia, las bodas y el besar la mano del rey, y si bien no podemos saber cuándo consuma su matrimonio, sí sabemos que Rodrigo es vasallo del rey en el episodio de Francia (Hook y Long reconocen este problema, pero su explicación no es satisfactoria, porque el requisito no era que el rey se ordenara caballero, sino el cumplimiento del voto de Rodrigo). Véase la nota al v. 731 en el aparato crítico de mi edición.

España" (v. 236). También en el crecimiento del héroe joven, en quien no ve los contrastes ni incoherencias de conducta que ha señalado la crítica, y por último, en las relaciones con el rey, que evolucionan del enfrentamiento inicial a la colaboración e identificación final. Aunque la argumentación se debilita por el empeño en mostrar a los personajes principales con una luz excesivamente positiva, la propuesta de Serrano Asenjo supone un avance importante en la comprensión de la estructura, sobre todo al plantear la necesidad de considerar la función del poema en la Castilla de su tiempo (pues "la función y el funcionamiento de la obra van íntimamente unidos", p. 170).

Por mi parte, propongo otra explicación de la estructura narrativa que organiza la *Gesta* y que se mantiene vigente en la *Refundición*, basada no en principios de coherencia y economía propios de nuestros parámetros de intelección –todavía sujetos, en el ámbito académico, a patrones positivistas y aún románticos– sino en un intento de reconstrucción histórico-crítica de los parámetros propios del contexto de emergencia de *MR*: el sistema cultural vigente en Castilla alrededor del 1300. Tengo en cuenta, para ello, como hice al caracterizar la fase tardía del género épico, las reglas de producción textual que pueden inferirse del propio texto y las fuerzas histórico-culturales externas.

Desde ese doble enfoque formal y contextual, el planteo de base es que la estructura de *MR* no se funda en principios de continuidad argumental y de homogeneidad en los caracteres de los personajes y en sus conductas, sino que se basa en principios de fragmentarismo o discontinuidad narrativa y de heterogeneidad de los personajes y de sus acciones.

En la medida en que el principio constructivo del cantar –que subordina los episodios y motivos narrativos a una historia unitaria y lineal (la vida del héroe)– ha sido desplazado por el principio constructivo episódico, cada uno de tales episodios adquiere una autonomía que fragmenta la cohesión global casi al extremo de disgregar el poema como entidad artística reconocible, aunque sin llegar nunca a tal disgregación.

En el marco que provee esta nueva modalidad compositiva, se hace evidente que el voto de las cinco lides no puede tener el carácter de principio estructurador que la mayor parte de la crítica le ha asignado. Un análisis detenido del episodio en que tal voto se pronuncia ilustrará cómo funciona el fragmentarismo en la composición del poema y demostrará que tal juramento tiene una función narrativa mucho más acotada.

El episodio comienza con el conflicto entre los de Gormaz y los de Vivar, que rompe el sosiego de la tierra castellana (vv. 280–82) y desencadena una serie de acciones, reacciones y contra-reacciones que va aumentando su nivel de agresividad hasta llegar a una resolución violenta y trágica: el conde don Gómez hiere los pastores y roba el ganado de Diego Laínez (acción); éste quema el arrabal de Gormaz, apresa los vasallos, se lleva el ganado y además rapta las lavanderas para deshonrar a su enemigo (reacción); el conde, enfurecido, reclama las lavanderas, insulta a Diego Laínez y lo riepta (contra-reacción);[26] el conflicto se dirime con un combate aplazado de cien contra cien, en el que el conde don Gómez encuentra la muerte a manos de Rodrigo.

Pero esta resolución no será un punto final sino la reanudación del conflicto en otro nivel, en el que todo lo narrado constituye una acción (Rodrigo mata al conde y apresa a sus hijos) que provoca una reacción (Jimena reclama justicia al rey): esto supone un desplazamiento en cuanto a los actores y los términos del conflicto, pues el conde y Diego Laínez son suplantados por Jimena y Rodrigo y el enfrentamiento queda en el plano verbal.[27] La petición de matrimonio de Jimena supone la resolución de este segundo estadio del conflicto, pero, nuevamente, se convierte en punto inicial de un nuevo enfrentamiento.

El nuevo desplazamiento de los actores y términos del conflicto (Rodrigo y el rey Fernando, enfrentamiento político) desencadena una nueva serie de acciones y reacciones que se ubican en un plano superior (principio de autoridad vs. principio de rebeldía). El rey convoca a Diego Laínez y a Rodrigo a la corte (acción de autoridad) y éstos van preparados para la pelea (reacción de rebeldía). Ya en la corte, luego del roce entre Rodrigo y su padre, que lo habría convencido de besar la mano del rey (una laguna impide conocer la circunstancia concreta), el rey rechaza la figura agresiva de Rodrigo (acción), lo que provoca la reacción despectiva de Rodrigo contra Fernando (y en menor medida, contra su padre: "porque vos la bessó mi

---

[26] Es interesante notar que el insulto supone una escalada en el nivel de violencia: la agresión verbal es más grave que la agresión física. El insulto consiste aquí en un ataque a la condición social del adversario ("fijo del alcalde çibdadano", v. 292).

[27] El desarrollo narrativo adopta la forma de réplicas y contra-réplicas: pedido de Jimena a Diego Laínez, excusa de Diego, reconvención de Rodrigo a su padre (no del todo bien motivada, pues el padre no se ha negado a liberar a los hijos del conde sino que ha dejado la decisión en Rodrigo en su calidad de captor), oposición de Jimena a los planes de venganza de sus hermanos, petición de justicia al rey, excusa del rey, solicitud matrimonial, aceptación de tal resolución por consejo del ayo del rey. Como ya ocurría con la intervención de Rodrigo en el combate "que quisso el padre o que non" (v. 306), hay siempre un constante roce con la figura de autoridad (Rodrigo con su padre, Jimena con sus hermanos) que alcanzará su punto culminante en el siguiente nivel de conflicto.

[28] La crítica no ha prestado suficiente atención al detalle de que el rey no consulta al ofensor si acepta el matrimonio como reparación por su crimen. No hay otra forma de leer la conducta de Fernando que como un gesto monárquico que busca imponer su voluntad (aunque resulte en beneficio del ofensor). Si bien es cierto que en torno del motivo del matrimonio se da un conflicto entre la voluntad de Jimena y la de Rodrigo, no es éste el enfrentamiento central del episodio sino que está subordinado al combate político por la autodeterminación del héroe frente a la voluntad de dominio regio; por esa razón creo que el interesante análisis de Eukene Lacarra Lanz (1999) debe acotarse a estos términos, pues Rodrigo no ve tan amenazada su masculinidad por Jimena como su autonomía por el rey: de ahí que el juramento involucre no sólo la consumación del matrimonio sino también el besar la mano del rey.

padre soy yo mal amanzellado", v. 415); la contra-reacción del rey deja en claro que lo que está en juego es la posesión de la iniciativa como símbolo del poder y consiste en casar a Rodrigo con Jimena sin consulta previa.[28] Como nueva reacción, Rodrigo formula su voto y así retoma la iniciativa y afirma la autodeterminación que había perdido al verse forzado a aceptar un matrimonio impuesto contra su voluntad. La contra-reacción del rey será, por consejo de su ayo, poner a prueba al joven héroe ante la primera ocasión ("quando los moros corrieren a Castilla non le acorra omne nado. / Veremos si lo dize de veras o si lo dize baffando", vv. 431–32). La ocasión llega con la incursión de los arrayaces moros Burgos de Ayllón, Bulcor de Sepúlveda y Tosios de Olmedo –y nótese que seguimos en el mismo episodio–. La victoria de Rodrigo dirime el conflicto de poder a su favor, lo que se confirma con el último juego de réplicas y contra-réplicas que cierra el episodio: el rey pide el quinto del botín a cambio del perdón (acción regia de autoridad), Rodrigo se lo niega (reacción rebelde); Fernando le pide el rey moro prisionero (nueva acción regia) y Rodrigo también se lo niega. La victoria final del héroe queda confirmada cuando Rodrigo logra la autodeterminación de su propio señorío, lo que ocurre cuando el moro Burgos se declara su vasallo y le ofrece tributos y servicio.

En este punto termina el episodio, que demuestra una fuerte cohesión interna y una perfecta solidaridad de sus elementos. En este contexto se comprende que el voto de Rodrigo agota su función (muy importante, por cierto) en este único episodio como el recurso que le permite al héroe recuperar la iniciativa y afirmar definitivamente su autodeterminación. La mención de cinco lides se revela, pues, simbólica, y sólo es un calco, como tantos otros en MR, del PMC: como apunta Armistead (2000: 162, n. 9), Alvar Fáñez le dice al rey Alfonso en la segunda embajada que el Cid "fizo cinco lides campales e todas las arrancó" (ed. Montaner, v. 1333).

Ya descartado el juramento como principio estructurador, la consideración de los demás episodios permite comprobar que tampoco funciona la hipótesis de Serrano Asenjo de una estructura basada en el progresivo ascenso de Castilla y del héroe y en el progresivo acercamiento con su rey. El fragmentarismo episódico desmiente esta supuesta progresividad estructural.

El episodio que sigue al de Jimena y Rodrigo es el del combate singular por Calahorra. Desde el punto de vista de la relación con el rey, el corte no podría ser más abrupto: el héroe altivo que niega a un rey pedigüeño la menor participación en el botín cobrado y que le da una lección de "buen criterio estamental" al negarle la entrega del rey moro Burgos como rehén (vv. 477–86), aparece aquí como el súbdito solícito, preocupado por su rey que está entristecido por el desafío que acaba de recibir: "Rey, ¿quién vos fizo pessar o cómmo fue dello ossado? / De presso o de muerto non vos saldrá de la mano" (vv. 530–31). El rey le cuenta lo sucedido y le pide que sea su campeón en el duelo: "Respóndele tú, Rodrigo, mi pariente e mi vasallo" (v. 540). De modo que el rey llama a Rodrigo su vasallo, sin provocar reacción ni protesta en el joven héroe, quien por el contrario acepta con agrado el mandato regio. En todo el episodio Rodrigo será un héroe ejemplar: fiel a su rey, mesurado ante el adversario (su respuesta ante la agresividad verbal de don Martín González es irónica pero no insultante),[29] caritativo y devoto (según surge del sub-episodio de su encuentro con el leproso que resulta ser San Lázaro).

La posibilidad de que se haya cumplido aquí un definitivo acercamiento (más abrupto que progresivo) con el rey queda desmentida en el siguiente episodio: la batalla contra los reyes moros y los condes traidores. En este caso, luego de enterarse del complot gracias al rey moro Burgos, Rodrigo va a la corte y se comporta con altanería y brusquedad, alegrándose de no ser vasallo del rey y ordenándole lo que tiene que hacer.[30]

De modo que la relación entre el héroe y el rey es absolutamente inconsecuente con la del episodio anterior: Rodrigo afirma su independencia del rey y condiciona su obediencia vasallática a que Fernando se ordene caballero a sí mismo (no hay rastros, pues, del voto de las cinco lides como condición para besar la mano del rey).

El largo episodio final de la campaña de Francia vuelve a mostrarnos al héroe y su rey en relación armónica, al punto de alcanzar una estatura idéntica a la vista de sus enemigos, que "non sabían quál era el rey nin quál era el Castellano" (v. 1081), pero aún este estatus de pareja heroica (abonada también por el "Loor de Fernando, par de emperador" de vv. 773–87) no se da sin tensiones y rispideces: cuando Rodrigo le ofrece la hija del conde de Saboya –a cambio de una recompensa, dicho sea de paso ("et yo para vos la quiero / et besso vos las manos que me fagades algo", vv. 966–67)– el rey Fernando reacciona no sin cierto fastidio: "Sólo non sea penssado, / ca por conquerir reinos vine acá, ca non por fijas dalgo, / ca si nos las quesiéramos, en España falláramos afarto" (vv. 968–70); cuando el Papa, durante la entrevista, le ofrece al rey la corona de emperador de España, Rodrigo se adelanta al rey en responderle ("Allí fabló Ruy Díaz ante que el rey don Fernando", v. 1089) y luego éste lo llama al orden, desautorizando su respuesta agresiva: "En tanto se levantó el buen rey don Fernando: / 'A

---

[29] Cuando Martín González protesta por el aplazamiento de la lid expresando su furia contra Rodrigo ("que más me quería ver con Rodrigo que quien me diesse un condado", v. 549), éste responde: "Conde, ¿por qué vos quexades tanto? / que a quien diablos han de tomar chica es posiesta de mayo" (vv. 550–51). Luego, cuando al comenzar el duelo Martín González le critica que haya cambiado de caballo (v. 613), Rodrigo responde, nuevamente con ironía: "¿Quieres trocarlo? / Cámbialo comigo si el tuyo es más flaco" (vv. 614–15).

[30] Dice el texto: "Al rey se omilló e no·l bessó la mano. / Dixo: 'Rey mucho me plaze, porque non so tu vassallo. / Rey, fasta que non te armasses non devías tener reinado, / ca non esperas palmada de moro nin de cristiano, / mas ve velar al padrón de Santiago, / quando oyeres la missa, ármate con tu mano. / Et tú te çiñe la espada e tú deçiñe commo de cabo, / e tú te sey el padrino et tú sey el afijado, / et llámate cavallero del padrón de Santiago, / e serías tú mi señor e mandarías el tu reinado'" (vv. 633–42).

treguas venimos, que non por fazer daño. / Vos adeliñat, mi señor Ruy Díaz el Castellano' " (vv. 1097–99). A pesar de esto, Rodrigo vuelve a increpar al rey de Francia, al emperador y al Papa y provoca la ruptura de la entrevista y el emplazamiento de la batalla. Sin embargo, estos roces no tienen consecuencias, pues en cada ocasión el rey queda satisfecho con la conducta de Rodrigo (vv. 989 y 1110).

En suma, no es posible reconocer progresión alguna en la relación del héroe con su rey, como tampoco en las hazañas que cumple Rodrigo (la victoria sobre los arrayaces es más importante que el duelo por Calahorra y es, por lo menos, idéntica a la victoria sobre los cinco reyes moros; la campaña de Francia se desarrolla en una dimensión tan diferente que representa un abrupto salto en relación con todo lo anterior): cada episodio delinea con trazos particulares la envergadura de la hazaña heroica y la relación con el rey.

Todo lo dicho parece dejarnos a un paso de la conclusión de que *MR* no es más que una acumulación de episodios sueltos, pero bastará tomar en cuenta los principios constructivos específicos de esta fase tardía (donde el fragmentarismo y la heterogeneidad son operativos) para identificar la muy peculiar estructura de este poema.

Alberto Montaner (1988) sugiere una hipótesis sobre el proceso compositivo inicial de la *Gesta* que culmina en una estructura de ensartado activo –es decir, una en la que se encadenan episodios autónomos que tienen en común el mismo protagonista (Lacarra 1979: 62)–, que liga narrativamente los episodios, carentes de nexos argumentales fuertes, pero muy ligados connotativamente. La sugerencia apunta hacia un camino más productivo que intento seguir con mi propuesta.

En principio, resulta claro que los recursos de articulación no son de carácter argumental (causalidad homogénea, progresividad narrativa), no se apoyan en lazos metonímicos entre las secuencias narrativas, sino en lazos connotativos de episodios individuales. Pero estos lazos connotativos no remiten, como piensa Montaner, a "una visión social uniforme en torno a la consideración armónica de las relaciones entre la nobleza y la monarquía, bajo la égida de ésta" (1988: 440), sino, por el contrario, remiten a una exaltación de la rebeldía o del enfrentamiento ante una figura de autoridad o de poder superior.

La lectura en sucesión lineal del texto lleva a comprobar su fragmentarismo, sus fallas en cuanto a la cohesión interna de un desarrollo argumental, pero al mismo tiempo permite percibir una significativa recurrencia de ciertas situaciones.

Si se enfocan esos pasajes y se modifica la forma de leer en un sentido vertical, es decir, buscando no la sucesión sino la simultaneidad (algo que remeda la vieja propuesta de lectura del mito que formulara Claude Lévi-Strauss 1958), se encuentra finalmente la clave de la estructuración del poema.

Se trata, para decirlo de una vez, de la articulación metafórica de situaciones paradigmáticas, situaciones que remiten a un modelo único del cual son variaciones. Esa escena matriz podría describirse como la contienda verbal entre una figura de autoridad y una figura de rebeldía: la figura de autoridad convoca a un encuentro, la figura de rebeldía acude a ese encuentro, en el que se desarrolla una contienda verbal que culmina con el desacuerdo o la ruptura y la preeminencia de la figura de rebeldía.

Esta escena matriz alcanza tres realizaciones plenas en el texto:

(1) Encuentro entre el conde Fernán González y el rey Alfonso de León (vv. 20–35);
(2) Encuentro entre Rodrigo y el rey Fernando con motivo de la querella de Jimena (vv. 368–433);
(3) Encuentro de Rodrigo y el rey Fernando con el rey de Francia, el emperador y el Papa (vv. 1063–1111).

Estos son los núcleos sobre los que se organiza todo el poema, y su relevancia queda marcada por la fortuna romancística de esas situaciones, pues no de otra cosa hablan los romances *Castellanos y leoneses*, *Cabalga Diego Laínez* y *A concilio dentro en Roma*.

Completan estas realizaciones plenas de la situación paradigmática otras realizaciones parciales, tales como las convocatorias a cortes, a vistas o a juicio y el intercambio de mensajes:

1. El motivo de la elección de los Jueces de Castilla ("Et porque los castellanos ivan a cortes al rey de León con fijas e mugieres [. . .]", § 3).
2. El motivo del aprisionamiento del conde Fernán González ("Et este rey don Sancho Ordóñez fizo vistas con el conde Fernand Gonçález en un lugar que diçen Vañarez. Et yendo el conde seguro prisso·l el rey en engaño", § 5).
3. El rey Alfonso compra el caballo y el azor de Fernán González (vv. 36–40).
4. El rey Alfonso salda su deuda liberando Castilla (vv. 43–51).
5. El rey Fernando reúne cortes para elegir las armas de su reino (vv. 243–65).
6. El juicio de los condes traidores (vv. 707–17).
7. Mensajes entre Rodrigo y el conde de Saboya (vv. 888–912).
8. Treguas finales por el nacimiento del hijo bastardo del rey (vv. 1131–50).

Lo que resulta especialmente significativo en estas situaciones es que la contienda se manifiesta a través de una violencia estrictamente verbal. La relevancia de la palabra en este poema es absoluta, a punto tal que en las palabras se pone de manifiesto la condición de los personajes y a través de ellas la hazaña guerrera recibe confirmación heroica. Que esto es así se hace evidente ni bien se advierte la brevedad de los pasajes puramente narrativos relativos al combate. En efecto, las victorias de Rodrigo en combate singular sobre el conde don Gómez, sobre el campeón de Aragón y sobre el conde de Saboya se despachan en poco más de un verso: no hay énfasis en los golpes de espada ni demora en los lances guerreros. Lo mismo ocurre con las victorias del héroe en batalla campal contra los arrayaces y contra los cinco reyes moros, de las que apenas se da una visión general de pocos versos. El contraste con batallas como la del Cid contra Fáriz y Galbe o los duelos en Carrión en el *PMC* es por demás elocuente.

En fin, a *MR* no le interesa tanto contar una historia, sino más bien mostrar una escena, desplegar una situación que, reitero, exalta la rebeldía o el enfrentamiento con una figura de autoridad o de poder superior. Y ese despliegue lo cumple mediante variaciones que se relacionan entre sí metafóricamente y no metonímicamente.

La estructura de ensartado activo de episodios, que no remite aquí a la identidad del protagonista sino a la identidad de una situación, sería difícil de encontrar en otro poema épico, pero sí podemos identificar un paralelo que comparte con *MR* un mismo contexto cultural y reproduce a su modo el mismo contexto de crisis: el *Libro de buen amor*, poema narrativo en el cual es imposible encontrar progresión y coherencia entre las diversas aventuras amorosas, puesto que su articulación también es metafórica: son variaciones sobre una matriz situacional de seducción.

Puede señalarse, finalmente, que la percepción y la inteligibilidad de tal estructura para su público debió de apoyarse en un nuevo principio constructivo: el romancístico. Me refiero específicamente a que el romancero épico se origina, de acuerdo con la opinión mayoritaria de la crítica, en la fragmentación de los cantares de gesta y a que el fragmentarismo es un rasgo formal que define el estilo romancístico. Aquí es posible articular las hipótesis de Thomas Montgomery (1982–83 y 1984) y plantear que para la fase tardía de la épica ya no simplemente los romances derivan de los cantares de gesta, sino que los mismos cantares se componen y se difunden (es decir, entran en la tradicionalidad oral y escrita) con el influjo de los patrones de elaboración propios de los romances. En efecto, Montgomery sostiene que en el caso de *MR* hubo una dependencia mutua entre el cantar de gesta y los romances.[31] Pero de inmediato debo aclarar que él piensa en un

---

[31] "Un examen de los romances en su relación con las *Mocedades* me lleva a pensar que, en el caso de este cantar si no en el de otros, hubo una dependencia mutua. Los trozos breves no se desprendían definitivamente de su fuente épica para seguir camino aparte. Antes bien, como se recordaban con especial interés, se mejoraban, cobrando dramatismo y riqueza de detalles, y en el momento de volver a recitarse (o en el de ser escrito) el poema largo, se le integraban los fragmentos romancísticos. Así se explica, en parte, la gran desigualdad y variedad textual de las *Mocedades*" (Montgomery 1984: 121).

proceso poético cumplido en el siglo XIV, mientras que yo adelanto ese fenómeno a la última década del siglo XIII, lo que supondría una cronología del género romancístico más temprana de la que aceptan casi todos los especialistas. Obviamente, no estoy en condiciones de aportar nueva documentación para alegar una datación más antigua como hecho probado. Sin embargo, creo que esta hipótesis se vuelve al menos digna de consideración si tenemos en cuenta una serie de datos. En primer lugar, habría dos romances referidos al rey Fernando III, uno conservado como fragmento inicial del *Romance de Fernando el Emplazado* y otro, perdido, sobre el juglar Paja y el rey Fernando, que pueden fecharse en el siglo XIII. Del primero dice Deyermond que no se puede datar con seguridad, pero que "es posible que se haya compuesto durante su reinado o poco después (a mediados del siglo XIII)" (1995: 168), mientras que el segundo parece haber dejado huella –o quizás, parece haberse prosificado– en la llamada **Historia hasta 1288 dialogada*, circulante en la época de composición de la *Gesta* primitiva –y que también incluye el romance de Alfonso X *Yo salí de mi tierra*, con lo cual ya serían tres casos a favor de la existencia de un romancero en el siglo XIII. Probablemente no hayan tenido estos textos todos los rasgos propios del género tal y como se ponen de manifiesto en los romances documentados del siglo XV, con lo cual acepto la dificultad para hablar simple y llanamente de romances y no de proto-romances o de paleo-romances. Pero aun así, mantiene su pertinencia mi hipótesis de la existencia de breves formas narrativas versificadas en las que al menos ya está presente el fragmentarismo como rasgo constitutivo.[32] Cabe señalar, por último, que la coexistencia de cantares de gesta y formas poético-narrativas breves (sintéticas o fragmentarias) en periodos anteriores también parece segura. Gómez Redondo señala que

> hoy día, en tradiciones folclóricas muy alejadas (rusas, neohelénicas, árabes y africanas), es posible evidenciar la misma tendencia: largos poemas épicos se convierten en breves cantos que giran sobre un núcleo temático nuevo y privilegian una perspectiva, humana o sentimental, apenas apuntada en el poema inicial. Por otra parte, al frente del *Erec et Enid*, de Chrétien de Troyes, figura una prueba más de que serían los

---

32 Para una discusión ponderada de esta cuestión, véase Di Stefano 1993: 30–43, que provee un saludable marco de contención a mi entusiasmo conjeturador. Habrá que revisar la breve polémica sobre proto-romances entre Roger Wright (1985–86 y 1990) y Samuel Armistead (1986–87), aunque por ahora prevalece la posición, mejor argumentada, de Armistead. Muy útiles son también la síntesis, los datos y la bibliografía aportados por Alan Deyermond (1995: 159–60 y entradas B16 y B22). Sobre la **Historia hasta 1288 dialogada*, véanse Catalán 1992 y Funes, en prensa b. Sobre el romance de Alfonso X, véase el comentario y la edición de Gómez Redondo 1996: 171–73, que prefiere llamarlo *Cantar del rey don Alonso* y considerarlo "una especie de eslabón entre los antiguos cantares de gesta y los romances" (171).

propios recitadores los que, en función del público que tuvieran delante, dividirían los cantares más extensos: "d'Erec, le fils Lac, est li contes, / que devant rois et devant contes / depecier et corronpre suelent / cil que de conter vivre veulent" [. . .]. No es muy difícil suponer que esta situación sería similar en la Península Ibérica: los oyentes manifestarían sus preferencias por determinados pasajes, que acabarían aprendiendo de memoria hasta poder repetirlos, dando así inicio a la tradicionalidad de este género poético. (1996: 593)

3.2. *Fragmentarismo y heterogeneidad en su ideología*

Las inconsecuencias que a primera lectura se perciben en el texto conservado afectan no sólo a la estructura narrativa o al desarrollo argumental de la historia sino también a la orientación ideológica de la obra. Desde el punto de vista de la funcionalidad ideológica específica, además de la tesis de Alan Deyermond, ampliamente aceptada, de que el poema conservado es obra de un clérigo ligado a la diócesis de Palencia cuya finalidad es hacer propaganda a favor de ese centro religioso, tenemos la tesis de Juan Victorio, quien sostiene que el poema fue compuesto por un autor zamorano como instrumento de propaganda a favor de Palencia y también del bando petrista en el contexto de la guerra civil entre Pedro I y su medio hermano Enrique de Trastámara.[33] Sin discutir la pertinencia de estas posturas, queda todavía el problema de conciliar la orientación eclesiástica con la violación de un santuario (vv. 692–97) y la actitud agresiva del héroe con el Papa (vv. 1026–29, 1089–96, 1101–8).

Aun si se deja esta concepción excesivamente instrumentalista de la función ideológica y se enfoca la cuestión desde una concepción culturalista y no evaluativa de ideología, siguen apareciendo nuevas inconsecuencias. Así, por ejemplo, una de las huellas de la mentalidad propia de un ámbito culto lo constituyen, como señalara Deyermond con todo detalle, las menciones a lo escrito como fundamento de una verdad y de una legitimidad: el número relativamente alto de menciones de documentos y la propia transcripción de algunos de ellos son dos de sus argumentos principales a favor de la autoría clerical. Pero al mismo tiempo, tenemos huellas de una concepción contraria: Thomas Montgomery (1986–87b) ha estudiado las

---

[33] Victorio argumenta que "los enemigos del rey y de Rodrigo son los mismos que tuvo el rey Pedro I: el reino de Aragón, el monarca francés y el Papa. Por otra parte, las regiones petristas aparecen en el poema como amigas: Galicia («onde los cavalleros son», v. [776]), Portugal («essa tierra jenzor», v. [777]) y Zamora, en donde el autor sitúa continuamente la corte real [. . .]. Algunos lugares citados como reinos de moros (Olmedo, Sepúlveda, etc.) eran, a su vez, antipetristas." (1982: xii–xiii; los números de verso remiten a mi edición). André Grognard (1976) aporta más datos en este sentido e insiste en la importancia de Zamora en el poema; su hipótesis va un poco más allá de lo sostenido por Victorio: un autor zamorano que escribe a favor del bando petrista refunde un poema pro-palentino anterior.

actitudes hacia lo escrito que se manifiestan en los poemas épicos castellanos; en el caso de las *MR* subraya la desconfianza que inspiran las cartas en la narración y cita el caso de la carta que el rey Fernando envía a Diego Laínez y Rodrigo convocándolos a la corte y que despierta el temor y la sospecha sobre las intenciones del rey, y el caso de la carta enviada por el Papa, el rey de Francia y el emperador al rey Fernando exigiéndole tributo; a estos ejemplos se puede agregar la carta de desafío que el rey de Aragón envía a Fernando por la posesión de Calahorra. Esta evaluación de lo escrito como el lugar de la agresión y de la amenaza está en consonancia con una mentalidad popular que desconfía de lo culto y se sitúa en abierto contraste con las referencias a documentos que ya mencionara.

Lo interesante es que estas líneas ideológicas, claramente contradictorias, coexisten en un mismo nivel sin preeminencia de una sobre otra. Este carácter ideológicamente heterogéneo es, precisamente, una de las razones por las cuales todas las tesis propuestas por la crítica han encontrado puntos de apoyo en el poema.

Para entender este fenómeno es necesario volver sobre el proceso compositivo del texto y estudiarlo como el resultado del encuentro de un peculiar trabajo intertextual de elaboración con las condiciones histórico-culturales del momento de formación de la *Gesta* primtiva y de su posterior refundición poética.

A finales del siglo XIII, un poeta que conocía y apreciaba las historias, las formas narrativas y los recursos de composición de la tradición épica juglaresca, encara la tarea de componer (probablemente por escrito, pero de acuerdo con las técnicas de la poesía oral) un poema sobre la juventud del Cid Campeador. Pero de inmediato propone un marco referencial más amplio: un poema de *enfances,* al estilo del sub-género ya existente en la épica francesa, engarzado en un poema de los orígenes heroicos de Castilla. Para todo ello, se inspira en los grandes cantares de gesta consagrados: el *Cantar de Mio Cid*, el *Cantar de Sancho II y el cerco de Zamora*, el *Cantar de la Jura de Santa Gadea* (si no fue éste simplemente el episodio final de *Sancho II*) y el *Cantar de Fernán González*.[34] De toda esa materia épica tradicional, sobresale el *CMC* como modelo dominante.

La presencia del *CMC* en la elaboración de *MR* se hace visible en todos los niveles. Y nótese que elijo hablar de *Cantar* y no de *Poema de Mio Cid*,

---

[34] Aprovecho en lo que sigue lo aportado por la crítica en cuanto a los préstamos o reminiscencias de diversas fuentes poéticas, tanto juglarescas como clericales, en especial las propuestas de Ramón Menéndez Pidal (1945), Alan Deyermond (1969: 155–93), Samuel Armistead (1963–64 y 2000), John Gornall (1985–86 y 1989), Christoph Rodiek (1995: 79–94) y Diego Catalán (2000a: 512–29). Doy por sentado que la inspiración en el modelo épico francés de las *enfances* supone el conocimiento de cantares de gesta específicos; las referencias de Menéndez Pidal, Deyermond y Gornall al respecto están siendo ampliadas actualmente por Irene Zaderenko (en prensa).

puesto que, si bien el texto utilizado o recordado por nuestro poeta debió de ser bastante parecido al texto conservado, de ningún modo pudo coincidir con éste, toda vez que la copia existente (el códice de Vivar) es cronológicamente posterior a la fecha de composición de la *Gesta*. El *Mio Cid* que ha servido de modelo ha sido una refundición similar a la utilizada en el cuaderno de trabajo luego agregado al códice facticio E_2 de la llamada *Primera crónica general* y en la *CC*: un texto, por lo tanto, donde el relato comienza a abundar en pormenores novelescos y se aleja del estilo mesurado del *Poema* y de su protagonista, pero se acerca al estilo de *MR*. Baste mencionar en apoyo de esta hipótesis la aparición de un conde don Suero de Casso entre los miembros del tribunal de las Cortes de Toledo o la actuación en ese mismo episodio de los jóvenes Ordoño y Pero Bermúdez.

Como ha planteado John Gornall (1985–86), el héroe joven se construye a partir de la proyección del modelo del héroe maduro (guerrero, señor de moros, blanco de las envidias, que lucha al lado del rey, caritativo y buen cristiano), pero incorpora otros elementos como resultado de un proceso de inversión que sirve para marcar la diferencia entre mocedad y madurez. Otros personajes y situaciones nacen de esta proyección de la historia narrada en *CMC* (el rey moro Burgos de Ayllón está modelado sobre la figura del moro Abengalvón; San Lázaro cumple la misma función que el arcángel Gabriel en el *Mio Cid*). Pero me interesa detenerme aquí en ciertas correspondencias textuales y narrativas más puntuales y de mayor detalle.

La importancia del gesto vasallático del besamanos es resultado de la reelaboración de un motivo ya presente en el *Mio Cid*,[35] como el rechazo a besar la mano está en la *Jura de Santa Gadea*.

La enigmática referencia a los vestidos de Jimena y sus hermanas ("paños visten brunitados et velos a toda parte / –estonçe la avían por duelo, agora por gozo la traen–", vv. 318–19) creo que es un reflejo del v. 381 del *PMC*: "Aun todos estos *duelos* en *gozo* se tornarán".

En cuanto al voto de las cinco lides (vv. 425–27), como ya señalara más arriba, es reflejo directo de la alusión hecha por Alvar Fáñez al rey Alfonso durante la segunda embajada ("e fizo cinco lides campales e todas las arrancó", v. 1333).

También la importancia del quinto del botín y la disputa que genera entre Rodrigo y el rey Fernando se inspira en la reiterada atención al reparto del botín en el *Mio Cid*, para luego invertir su signo: de los presentes voluntarios del Cid al rey Alfonso a la negativa de Rodrigo a entregar el quinto.[36]

---

[35] "Lléganle todos, la mano·l' ban besar" (v. 298b); "Al Cid besó la mano, la seña va tomar" (v. 692); "A vós, rey ondrado, enbía esta presentaja / bésavos los pies e las manos amas" (v. 878–79).

[36] Esto se inscribe en el marco general del reflejo invertido de las relaciones entre el héroe y su rey: así como el Cid persevera en una relación feudal negada o suspendida por la *ira regia* de Alfonso VI, en *MR* Fernando I ruega a Rodrigo que cumpla su deber feudal

La relación de San Lázaro con el arcángel Gabriel, señalada por toda la crítica, es de sobrepujamiento, como ha visto Rodiek (1995: 93), pero, agrego, asegura la inspiración de la escena (desenlace del episodio del leproso) en el motivo del sueño ("e en siendo dormiendo [. . .] Rodrigo despertó [. . .] menbrole d'aquel sueño", vv. 576–85; en *PMC*: "tan bien se adurmió [. . .] Cuando despertó el Cid [. . .] Mucho era pagado del sueño que soñado ha", vv. 405–12).

En el siguiente episodio, si bien la conspiración de los condes traidores con los reyes moros se inspira en la emboscada tramada por Ruy Velázquez con los moros en el *Cantar de los siete infantes de Lara* (cantar aludido expresamente en *MR* en v. 59), los condes traidores resultan ser hermanos y uno es apresado en Grañón (v. 687) y el otro es capturado por la barba (v. 695); por último, Rodrigo los lleva a Carrión, antes de encerrarlos en Zamora para enjuiciarlos: todas referencias que apuntan al conde García Ordóñez, el Crespo de Grañón, y a los infantes de Carrión, los principales enemigos del héroe en el *Mio Cid*.[37] En cuanto al juicio de estos condes, se ha llamado la atención sobre su inspiración en el castigo a Ruy Velázquez en *Siete infantes*;[38] pero la referencia a los pueblos reunidos para el juicio (vv. 707–09; luego repetido al describir la disposición del ejército para la batalla (vv. 1051–53) es también réplica de la convocatoria a las cortes de Toledo en el Mio Cid ("enbía sus cartas pora León e Santi Yaguo, / a los portogaleses e a galizianos, / e a los de Carrión e a varones castellanos", vv. 2977–79).

Por último, en el episodio de la campaña de Francia se concentra el mayor número de calcos poéticos. La interpretación irónica de Rodrigo sobre el reclamo de tributo ("Por ende sea Dios loado, / ca vos enbían pedir don, vós devedes otorgarlo. / Aun non vos enbían pedir tributo, mas enbían vos dar algo", vv. 765–67; "enbiástesme pedir tributario. / Traervos lo ha el buen rey don Fernando, / cras vos entregará en buena lid en el campo / los marcos que·l pedistes", vv. 1103–6) se inspira en las palabras del Cid a Jimena ante el ejército almorávide: "¡Ya, mugier ondrada, non ayades pesar! / Riqueza es que nos acrece maravillosa e grand; / á poco que viniestes, presend vos

---

pero éste se niega. Mientras el Cid hace méritos para reanudar el vínculo, Rodrigo requiere méritos para aceptarlo (Rodiek 1995: 92–93). Me permito agregar que el conflicto desplegado en el *Mio Cid* entre la baja nobleza activa que progresa con su esfuerzo y la alta nobleza pasiva que medra con las prebendas de su alcurnia, se transforma aquí en el conflicto de una caballería guerrera (noble y urbana), que gana lo suyo con esfuerzo, y una monarquía débil que pretende ganancias sin merecerlas –es lo que deja entrever Rodrigo al negar el quinto: "que yo lo daré a los mesquinos, que assaz lo han lazrado" (v. 478).

[37] "No·s' quiso levantar el Crespo de Grañón / nin todos los del bando de ifantes de Carrión" (vv. 3112–13); "como yo a vós, conde, [. . .] / cuando pris a Cabra e a vós por la barba" (vv. 3287–88).

[38] Deyermond señala con acierto que "the motif of epic vengeance with competing suggestions for torture exercised so powerful an attraction that the poet of *MR* included it even though the offenders' lives were in this case going to be spared" (1969: 160).

quieren dar. / Por casar son vuestras fijas, adúzenvos axuvar" (vv. 1647–50).
A continuación, el loor de Fernando, par de emperador (vv. 772–87) proviene
del loor del rey Alfonso:

> rey es de Castiella e rey es de León,
> e de las Asturias bien a San Çalvador,
> fasta dentro en Santi Yaguo de todo es señor
> e llos condes gallizanos a él tienen por señor.   (vv. 2923–26)

y como ya dije, la enumeración de los guerreros (vv. 788–801) es calco del
mismo motivo presente en *Mio Cid*:

> Minaya Albar Fáñez,   que Çorita mandó,
> Martín Antolínez,   el burgalés de pro,
> Muño Gustioz,   que so criado fue,
> Martín Muñoz,   el que mandó a Mont Mayor,
> Álbar Álbarez   e Álbar Salvadórez,
> Galín García,   el bueno de Aragón,
> Félez Muñoz,   so sobrino del Campeador   (vv. 735–41)

El breve diálogo entre Rodrigo y Pero Bermúdez combina, como señalara Deyermond, ampliando apuntes de la crítica desde Puymaigre, dos motivos de diferentes partes del *Mio Cid*: cuando el Cid entrega su seña a Pero Bermúdez antes de la batalla contra Fáriz y Galbe y cuando lo insta a hablar en las cortes de Toledo:

> E vós, Pero Vermúez, la mi seña tomad
> commo sodes muy bueno tenerla edes sin art.   (vv. 689–90)
> ...
> Al Cid besó la mano   la seña va tomar.   (v. 692)
> ...
> Vo meter la vuestra seña   en aquella mayor az
> los que el debdo avedes   veremos cómmo la acorrades.
> (vv. 707–8)
>
> Mio Cid Ruy Díaz a Pero Vermúez cata
> – ¡Fabla, Pero Mudo, varón que tanto callas!   (vv. 3301–2)
> ...
> – Direvos, Cid, costumbres avedes tales,
> siempre en las cortes Pero Mudo me llamades;
> bien lo sabedes   que yo non puedo más,
> por lo que yo ovier a fer   por mí non mancará.   (vv. 3309–12)

El personaje del conde de Saboya está compuesto según la figura del conde de Barcelona y la réplica de Rodrigo a su mensaje (vv. 896–905) reelabora, reforzando su ironía, ciertas referencias a la condición social del héroe en *Mio Cid*, de modo que si Rodrigo se presenta como hijo de un mercader que vende cara su tela, esto remite a la ofensa de Asur González en las cortes de Toledo:

> ¿Quién nos darié nuevas   de mio Cid el de Bivar?
> Fuesse a río d'Ovirna   los molinos picar
> e prender maquilas,   commo lo suele far.   (vv. 3378–80)

y a dos momentos del episodio del conde de Barcelona; a saber, el discurso del Cid antes de la batalla de Tévar:

> Ellos vienen cuesta yuso   e todos traen calças,
> e las siellas coceras   e las cinchas amojadas;
> nos cavalgaremos siellas gallegas   e huesas sobre calças,
> ciento cavalleros   devemos vencer a aquellas mesnadas.
> (vv. 992–95)

y la negativa del conde a comer:

> – Non combré un bocado   por cuanto ha en toda España,
> antes perderé el cuerpo   e dexaré el alma,
> pues que tales malcalçados   me vencieron de batalla.
> (vv. 1021–23)

Finalmente, la descripción de la batalla contra el conde de Saboya (vv. 913–22) remite a la descripción de la batalla contra Fáriz y Galbe en el *Mio Cid*:

> Veriedes tantas lanças   premer e alçar,
> tanta adágara   foradar e passar,
> tanta loriga   falsar e desmanchar,
> tantos pendones blancos   salir vermejos en sangre,
> tantos buenos cavallos   sin sos dueños andar.
> Los moros llaman – ¡Mafómat!– e los cristianos – ¡Santi Yagüe!–
> (vv. 726–31)

Como puede comprobarse, el tipo de relación de MR con el *Mio Cid* abarca modalidades tan diversas como la emulación de técnicas descriptivas, de situaciones, de personajes y de sus relaciones, y un juego intertextual sorprendentemente cercano a la asociación libre que parece querer aprovechar la fuerte impresión en la memoria de su público que han causado ciertos versos tradicionales, ciertas réplicas verbales famosas ("fizo cinco lides campales e todas las arrancó", "Fabla Pero Mudo, varón que tanto callas", "Pues que tales malcalçados me vencieron de batalla").

Además del *Cantar de los siete infantes de Lara*, el poeta aprovechó el *Cantar de Fernán González* (es decir, no el poema de clerecía, sino el perdido cantar tradicional que le sirvió de base, según demostró convincentemente

Matthew Bailey 1999c), sobre todo para el episodio de las vistas en Saldaña con el rey Alfonso (vv. 22–35), escena crucial, como he señalado, para entender la estructura de *MR*, y también para el episodio del aprisionamiento del conde por el rey Sancho Ordóñez de Navarra y su fuga, ayudado por doña Costanza, hermana del rey.

También, por último, habría aprovechado materia romancística, de acuerdo con la muy atendible hipótesis de Thomas Montgomery (1982–83 y 1984): la relativa independencia de algunos pasajes de la campaña de Francia (loor de Fernando, par de emperador, vv. 772–87, con la enigmática línea suelta que parece indicar una cita: "Por esta razón dixieron", v. 772; la arenga del rey Fernando, vv. 827–36 y el intercambio de mensajes entre el conde de Saboya y Rodrigo, vv. 888–905) y aquellos momentos de los que derivan romances viejos, ya muy estudiados, avalan un fenómeno de interjuego entre lo épico y lo (proto)romancístico que subraya el fragmentarismo como principio constructivo de esta fase tardía de la épica castellana.

De todo ello resulta una línea ideológica fundamental, orientada a la celebración de la rebeldía, probablemente en conexión con lo que Mercedes Vaquero llama "épica de revuelta", en la medida en que "estos cantares revelan un estado de crisis socio-política que inspira o puede inspirar a revueltas populares" (1999: 102). Si bien es reconocible un fuerte elemento mítico (muy estudiado por Thomas Montgomery 1986–87a, 1998 y 1999), esto puede deberse a que la materia de las *enfances* tiende por su propia lógica a adoptar la estructura de un mito de iniciación; con lo cual, aunque son reconocibles esas huellas arcaicas, más apropiadas para un cantar del período de emergencia de la épica castellana –como es el caso de *Siete infantes*, según el atinado análisis de Víctor Millet (1994)–, el tema de la rebeldía responde a otras condiciones, ajenas a las que dieron origen a los héroes rebeldes Fernán González, Bernardo del Carpio y el Cid del hipótetico *Cantar* del siglo XII. Para sintetizar aquí un proceso cuyo estudio y descripción requeriría un libro aparte, permítanme decir simplemente que la evolución de la épica castellana, en términos ideológicos, se inicia, en su fase de emergencia, con la celebración de las pasiones heroicas esenciales (rebeldía y arrojo, traición y venganza), la singularidad del héroe en la búsqueda riesgosa del honor, la revitalización del orden tradicional mediante la transgresión o la muerte de lo viejo y su reemplazo por la nueva sangre. En la fase de consolidación textual se atenúa esa energía y esa violencia originarias en aras de un nuevo equilibrio, un nuevo orden conciliatorio, que se plasma artísticamente en una nueva dimensión humana de lo heroico. Por último, la fase tardía, contemporánea de una situación de crisis, iniciada en el plano político con la rebelión de Sancho el Fuerte contra su padre, según se explicó más arriba, pone en escena una nueva rebeldía, celebrada con una desmesura y una agresividad de signo nuevo, que nada tiene en común con las fuerzas dominantes de la épica primitiva. Desmesura y agresividad inmotivadas narrativamente aparecen por doquier en la configuración de personajes, conductas y situaciones tales como la genealogía escandalosa que va de Nuño Rasura a Fernán González, los roces entre Rodrigo y su padre (*v. supra* n. 26), las desinteligencias entre Rodrigo y Fernando en las entrevistas con los poderes extranjeros. A ello se suma la extrema desconfianza que el poema manifiesta por las figuras de autoridad, sea el rey débil pero peligroso según Diego Laínez, o el Papa, hipócrita y traicionero.

Un cantar de gesta de tales características es el que toma un poeta clérigo poco tiempo después, todavía en época del rey Fernando IV, sin duda por la extraordinaria fama y difusión que debió de alcanzar entre los castellanos. Para llevar a cabo su refundición, este poeta se inspiró en el *Poema de Fernán González* y, quizás, en la *Vida de San Millán* de Gonzalo de Berceo (ya que por su condición clerical tal vez pudo acceder a una obra de difusión tan incierta), y lo hizo no tanto para copiar contenidos, secciones o versos (aunque el influjo del modelo de la cuadernavía se hace notar, como ya se dijo) sino más bien para llevar a cabo la operación de conectar al héroe con un centro religioso.[39] Los valores ideológicos que sustentan su intervención son estrictamente eclesiásticos: la sanción divina favorable que implica el descubrimiento de un lugar santo que marca el destino especial de la región, la *translatio* de la autoridad eclesiástica desde Toledo (nada menos) a Palencia, la donación efectuada por el poder laico y confirmada por la autoridad papal, la perduración en el tiempo que manifiesta la sucesión de los obispos, el segundo de ellos marcado por la vocación y el merecimiento (caballero descubridor, generoso pariente, monje ermitaño), la referencia jurisdiccional plasmada en la reproducción de los documentos. Todo esto remite a la celebración de la primacía eclesiástica sobre los poderes temporales, que culminaría con la acción del héroe en favor de esa primacía en el episodio mutilado de la restauración del obispo de Palencia: pese a su fragmentarismo, es posible leer allí el mapa ideológico que enfrenta santidad (Bernardo) y heroicidad (Rodrigo) a los corrompidos poderes laicos: una nobleza traicionera y una monarquía irresoluta e incapaz.

Sin embargo, la propia técnica interpoladora que guía la tarea refundidora del poeta impide que esta ideología prevalezca en el conjunto del poema y propicia que conviva contradictoriamente con la ideología anti-monárquica y anti-jerárquica del poema de rebeldía primitivo. La violación del santuario

---

[39] Esto es lo que Deyermond llama inspiración sobre el plan general de la obra: "*PFG* annexes an epic tradition for Arlanza. Similarly, *MR* annexes an epic tradition for Palencia. Here too an epic [. . .] is recast by an ecclesiastical poet for ecclesiastical purposes, though the purposes are different: propaganda for the rights of a diocese, not the attracting of gifts and pilgrims, is the aim of *MR*." (1969: 193). No acuerdo, en cambio, con su hipótesis de que el poeta toma del *PFG* la idea de incluir una introducción histórica en *MR*. Como es mi convicción, ésta ya estaba en la *Gesta*, por lo que el poeta clérigo sólo la aprovechó para incluir allí la mayor parte de la materia palentina, inspirándose en la introducción histórica de *PFG* sólo en el hecho de que acumula antecedentes históricos no ligados directamente a la historia del héroe.

por Rodrigo y la figura infame del Papa son las pruebas más elocuentes de la coexistencia de líneas ideológicas contradictorias.

La transmisión textual de la *Refundición* parece que sufrió rápidamente, también, una actividad glosadora relativamente importante, que profundizó la ideología caballeresca por la vía de la cuestión genealógica. De tal actividad, registrada seguramente en los márgenes de un códice de la *Refundición*, nos ha quedado testimonio pleno en la copia conservada, en que un cronista h. 1400 incorporó al texto mediante una prolija tarea compiladora –esperable de una redacción cronística– toda esa información genealógica e histórica. En términos ideológicos, lo que se hace visible es el impacto de la preocupación linajística de la nobleza que el *Livro de linhagens* del conde don Pedro Alfonso de Barcelos resumió, dando origen a una tarea refundidora que, para la época en que se copia el texto conservado de *MR*, está en pleno auge. El fenómeno histórico que media entre *Refundición* y *Crónica rimada* es el pasaje de la nobleza vieja a la nobleza nueva producido a partir de la revolución Trastámara. Este proceso volvió especialmente álgidos los tópicos de la bastardía, de los linajes segundones, de la caballería villana. Estos aspectos, especialmente estudiados por Georges Martin (1992), cuadran mucho mejor a fines del siglo XIV que a fines del siglo XIII, aunque tampoco hay base aquí para leer una exposición demasiado sofisticada de la problemática estamental de la nobleza y de la caballería urbana: la misma imprecisión y los mismos burdos errores históricos que este cronista no duda en transcribir, también se dan en cuanto a lo social: baste como ejemplo el mamarracho de llamar al conde Garcí Fernández "cortés infanzón castellano" (v. 60).

El carácter aluvional del texto conservado es, para terminar, la explicación de la heterogeneidad ideológica que lo constituye: queda ante nosotros un entramado de líneas ideológicas fragmentarias que coexisten en igualdad de condiciones. Del mito arcaico a la instrumentación eclesiástica, del orgullo castellano a la afirmación de valores caballerescos de nuevos grupos ascendentes, todo convive en la abigarrada historia de los orígenes de Castilla y de su héroe máximo.

3.3. *El poema tardío en un contexto de crisis*

El panorama evolutivo que se ha trazado en las páginas precedentes nos permite entender que las características de la fase tardía del género épico en Castilla, tal y como se manifiestan en *MR*, tienen mucho que ver con el momento histórico concreto en que tal fase se desarrolló. Ese momento histórico coincide con el reinado de Fernando IV, en el cual se pusieron de manifiesto los efectos de una crisis política (puja por el poder entre la reina madre doña María de Molina, los clanes aristocráticos y los concejos urbanos), preludio de la crisis general que padecerá todo el Occidente europeo a lo largo del siglo XIV.

Me parece oportuno reiterar aquí una advertencia ya formulada más arriba: la apelación al contexto de crisis como principio explicativo de un fenómeno literario sólo será válido en la medida en que nos manejemos con un concepto de lo histórico que sea tan sofisticado como nuestro concepto de texto, lo que nos pone en alerta contra cualquier simplificación del fenómeno. Así como es todavía una discusión abierta la condición crítica del período que abarca desde el levantamiento de los reinos contra Alfonso X encabezado por su hijo Sancho (1282) hasta la relativa consolidación del poder regio bajo Alfonso XI (1340), también lo es y mucho más, la repercusión que esa crisis habría alcanzado en lo cultural y en lo literario.[40]

Hechas estas salvedades y señalando, por ello, el carácter altamente hipotético del modelo explicativo, parto aquí de la afirmación de la existencia de tal fenómeno de crisis y de la posibilidad de reconocer sus huellas en el poema.

Tales huellas se hacen visibles, a mi entender, en la escala de valores proyectada en la configuración poética de personajes y de acciones, en el fragmentarismo constitutivo de la estructura narrativa, en la heterogeneidad de los componentes ideológicos, en la recepción positiva del público. Con ello estoy diciendo que la crisis no es *tema* de la obra ni *se refleja* en su contenido, sino que ésta aparece en los niveles formal e ideológico del texto, en la medida en que el poema *reproduce* simbólicamente en el interior del discurso épico las condiciones materiales y culturales del momento histórico.

Mocedades de Rodrigo, en tanto poema compuesto según la técnica juglaresca, luego refundido por un autor clérigo, es a la vez producto de ese contexto de crisis y productor de una acción discursiva que pretende incidir en ese contexto. Como tal, nos ofrece una visión muy particular de lo heroico que no deja de tener sus atractivos. Retomando comentarios previos, llama la atención que la contienda haya pasado del terreno de los hechos de armas al campo de los actos de habla: estamos aquí ante el despliegue de una contienda verbal. Por un lado se abrevia el relato de los lances guerreros a su mínima expresión: cuando se despacha el duelo por Calahorra en cuatro versos (vv. 618–21) sólo faltaría agregar un comentario al estilo del narrador de *Cárcel de Amor* ("por no detenerme en esto que parece cuento de ystorias vieias", ed. Corfis, 1987: 131), pues bien parece despreciarse aquí lo que era gala de poesía épica en sus fases anteriores. El resultado es un texto que se

---

[40] Remito a la bibliografía apuntada en n. 8. Sobre la crisis general a nivel europeo, los historiadores ubican su comienzo a partir de la gran carestía de los años 1313–17, pero reconocen antecedentes demográficos y económicos que fueron gestando el colapso desde el mismo inicio del siglo (Romano y Tenenti 1971). La peculiaridad castellana dentro de este fenómeno europeo reside, a mi entender, en el hecho de que los factores de inestabilidad política y social anteceden a los factores estrictamente económicos, mientras que en Inglaterra y Francia, por ejemplo, estos factores se hacen visibles con posterioridad, a partir de la Guerra de los Cien Años (1339–1453).

desarrolla con un ritmo rápido, en un plano sintético, que sólo se explaya en escenas donde domina el discurso directo. Por otro lado, entonces, la agresividad está localizada en las palabras, en el juego violento de las réplicas y contra-réplicas.

El efecto general que causa el poema se explica por su misma estructura narrativa, según se describió más arriba: la escena se impone al relato, el encadenamiento lógico de antecedentes y consecuentes pasa a un segundo plano y sólo importa el despliegue de la contienda verbal (agresiva, irónica, humorística, según el caso) a través del cual el poema celebra una peculiar heroicidad de las palabras.

4. Crítica textual de *Mocedades de Rodrigo*

El editor del texto de *MR* debe afrontar una tarea más amplia y, en principio, más ardua que la tarea del editor de textos de tradición múltiple y de datación y autoría positivamente establecidos. Y esto es así porque la discusión de la problemática histórico-literaria resulta imprescindible para abordar la cuestión textual y, a la vez, su posicionamiento en dicha problemática impactará decisivamente en la naturaleza de su labor ecdótica. En el caso de *MR* no hay forma de acotar un campo de trabajo en los límites puros de la ecdótica (si tal cosa fuera en algún caso posible) debido a que en *MR* esa relación entre crítica histórico-literaria y crítica textual se hace dramáticamente evidente, al tiempo que ofrece las mayores dificultades debido a la abundancia de teorías e hipótesis sobre la obra y su género, por un lado, y a la parquedad de los datos primarios disponibles (un solo testimonio, además incompleto y con lagunas), por el otro.

En vista de la compleja interdependencia de las cuestiones que conforman la problemática de *MR*, no es fácil elegir un punto de ingreso a partir del cual se pueda ofrecer la exposición más clara de los elementos en juego y de la argumentación que sostiene la postura del editor frente al texto, por lo que forzosamente habré de reiterar cuestiones ya expuestas en las secciones previas de este estudio introductorio.

4.1. *Ediciones anteriores*

Fiel a la perspectiva histórica que configura el marco de toda mi actividad crítica, comenzaré con un relevamiento de las relativamente numerosas ediciones de que ha sido objeto *MR* desde su (re)descubrimiento por Eugenio de Ochoa (1844).

La primera edición fue realizada por Francisque Michel (1846) bajo los auspicios de Ferdinand Wolf, que agregó algunas notas y sugerencias editoriales. Esta transcripción, publicada en tirada aparte (Viena, sin editorial, 1847), fue reproducida por Ferdinand Wolf (1847: 1–27, así numerado después de p. 158), por Damas Hinard (1858: apéndice, pp. lxxvii–cxxx; edición parcial y traducción al francés) y por Agustín Durán (1851: 651–64), siempre bajo el título de *Crónica rimada* . . .[41]

Como bien señala Deyermond (1969: 31), estas ediciones sólo tienen hoy un valor histórico, ya que pronto fueron superadas por la edición facsimilar de Huntington (1904) y la edición cuasi-paleográfica de Bourland (1911). Finalmente, la edición de Menéndez Pidal (1951) significó un nuevo punto de arranque para la crítica textual de *MR*.

Gracias a los datos aportados por Diego Catalán (1980), hoy sabemos que Menéndez Pidal llevó a cabo esta edición en condiciones poco favorables. Solamente contaba con el auxilio de colaboradores ajenos a su escuela filológica, como Miguel Santiago, del Archivo del Ministerio de Asuntos Exteriores. No pudo realizar un examen directo del códice, de modo que tuvo que trabajar con una transcripción que no era ciento por ciento confiable, lo que realza los méritos de la labor cumplida.

En efecto, lo que en la nota preliminar se anuncia como una edición en la que "se hacen tan sólo las correcciones más sencillas, reproduciendo, por lo demás, el códice en toda su imperfección y rudeza" (1951: 257), resulta ser una amplia labor enmendatoria que abarca la reconstrucción de versos en la sección inicial en prosa, el cambio de ubicación de un pasaje completo (los vv. 251–62 se han intercalado entre los vv. 222–23), la reconstrucción de hemistiquios, el agregado por conjetura de numerosas palabras-rima, la enmienda de algunos nombres de personajes o lugares corrigiendo incongruencias históricas o geográficas. El texto resultante, sin dudas más coherente y legible, se correlaciona perfectamente con la concepción pidalina del poema: al considerar *MR* como la obra de un juglar en su totalidad, Menéndez Pidal se ha valido de su profundo conocimiento de las técnicas juglarescas de composición para efectuar la mayoría de sus enmiendas. Apoyado en su teoría del verismo épico castellano ha intentado atenuar la inconsistencia histórica del texto. Fundamentado en la linealidad narrativa propia de la composición oral, ha realizado la transposición del pasaje ya mencionado y ha sugerido en nota la reubicación de algunos versos aislados. En suma, su texto intenta reflejar, hasta donde el estado de la copia lo permite, una obra de composición oral.

El texto establecido por Menéndez Pidal, reproducido más tarde por Manuel Alvar (1969 y 1981), fue la versión más autorizada de las siguientes décadas.

Alan Deyermond (1969: 221–77) acompañó su estudio de *MR* con una edición paleográfica del poema, en la que, aprovechando eficazmente los recursos tipográficos, da al lector una idea bastante aproximada de la

---

[41] Información adicional sobre ediciones parciales del texto en el siglo XIX se encontrará en Bourland 1911: 311, n. 2.

disposición del texto en el códice parisino. Aunque no haya declaraciones explícitas al respecto, me parece evidente que la opción editorial por la transcripción fiel del manuscrito es coherente con una postura crítica frente a la visión neotradicionalista de Menéndez Pidal; de hecho, la edición paleográfica constituye un elemento de juicio que por contraste pone en evidencia rápidamente los alcances de la labor enmendatoria pidalina, excesivamente intervencionista de acuerdo con los patrones más bien conservadores y respetuosos del códice que sostienen los críticos cercanos a la postura individualista de Bédier.

Poco tiempo antes, Samuel Armistead publicaba un trabajo donde proponía un número de enmiendas con la intención de "mejorar la casi inmejorable edición de Menéndez Pidal" (1966: 530). Conjetura allí sobre nueve enmiendas de cierta importancia y sugiere cuatro posibles correcciones menores. El autor tiende a detectar en determinados versos de excesiva longitud la existencia de tres hemistiquios, anomalía que resuelve desdoblando el verso mediante la reconstrucción de un cuarto hemistiquio. En los casos más convincentes, ese hemistiquio hipotético consiste en una frase formular que aparece en otra parte del poema ("Essas oras dixo el Moro", "¡por ende sea Dios loado!", "sin arte e sin engaño"). Otros casos remiten a usos formulaicos recurrentes en el romancero ("siempre oi dezir", "e assi me lo an contado") y otros contienen tanta verosimilitud como inventiva ("apriessa lo ovo tomado", "e los Doze Pares de França"). Aunque cada propuesta merece un análisis puntual a la hora de establecer el texto crítico, lo que puede decirse de ellas en general es que están fundadas en el modo de composición juglaresco, criterio que continúa la propuesta pidalina.

Juan Victorio, en su edición crítica para la colección Clásicos Castellanos (1982), se propuso mejorar la edición de Menéndez Pidal, para lo cual encaró una tarea enmendatoria todavía más amplia y más profunda que la de don Ramón. El editor sostiene que el poema no es de tan baja calidad como la crítica ha juzgado hasta hoy, por ello su tarea parece orientada a tratar de extraer un discurso poético más logrado de un texto evidentemente deteriorado y a la vez salvarlo de una cantidad de aparentes errores o inexactitudes en lo histórico y lo geográfico. Así, Victorio ha llevado a la práctica algunas sugerencias de Menéndez Pidal en su aparato crítico y ha tenido en cuenta algunas propuestas de Armistead, pero en la mayoría de sus intervenciones ha seguido criterios propios. Las justificaciones que aduce en las notas al texto revelan en algunos casos la apelación a cierta coherencia del poema, tanto en el plano lexical como en el argumental, lo que se aproximaría a la consideración de un *usus scribendi*. Teniendo en cuenta la heterogeneidad del texto, este criterio resulta más que discutible. En otros casos, el editor se apoya en su sola opinión de lo que es correcto en la disposición del verso tradicional, sobre todo allí donde su intervención consiste en la reubicación de versos, hemistiquios o palabras en el interior de un verso. Semejante modalidad de trabajo ha merecido legítimas objeciones de la crítica (v. Vaquero 1985), puesto que crea tantos problemas como los que soluciona. El trabajo merece tenerse en cuenta para algunas soluciones puntuales, pero no representa un avance significativo en cuanto al mejoramiento del texto.

Una actitud más cautelosa y conservadora se observa en la edición de Carlos Alvar y Manuel Alvar (1991), que sólo acoge las enmiendas más seguras de los editores anteriores y se atiene mayormente a las lecciones del manuscrito. Reconoce en varios lugares la pérdida de hemistiquios o de palabras portadoras de rima, pero se abstiene de conjeturar y solamente marca la laguna. Por cierto que el texto editado no está exento de fallas: así, por ejemplo, aunque el trabajo se presenta como hecho sobre el Ms. o una reproducción facsimilar, en el v. 327 de su ed. se transcribe "en pos ellos salió Rodrigo, que los non dé vagar", lo que supone un error, pues en el Ms. se lee correctamente "que los non da vagar"; pero dado que la lectura errónea está en la edición paleográfica de Alan Deyermond, queda la sospecha de que el editor se haya basado (o se haya confiado más de lo aconsejable) en esa edición y no en el facsímil. También se repite la circunstancia de presentar como enmienda propia las correcciones del copista en el Ms. (p. ej., v. 627 de su ed., 2° hem.: "et el escudo ovo enbrazado", que se presenta como enmienda de *enbarazado,* cuando ya en el Ms. la primera *a* está tachada). A pesar de estos defectos, creo que esta ha sido la edición más confiable disponible hasta el momento, pues permite tener noticia de los problemas de la copia sin limitarse a una transcripción mecánica del códice.

La transcripción semi-paleográfica, en microfichas, de Matthew Bailey (1994) y la edición de Fátima Alfonso Pinto (1999) que acompaña la espléndida reproducción facsimilar del códice parisino incluida en el libro editado por Bailey (1999b) completan el panorama editorial de las *MR*.

Bailey ofrece una edición semi-paleográfica del poema, acompañada de unas concordancias. El trabajo ha sido hecho sobre la base del facsímil fotográfico de Archer Huntington y atendiendo a la edición paleográfica de Alan Deyermond y a las observaciones de Charles Faulhaber a esa edición (1975–76: 561, n. 13). Se siguen las normas de transcripción establecidas por el Hispanic Seminary of Medieval Studies. La designación de semi-paleográfica se debe, básicamente, a dos razones: (1) se acota a los límites de representación gráfica que ofrece el juego de caracteres ASCII; (2) ajusta la unión y separación de palabras a las necesidades propias de la generación de concordancias. La transcripción corrige ciertos errores de la versión de Deyermond y aún de las correcciones de Faulhaber, pero incurre a su vez en algunos errores propios.[42] Propone como novedad la distinción de enmiendas

---

[42] Los errores detectados son los siguientes (entiéndase *donde dice / debe decir*):

192ra7	bivar	biuar
192vb19	de don diego	de diego
192vb22	mi	mj

debidas a mano distinta de la del copista; el intento posee razonabilidad aunque no es ciento por ciento seguro.

Fátima Alfonso Pinto ofrece una edición del poema cuya primera finalidad es acompañar el facsímil fotográfico del ms. P para facilitar su lectura y solucionar cualquier dificultad de comprensión al lector no especializado (aunque la claridad de la letra redonda semigótica deja escaso margen para problemas de comprensión). Por ese motivo, el texto se ofrece transcrito a una página por folio (recto o vuelto). Dado que se editan versos y no líneas del Ms., ha sido necesario incluir en el final de una página las primeras palabras del folio siguiente para no romper el verso. También, en función de su utilidad inmediata, la edición resulta extremadamente conservadora. Así, por ejemplo, se ha evitado corregir la alteración del orden de palabras (y la consiguiente desaparición de la rima). Más intervención hay en la transcripción y presentación gráfica, porque los criterios de regularización ortográfica llevan a la eliminación de grafías del Ms. que no tienen valor fonológico según el sistema llamado alfonsí del castellano medieval. También, por ejemplo, en casos de contracción de palabras con pronombres o artículos, se añaden las vocales que faltan y se separan las palabras (*quel otro* > *que el otro*). El trabajo de regularización alcanza también la acentuación, la puntuación y la unión y separación de palabras. Las únicas enmiendas se hacen sobre errores muy evidentes del copista: *lamado, burgo, Calahora* y *cahorra* son transcritos como *llamado, Burgos* y *Calahorra* (vv. 475, 514, 533 y 616 de su ed.); también se ha eliminado la repetición superflua de palabras (*de de, con fijos e con fijos, quando quando, fijos fijos*, etc.). Como siempre, estos criterios a mitad de camino (edición ni paleográfica ni crítica; conservadora, pero algo enmendadora) llevan a decisiones discutibles: ¿por qué enmendar *A porto e palençia* en *Aportó en Palençia*, argumentando que "resulta difícil determinar el sentido a menos que se hagan leves correcciones", y no hacerlo en casos como, por ejemplo, *Ciento por ciento vos seremos de buena miente e al pulgar*, donde también es difícil determinar el sentido si no se corrige *pulgar* en *plazo*?

En resumen, de este inventario puede inferirse que habría dos grandes tendencias en la labor editorial: una muy enmendatoria e interventora (Menéndez Pidal, Armistead, Victorio) y otra más conservadora y respetuosa del manuscrito (Bourland, Alvar y Alvar, Bailey, Alfonso Pinto). Esta última ha sido la tendencia dominante en los últimos años, por razones muy diversas

193rb15	andaar	andar
193va30	estatua	estaua
195rb16	yralgo	yraglo
196rb2	tu sey	tu te sey
196va35	t<ra>xieron	t*ra*xiero*n*
198va6	syempre	siempre

(e igualmente legítimas) cada una de ellas, pero siempre en el marco de la revaloración de la autoridad del testimonio manuscrito que se observa en la actualidad.

4.2. *La presente propuesta ecdótica*

La crítica textual, como la filología de la que forma parte, es una disciplina histórica, por tanto, trabaja no con abstracciones ni generalidades, sino con el acontecimiento singular, con lo concreto, con un objeto en última instancia irreductible al sistema. Por lo tanto, si bien mucho de su teoría, de su metodología y de su práctica ha sido sistematizado, lo relevante de la tarea ecdótica reside, finalmente, en el ajuste al caso concreto, en la diferencia que impone lo singular.

Si el texto a editar es *MR*, tenemos por delante el problema de plasmar en una edición el conocimiento histórico producido sobre la base del examen de la única copia conservada, que, según he reseñado, nos habla de un proceso de elaboración y de transmisión del que al menos son visibles tres estadios. La respuesta adecuada a este problema es, a mi entender, ofrecer a la vez una transcripción paleográfica que refleje el estadio recepcional de la copia conservada, un texto crítico del poema de las *MR*, obra del poeta culto pro-palentino, que a efectos prácticos llamaré aquí *Refundición*, y una reconstrucción conjetural de la hipotética versión tradicional primitiva de las *MR*, que llamaré aquí *Gesta*.[43]

Lo central es, por cierto, la edición crítica, que sólo puede serlo de la *Refundición*, porque es el único estadio redaccional reconstruible con un mínimo de seguridad. Para cumplir esta tarea habrá que aprovechar las herramientas que la Ecdótica ofrece para establecer un texto a partir de un único manuscrito (pienso en los criterios objetivos para la *emendatio* que discute Montaner 1994). Pero en esta ocasión quiero detenerme no en cuestiones técnicas de la *constitutio textus* ni en los problemas de la presentación gráfica (regularización, acentuación, interpunción), sino en los aspectos de la labor editorial más ligados con la crítica histórico-literaria del caso concreto.

Para restituir un texto lo más cercano posible a lo que fue la *Refundición*, elaborada en algún momento del primer decenio posterior a 1300, es necesario evitar la tendencia amplificadora, inaugurada por Menéndez Pidal y llevada al extremo por Victorio, que intenta recuperar hasta la última palabra contenida en el códice adicionando las palabras y hemistiquios necesarios para lograr un discurso poético aceptable (tendencia que presupone una transmisión textual en la que sólo se habría producido un fenómeno de pérdida de palabras o grupos de palabras). En cambio, se

---

[43] A fin de favorecer la inteligibilidad de este complejo textual, presento en páginas enfrentadas las dos primeras instancias y en un apéndice final, la tercera.

impone continuar y profundizar el camino apuntado por Webber y, fundamentalmente, por Montgomery, consistente en la eliminación de los evidentes agregados del copista de P, sean pequeñas intervenciones, sean interpolaciones de mayor envergadura. Esto se funda, en primer lugar, en una concepción de la transmisión textual que tiene una extensión temporal de casi un siglo y en la que se han producido fenómenos de pérdida y de adición de palabras o grupos de palabras. En segundo lugar, se basa en un conocimiento de la conducta, los intereses y los criterios del copista del códice parisino, que surge del análisis de la copia conservada.

Tal y como ha quedado demostrado más arriba, la intervención del copista se detecta, en el plano del contenido, cuando el relato sobreabunda en información genealógica, geográfica o jerárquica nobiliaria; en el plano formal, cuando rompe el registro prosódico-rítmico del verso épico. Por lo tanto, la *emendatio* podrá realizarse con suficiente base científica en aquellos *loci* donde concurran el criterio de contenido y el criterio formal.

Los parámetros de regularidad formal que proveen la asonancia y la tendencia al octosílabo romancístico de la épica tardía sirven como criterios complementarios pertinentes para la *emendatio*, dentro de los límites que marcan la distancia temporal entre la *Refundición* y la copia conservada (casi cien años de transmisión suponen una alta probabilidad de incorporación de errores y variantes no debidos al copista de P) y el fenómeno aún vigente del anisosilabismo del verso épico (dentro del patrón octonario ya mencionado, es posible encontrar una oscilación entre 12 y 18 sílabas en la gran mayoría de los versos de P).

A partir del texto crítico de la *Refundición* se estará por fin en condiciones de arriesgar una reconstrucción conjetural de la *Gesta*. Si la crítica textual, como la filología, entra de lleno en el seno de las ciencias conjeturales, siempre habrá que tener en cuenta que hay conjeturas y conjeturas: poco valor tendrán las que se apoyen solamente en el *iudicium* del editor y su convicción interna sobre la naturaleza, datación y autoría de la obra, mientras que mucho más atendibles serán las que busquen su fundamento en criterios más objetivos. Con esto simplemente quiero decir que el adjetivo "conjetural" no califica por sí mismo el mérito o demérito de la reconstrucción textual.

En el caso presente, el punto de partida de esta tarea de reconstrucción será el conocimiento de las características de la refundición cumplida por el poeta pro-palentino, que consistió mayormente en la interpolación de episodios relacionados con la diócesis de Palencia. Por lo tanto, el primer paso será la eliminación de tales episodios. La pertinencia de esta acción se apoya en que, como había señalado más arriba, la supresión de las tres primeras secuencias palentinas, anteriores a la aparición de Rodrigo en la narración, no sólo deja un texto perfectamente coherente sino que además pone de relieve la articulación narrativa que la materia de Palencia había oscurecido: las razones por las cuales Sancho Abarca, proclamado primer rey de Castilla en el v. 81, aparece desamparando ahora a los castellanos por ser rey de León en el v. 202. En cuanto a la cuarta interpolación, cuya extracción no afecta la estructura ni la lógica argumental del poema, no sería pertinente recurrir a la prosificación cronística de la *CC*, como propone Armistead (1963–64: 341–42 y 2000: 63), para restituir un supuesto episodio relacionado con la campaña de Portugal, donde el rey Fernando toma Coimbra y Rodrigo es armado caballero, pues, como ha demostrado Diego Catalán, se trata de un pasaje de elaboración puramente cronística.[44]

La tradición indirecta de crónicas y romances sólo será de utilidad como criterio de confirmación del contenido probable de la *Gesta*, en la medida en que se compruebe la presencia de los distintos pasajes tanto en la *Refundición* como en la *CC* y en el romancero.[45] Eliminados aquellos rasgos de indiscutible origen culto, como la estrofa de cuadernavía detectada por Willis, o la antipoética proliferación de *verba dicendi* en posición interior de hemistiquio, se estará en condiciones de ofrecer una reconstrucción conjetural de ese estadio redaccional primitivo con criterios plausibles.

Para terminar, sólo quisiera agregar una justificación final de mi propuesta editorial. ¿Por qué esta suerte de triple edición? ¿Por qué no simplemente el texto crítico del poema pro-palentino? Porque la crítica textual supone la recuperación de un saber histórico de los textos, ofrece la posibilidad de contemplar el texto en el tiempo, tarea para la que muchas veces basta la reconstrucción crítica y el aparato de variantes, pero no en el caso concreto de las *MR*. Y la ecdótica es, insisto, una ciencia histórica, que no responde a una sola metodología, sino que ajusta múltiples metodologías a los perfiles exactos de su objeto singular. La posibilidad de contar en un mismo libro con una edición de los tres estadios discriminables en el códice parisino abre nuevas vías de análisis que permitirá a otros investigadores alcanzar nuevos conocimientos sobre, por ejemplo, el afán genealógico del copista de P en el contexto de principios del siglo XV. Esta posibilidad estaría vedada en una edición que borrara las huellas de la transmisión, o que, en el

---

[44] "Como era de esperar, el relato [de la campaña de Portugal] que [. . .] nos da la *Crónica de Castilla* se basa en la *Versión mixta* de la *Estoria de España* alfonsí y, por lo tanto, procede, a través de ella, de fuentes eruditas (Toledano, Tudense y *Codex Calixtinus*). Pero, como novedad, interpola varias referencias a la participación de Rodrigo" (Catalán 2000: 84).

[45] Estos episodios en común son: 1. La introducción histórica con los antecedentes de Castilla y Rodrigo; 2. La muerte del conde Gómez de Gormaz a manos de Rodrigo y el pedido de reparación mediante casamiento de Ximena ante el rey Fernando; 3. La celebración de la ceremonia y el voto de Rodrigo de no consumar el matrimonio ni besar la mano del rey hasta vencer en 5 lides; 4. La victoria de Rodrigo sobre reyes moros que se hacen sus vasallos; 5. El combate singular por Calahorra, precedido por el encuentro con el leproso-San Lázaro; 6. La victoria sobre los condes complotados con reyes moros; 7. La campaña de Francia.

otro extremo, se contentara con la transcripción paleográfica.[46] La opción no es *texto versus manuscrito*, sino *texto y manuscrito*.

4.3. *Criterios de edición y de presentación gráfica*

Presento aquí, por lo tanto, una edición triple: primero, en páginas enfrentadas, la transcripción paleográfica del Ms. P, es decir, la *Crónica rimada* (pares) y la edición crítica de la *Refundición de las Mocedades de Rodrigo* (impares); a continuación, la reconstrucción conjetural de la *Gesta primitiva de las Mocedades de Rodrigo*.

En la transcripción paleográfica he intentado aprovechar al máximo los recursos tipográficos y de diagramación, en la línea del buen trabajo realizado por Deyermond, respetando la disposición del texto en la columna y utilizando los siguientes signos convencionales:

1. Se señala en itálicas el desarrollo de abreviaturas.
2. Se utiliza el signo (¶) para indicar calderón.
3. Se utiliza el signo (τ) para indicar el signo tironiano.
4. Se reproduce la altura relativa de las iniciales (número de líneas que ocupa en el Ms).
5. Se apela a la letra superescrita para reproducir grafías voladas o sobrescritas.
6. Se utilizan versalitas para reproducir grafías de módulo mayor que no constituyen mayúsculas.
7. Se utilizan paréntesis ( ) para señalar palabras o grafías tachadas.

Como la primera transcripción se hizo siguiendo las normas establecidas por el Hispanic Seminary of Medieval Studies (Mackenzie 1984), algunas de las convenciones de ese sistema permanecen:

1. La clave {CB2.} aparece al principio de todas las columnas, lo que indica la división de todos los folios del texto en dos columnas.
2. La clave {BLNK.} indica que una parte del manuscrito prevista para texto se deja en blanco.
3. La clave {CW.} precede la transcripción de los reclamos.

Como podrá observarse, he sido muy cauto en la tarea enmendatoria con vistas a la fijación del texto crítico. Dado que la tendencia de mi trabajo no es

---

[46] La primera opción es la que ha dado pie a tantas críticas de neo-filológos y estudiosos como John Dagenais (1994); la segunda, se acerca mucho a la pereza intelectual, escudada tras la excusa de limitarse a lo seguro y lo palpable. A la primera, le bastan los manuales de crítica textual, a la segunda, le bastan una buena vista, concentración y paciencia.

adicionadora sino, por el contrario, eliminadora de lo que se considera agregados del copista de P (o de la transmisión textual), la posibilidad de contrastar con la versión paleográfica facilitará la tarea de apreciar la diferencia entre texto y manuscrito sin la recurrencia puntual al aparato crítico, donde, sin embargo, se declaran todas las intervenciones. En el aparato se discuten también todas las propuestas de los editores anteriores a propósito de cada *locus criticus*, pero no pretende ser un inventario exhaustivo de la tarea editorial previa (sobre todo, no se hace cargo de indicar las infinitas enmiendas que con tanto entusiasmo realizó Juan Victorio).

La segmentación del texto en tiradas ha planteado algunas dificultades debido a la concurrencia de diversos factores: (1) la cristalización del recurso del cambio de asonancia, fenómeno propio de la fase tardía de la épica castellana, como se argumenta más arriba; (2) la tendencia del copista-cronista a eliminar las palabras-rima o a reformular el verso como frase prosística; (3) las numerosas lagunas del texto conservado; (4) la presencia de pares de versos de asonancia distinta. Frente a esta situación, el criterio adoptado ha sido el de no considerar como tirada aparte estos dísticos de asonancia diferente cuando se encontraban en el medio de dos series de versos con idéntica rima; solamente se los destaca editándolos con una separación interlinear (vv. 239–40 y 998–99); de allí que el número total de tiradas (29) no coincida con el de editories anteriores. A esto se agrega una segmentación de acuerdo con los episodios y sub-episodios que organizan la historia narrada, que a su vez responde a la concepción de la estructura narrativa que se expone más arriba; también aquí, entonces, se encontrará una organización parcialmente diferente de la provista por las ediciones anteriores, desde Menéndez Pidal en adelante. Ofrezco luego de los textos editados una Tabla de episodios de la *Refundición* que permite entender rápidamente la organización del poema.

En la representación gráfica del texto crítico y de la reconstrucción conjetural dc la *Gesta*, he llevado a cabo diversas operaciones de regularización. En la fijación de los criterios que guiaron esta tarea he tenido en cuenta –aunque no he seguido al pie de la letra– las sugerencias de Alberto Montaner (1993 y 2000) y Pedro Sánchez-Prieto Borja (1998).

1. Toda *u* con valor consonántico se ha transcrito *v* y toda *v* con valor vocálico se ha transcrito *u*.
2. Toda *j* con valor vocálico o semivocálico se ha transcrito como *i*; al igual que *y* (salvo en posición final o cuando representa la conjunción copulativa o el adverbio de lugar, o en el nombre propio Ayllón).
3. La vibrante múltiple, que el Ms representa como *R, rr* y *r*, se ha transcrito como *rr*, salvo en posición inicial y luego de *l* o *n*, en que se ha transcrito *r*.
4. Normalizamos el uso de *l* como lateral alveolar y de *ll* como lateral palatal en todos los contextos.

5. Se simplifican las consonantes geminadas *ff, mm, cc* y *ss* (en posición inicial).
6. Se ha regularizado el uso de las grafías *c* y *ç*, transcribiendo *c* para representar la oclusiva velar sorda /k/ y *ç* para representar la dorsoalveolar africada sorda /ŝ/ en todos los contextos.
7. Se ha respetado el uso de la grafía *q* para representar la oclusiva velar sorda /k/ en palabras como *quales, quando*, etc.
8. En cuanto a las nasales, se emplea *n* para representar la nasal alveolar y *ñ* para la nasal palatal; se elimina la nasal superflua de mu*n*cho y se desarrolla la abreviatura de nasal ante *p* y *b* como *m*.
9. El grupo culto *ph* se transcribe como *f,* y el grupo *ch* con valor de oclusiva velar sorda /k/ como *c* (a excepción del nombre propio *Archil*).
10. Se representa el signo tironiano como *e*. Que tal era la realización fónica del coordinante *et* queda demostrada en nuestro Ms por la recurrencia del uso de la forma *et*, en posición inicial de verso, en palabras como *etste* (se indican todos los casos en el aparato crítico).
11. Se procede a la unión y separación de palabras según criterios modernos (se indica mediante apóstrofo o punto medio los casos de amalgamas y de enclíticos apocopados).
12. Se acentúa según criterios modernos pero se agrega la tilde con fines diacríticos en monosílabos, a fin de diferenciar palabras que la ortografía medieval iguala, tales como las formas verbales *á, só* de las preposiciones *a, so*; el adverbio *ý* de la conjunción *y*; y las formas tónicas *nós, vós* ('nosotros, vosotros') de las formas átonas *nos, vos* ('nos, os').
13. Se puntúa y se regulariza el uso de mayúsculas según criterios modernos.

MOCEDADES DE RODRIGO

Transcripción paleográfica de la *Crónica rimada*

Edición crítica de la *Refundición de las Mocedades de Rodrigo*

En el aparato crítico se utilizan las siguientes siglas:
Ms: Manuscrito P (Bibliothèque Nationale de France, Fonds Espagnol 12)
CA: Carlos Alvar y Manuel Alvar, eds, "Las Mocedades de Rodrigo", en *Epica medieval española*, Madrid: Cátedra, 1991, pp. 99–162.
MP: Ramón Menéndez Pidal, ed., "Rodrigo y el rey Fernando", en su *Reliquias de la poesía épica española*, 2ª ed. al cuidado de Diego Catalán, Madrid: Cátedra-Seminario Menéndez Pidal & Gredos, 1980, pp. 257–89.
B: Benjamin P. Bourland, ed., "The *Rimed Chronicle of the Cid* (*El Cantar de Rodrigo*)", *Revue Hispanique*, 24 (1911), 310–57.
JV: Juan Victorio, ed., *Mocedades de Rodrigo*. Clásicos Castellanos, 226. Madrid: Espasa-Calpe, 1982.

[fol. 188r]{CB2.
1   E Remaneçio
          la tierra sin
          señor. quando
          moryo el rre-
5   y pelayo ¶
          Este rrey
          pelayo avia
          vna fija de
ganancia. ¶ E fue cassada conel
10 conde don suero de casso. ¶ Et fizo
en ella el conde don suero vn fijo que dixieron don alfonso. ¶
¶ E a este don alfon fizieron rrey
de leon. ¶ E los castellanos bevi-
15 an en premja. ¶ E avian guerra
con nauarra ¶ τ con aragon. ¶
E con los moros de sant esteuan
de gormaz. τ de leon τ de sepul-
veda. ¶ E era olmedo de moros
20 τ dende adelante la tierra frontera que avia castilla. bilforado. τ grañon. ¶ Et dela otra
parte era nauarra frontera de
leon. τ de carrion τ de salda-
25 ña. ¶ Et por que los castellanos yvan a cortes al rrey de
de leon con fijas τ mugieres
por esta razon fizieron en castilla dos alcaldes. ¶ E quando
30 fuesse el vno. ala corte. quel otro
manparasse la tierra. ¶ Quales
fueron estos alcaldes. ¶ El v-
no fue nuño Rassura. ¶ E el
otro layn caluo. Et porque dixie-
35 eron nuño rrassura este nombre.
por que cogio de castilla señas e-
mjnas de pan. ¶ E fizo voto
asantiago queles ayudasse contra los moros. ¶ E el conde fue
40 aqueste nuño Rassura. de sant pe-dro}
{CB2.
1   de arlança. ¶ E este nuño
rasura. ovo vn fijo quel dixie-

[I. Introducción histórica]
[I. 1. Orígenes de Castilla y de los linajes de Rodrigo y del rey Fernando]

1. E remaneçió la tierra sin señor quando morió el rey Pelayo. Este rey Pelayo avía una fija de ganançia, e fue cassada con el conde don Suero de Casso. Et fizo en ella el conde don Suero un fijo que dixieron don Alfonso. E a este don Alfon fizieron rey de León.
2. E los castellanos bevían en premia, e avían guerra con Navarra e con Aragón e con los moros de Sant Estevan de Gormaz e de León e de Sepúlveda. E era Olmedo de moros e dende adelante la tierra frontera que avía Castilla: Bilforado e Grañón. Et de la otra parte era Navarra frontera de León e de Carrión e de Saldaña.
3. Et porque los castellanos ivan a cortes al rey de León con fijas e mugieres, por esta razón fizieron en Castilla dos alcaldes. E quando fuesse el uno a la corte, qu'el otro manparasse la tierra. ¿Quáles fueron estos alcaldes? El uno fue Nuño Rassura e el otro, Laín Calvo. ¿Et por qué dixieron [a] Nuño Rassura este nombre? Porque cogió de Castilla señas eminas de pan e fizo voto a Santiago que les ayudasse contra los moros. E el conde fue aqueste Nuño Rassura de Sant Pedro de Arlança.
4. E este Nuño Rasura ovo un fijo que·l dixieron Gonçalo Núñez.

---

§ 3. Ms: rrey de | de leon. Suprimo la repetición como todos los editores, aunque sólo MP lo declara.
§ 3. Ms: dixi | eron nuño rrassura. Agrego *a*, como todos los editores, aunque sólo MP lo declara.

ron gonçalo nuñez. ¶ Et por
que era malo τ traujesso. quissolo
5   el padre matar. τ fuesse para el rre-
y moro guiben. Señor de ma-
drid ¶ E fallo alla a doña aldara sanchez. fija del rey don
sancho Ramjrez de navarra.
10 que andaua mala mugier conlos
moros. ¶ E pediola por mugier
que aca non gela darien. ¶ E casso
con ella τ traxola a castilla.
¶ E fizo enella tres fijos. τ
15 los mayores non valieron nada.
¶ Et el menor fue el conde ferrnad
gonçalez. que mantouo a (grand)
castilla muy grant tiempo. ¶
Et ovo de aver contienda co-
20 nel Rey don sancho ordoñez de
nauarra. ¶ Et este Rey don sancho ordoñez fizo vistas conel
conde ferrnand gonçalez en
vn lugar que diçen vañarez.
25 ¶ E yendo el conde seguro
prissol el Rey en engaño. Et
lleuolo presso atudela de navarra. ¶ Et yaziendo el conde
presso sacolo doña costança
30 hermana del Rey don sancho
ordoñez. ¶ Et yaziendo el conde enlos fierros. tomo lo la jnfanta asus cuestas. Et dio con
el en vn monte. ¶ Et encontra-
35 ron a vn açipreste de ay de tudela de navarra. ¶ Et dixo que
si la infanta nonle fiziesse a-
mor de su cuerpo quelos descobre-
rya. ¶ Et la ynfanta fue abra-
40 çar la. Et tenjendole la jnfanta
abraçado. llego el conde con sus
fierros. Et matolo conel su cochillo mjsmo del açipreste. ¶}
[fol. 188v] {CB2.
1   Et tenjendo la jnfanta los
ojos. vio venjr grandes po-

Et porque era malo e traviesso quíssolo el padre matar. E fuesse para el rey moro Guiben, señor de Madrid. E falló allá a doña Aldara Sánchez, fija del rey don Sancho Ramírez de Navarra, que andava mala mugier con los moros. E pediola por mugier, que acá non gela darién, e cassó con ella e tráxola a Castilla. E fizo en ella tres fijos. E los mayores non valieron nada; et el menor fue el conde Ferna[n]d Gonçález, que mantovo a Castilla muy grant tiempo.

[I. 2. El conde Fernán González]

5. Et ovo de aver contienda con el rey don Sancho Ordóñez de Navarra. Et este rey don Sancho Ordóñez fizo vistas con el conde Fernand Gonçález en un lugar que diçen Vañárez. E yendo el conde seguro, prisso·l el rey en engaño. Et llevolo presso a Tudela de Navarra. Et yaziendo el conde presso sacolo doña Costança, hermana del rey don Sancho Ordóñez.

6. Et yaziendo el conde en los fierros, tomolo la infanta a sus cuestas et dio con él en un monte. Et encontraron a un açipreste de aý, de Tudela de Navarra, et dixo que si la infanta non le fiziesse amor de su cuerpo, que los descobrería. Et la infanta fue abraçarl[o]. Et teniéndole la infanta abraçado, llegó el conde con sus fierros et matolo con el su cochillo mismo del açipreste. Et ten[d]iendo la infanta los ojos vio venir grandes poderes.

§ 6. Ms: Et la ynfanta fue abra | çar la. Corrijo *abraçarlo*. Así transcriben todos sin percatarse de la verdadera lección (errónea) del Ms, excepto JV, que lo indica en nota.
§ 6. Ms: Et tenjendo la jnfanta los | ojos. Corrijo *tendiendo* como todos los editores, pues la frase 'tender los ojos' (= 'mirar fijamente', 'extender la mirada') aparece en los vv. 3, 111 y 419.

deres. ¶ Et dixo el conde muertos somos mal peccado. Ca
5   hae vos aquj los poderes del
rrey don sancho mj hermano.
¶ Et el conde tendio los ojos
τ fue los poderes devissando.
¶ Et conoçio los poderes. τ
10 fue muy ledo τ muy pagado
τ dixo ala infanta esta es
castilla que me suele bessar la
mano. ¶ Et la jnfanta paro
las cuestas. Et caualgo muy
15 priuado enla mula del açipreste
el conde. Et de pie yua la jnfanta. ¶ Et salio del monte
priuado. τ quando lo vieron los
castellanos todos se maravi-
20 llaron. Mas nol bessaron la
mano. Nin Señor non llamaron. ¶ Ca avian fecho omenaje. A vna piedra que traxieran enl carro. Que trayan
25 por señor fasta que fallaron al
conde. ¶ Et tornaron la piedra
a senblança del monte de oca.
al logar donde la sacaron.
¶ E todos al conde por señor.

[1]

1 Dixo [a]l conde: "Muertos somos, ¡mal pecado!,
   ca haevos aquí los poderes   del rey don Sancho mi hermano".
   Et el conde tendió los ojos   e fue los poderes devissando,
   et conoçió los poderes   e fue muy ledo e muy pagado,
5 e dixo a la infanta: "Esta es Castilla   que me suele bessar la mano".
   Et la infanta paró las cuestas.   Et cavalgó muy privado,
   en la mula del açipreste   el conde [. . .].
   Et de pie iva la infanta.   Et salió del monte privado.
   E quando lo vieron los castellanos,   todos se maravillaron,
10 mas no·l bessaron la mano   nin señor no·[l] llamaron,
   ca avían fecho omenaje   a una piedra que traxieran en [e]l carro,
   que traían por señor   fasta que al conde fallaron.
   Et tornaron la piedra   a senblança del [. . .]
   [al] Monte de Oca,   al logar donde la sacaron,
15 e todos al conde   por señor le bessaron la mano.

1. Ms: dixo el conde. Enmiendo *al* siguiendo a B, MP y JV (que no lo declara), preferible a la propuesta de CA (*Et dixo: "El conde, muertos somos [. . .]"*), porque el agregado del artículo al sustantivo en la invocación, si bien es común en el romancero, no aparece en otro lugar del texto. Es mucho más probable que se trate de un error de copia por influjo del muy reiterado sintagma *dixo el conde*.
Comienzo a editar desde aquí el texto en verso, como MP, JV y CA, aunque el Ms continúa en prosa, porque la recurrencia de palabras-rima permite una reconstrucción bastante segura de los versos (evidentemente, el copista, antes de abandonar la intención prosificadora, se ha limitado en este breve pasaje a disponer los versos en línea continua dentro de la columna).
7. Falta la palabra-rima en el Ms. MP suple *ferropeado*. JV modifica el texto desde el v. 6 (*Et la infanta paró las cuestas* **et vínose andando** / *en la mula del açipreste cavalgó el conde muy privado* / *et salió del monte* **e fuésse para los castellanos**), sin aducir fundamentos válidos. Me limito a señalar la pérdida, como CA, pero adopto la puntuación de B, que aclara el encabalgamiento con el v. 6.
10. Ms: non llamaron. Corrijo como todos los editores.
11. Ms: enl carro. Corrijo como todos los editores, aunque sólo CA lo declara.
12. Ms: fallaron al conde. Pospongo la palabra-rima, como MP y JV (que no lo declara). CA sigue el Ms, aunque sugiere la corrección en nota.
13–14. Ms: Et tornaron la piedra | a senblança del monte de oca. | al logar donde la sacaron. Lugar deturpado por el intento de prosificación: se ha perdido la palabra-rima del v. 13 y se ha unido la frase con el comienzo del v. 14. MP y CA (éste sin declararlo) enmiendan supliendo *Castellano* como palabra-rima del v. 13 y *al* como inicio del v. 14. JV suple respectivamente *conde don Fernando* y *del*, y aduce que *Castellano* es epíteto exclusivo de Rodrigo. Aunque la solución más inteligible sería *Et tornaron la piedra al logar donde la sacaron*, reduciendo los dos versos a uno, no es posible demostrar fehacientemente que la frase abstrusa (*a senblança del monte de oca*) sea interpolación de copista. Por eso, señalo la pérdida de la palabra-rima en el v. 13 y acojo la adición de *al* en el v. 14, pues, contra la opinión de JV, efectivamente hay que identificar el "logar" con "Monte de Oca".

30   le bessaron la mano.
     ¶ Etste conde ferrnad goncalez
     despues que en castilla fue alçado
     ¶ Mato al rey don sancho ordoñez
     de nauarra. ¶ Et el fuera en
35   de gollarlo con su mano.
     ¶ Et non querya obedeçer el conde.
     a moro njn xpistiano.
     ¶ Et enbiol dezjr al Rey de
     leon. fijo de don suero de casso
40   don alfonso avia por nombre
     ¶ El Rey enbio al conde enpla-zar}
{CB2.
1   lo. quel venjesse a vistas
     τ fue el conde muy pagado.
     ¶ Caualgo el conde commo
     omne tan lozano.
5   ¶ E alos treynta dias conta-
     dos fue el conde al plazo.
     ¶ Etl plazo fue en saldaña.
     Et començole el a preguntar lo.
     ¶ Et yo maraujllado me fa-
10   go conde commo sodes ossado.
     de non me venjr amjs cortes
     Nin me bessar la mano.
     ¶ Ca siempre fue castilla de
     leon tributario.
15   Ca leon es Regno. Et castilla
     es condado.
     ¶ Essas oras dixo el conde.
     mucho andades en vano.
     Vos estades sobre buena mu-
20   la gruessa τ yo sobre buen cauallo.
     ¶ Porque vos yo sofri me
     fago mucho maraujllado.
     ¶ En aver señor castilla τ
     pedir le vos tributaryo.
25   ¶ Essas oras dixo el rrey.
     enlas cortes sera juzgado.
     ¶ Si obedeçer me deuedes.
     si non fincat vos en saluo.
     ¶ Essas oras dixo el conde.
30   lleguemos y priuado.

Este conde Ferna[n]d Gonçález,   después que en Castilla fue alçado,
mató al rey don Sancho   en la Era Degollada, con su mano.
Et non quería obedeçer el conde   a moro nin cristiano.
Et enbio·l dezir al rey de León,   fijo de don Suero de Casso
20   –don Alfonso avía por nombre–.   El rey enbió al conde enplazarlo
que·l veniesse a vistas   e fue el conde muy pagado.
Cavalgó el conde   como omne tan lozano
e a los treinta días contados   fue el conde al plazo.
El plazo fue en Saldaña   et començole él a preguntarlo:
25   "Et yo maravillado me fago,   conde, cómo sodes ossado
de non me venir a mis cortes   nin me bessar la mano,
ca siempre fue Castilla   de León tributario,
ca León es regno   et Castilla es condado".
Essas oras dixo el conde: "Mucho andades en vano,
30   vos estades sobre buena mula gruessa   e yo sobre buen cavallo;
porque vos yo sofrí   me fago mucho maravillado
en aver señor Castilla   e pedirle vós tributario".
Essas oras dixo el rey: "En las cortes será juzgado
si obedeçer me devedes,   si non, fincat vos en salvo".
35   Essas oras dixo el conde: "Lleguemos ý privado".

16. Ms: Etste conde ferrnad. Corrijo como todos los editores, excepto JV (*Et este*).
17. Ms: Mato al rey don sancho ordoñez | de nauarra. Et el fuera en | de gollarlo con su mano. Omito *Ordoñez de Nauarra* en el 1er. hem. por tratarse de una típica interpolación del copista de P, según argumento en la Introducción. Enmiendo el 2° hem. con la conjetura *en la Era Degollada*, propuesta por MP y aceptada por JV. El verso ha dado lugar a soluciones diversas. MP: *mató al rey don Sancho Ordóñez de Navarra,* **su cuñado**, */ en la Era Degollada* **matólo** *con su mano*, con excesiva intervención, obligada por el intento de convertir en versos la interpolación del copista. JV: *En la Era Degollada mató al rey don Sancho con su mano*, con una inversión en el orden de palabras que no se justifica. CA respeta el Ms: *mató al rey don Sancho Ordóñez de Navara, [...] / et él fuera en degollarlo con su mano*, argumentando contra la enmienda de MP que "el cambio, a pesar de ser justificable, no es necesario según nuestro texto, y así pudo entenderlo el copista, Fernán González degolló con su propia mano al rey navarro" (p. 107). Pero si aceptamos que *Era Degollada* está justificada por su mención en *PFG* y en *PCG*, un editor no puede perpetuar la *lectio facilior* de un copista en la transmisión del texto, que evidentemente interpretó un lugar difícil como supone CA. La anomalía gramatical es un indicio más (aunque no concluyente por sí solo) de que se trata de un error de copia.
24. Ms: Etl. Corrijo como todos los editores, excepto JV (*Et el*). La enmienda de B, *començole* **el rey** *a preguntarlo*, es atendible, ya que en todo el episodio se explicita la identidad de los interlocutores.

¶ En leon son las cortes.
llego el conde lozano.
¶ Vn caullo lieua preçiado.
τ vn azor enla mano.
35 ¶ Et conpro gelo el rrey.
por aver monedado.
¶ En treynta τ çinco mjll maravedis.
fue el caullo τ el azor apreçiado.
¶ Al gallarin gelo vendio el}
{CW. conde que gelo pa.}
[fol. 189r] {CB2.
1 conde que gelo pagasse a dia de plazo.
¶ largos plazos passaron que
non fue el conde pagado.
¶ Nyn quirie yr alas cortes
5 amenos deentregar lo.
¶ Con fijos τ con fijos τ con
mugieres castellaños van alas
cortes de leon.
¶ E conde ferrnan gonzalez.
10 dixo al rrey atanto.
Rey non verne a vuestras cortes.
amenos (amenos) de ser pagado.
del auer que me deuedes.
de mj azor τ de mj caullo.
15 ¶ Quando contaron el auer
el Rey non podia pagar lo.
Tanto creçio el gallaryn
quelo non pagaria el regnado
¶ Venjeron abenençia el rrey
20 τ el conde lozano.
¶ Que quitasse a castilla. el
conde fue mucho pagado.
¶ plogol al conde quando
oyo este mandado
25 ¶ Assy saco a castilla
el buen conde don ferrnando.
¶ Aujendo guerra con moros τ
con xristianos atoda parte de todo
su condado.
30 ¶ Avia el conde vn fijo que
garçi ferrnandez fue llamado.
¶ Sy el padre fue buen guerrero
el fijo fue atamaño.

En León son las cortes: llegó el conde lozano.
Un cavallo lleva preçiado e un azor en la mano,
et conprógelo el rey por aver monedado.
En treinta e çinco mil maravedís fue el cavallo e el azor apreçiado.
40 A gallarín gelo vendió el conde que gelo pagasse a día de plazo.
Largos plazos passaron que non fue el conde pagado;
nin quirié ir a las cortes a menos de entregarlo.
Con fijos e con mugieres van a las cortes de León castella[n]os
[El] conde Fernán González dixo al rey atanto:
45 "Rey, non verné a vuestras cortes a menos de ser pagado
del aver que me devedes de mi azor e de mi cavallo".
Quando contaron el aver, el rey non podía pagarlo:
tanto creçió el gallarín que lo non pagaría el regnado.
Venieron abenençia el rey e el conde lozano
50 que quitasse a Castilla: el conde fue mucho pagado,
plogo·l al conde quando oyó este mandado.
Assí sacó a Castilla el buen conde don Fernando,
aviendo guerra con moros e con cristianos
a toda parte de todo su condado.

[I. 3. Sucesores de Fernán González]

55 Avía el conde un fijo que Garçí Fernández fue llamado,
si el padre fue buen guerrero, el fijo fue atamaño.

---

43. Ms: con fijos e con fijos e con | mugieres castellaños van alas | cortes de leon. Elimino la repetición y pospongo *castellanos*, sin signo de palatalización, como palabra-rima, según enmienda MP seguido por JV. CA conserva *castellanos* en su lugar, pero sugiere en nota la corrección. También alude a la posibilidad de modificar el segundo *fijos* por *fijas* (tal es la solución de B), lo que concordaría con lo dicho en la sección prosificada (§ 3). Aunque es cierto que la excesiva longitud del hemistiquio favorece la consideración de la repetición como error de copia, no debe desdeñarse una coherencia de sentido político-genérico –resaltado por Lacarra (1999: 478)–, que da relevancia a la mención de "las fijas". Queda, pues, asentada la posibilidad de la lectura *con fijos e con fijas e con mugieres*.
44. Ms: E. Corrijo *El*, como JV. MP y CA siguen el Ms.

¶ Con fija de almereque de narbona
35 el conde garçi ferrnandez fue cassado.
¶ Con ella. Et fizo vn fijo.
que dixieron el conde don sancho
¶ Quando alos .vij años los
jnfantes de salas mataron.
40 ¶ Morio el conde garci ferrnandez
cortes. infançon castellano.}
{CB2.
1 ¶ El buen conde don sancho.
τ dexoles buenos preujllejos.
¶ Et buenos fueros con su mano.
Et fue rreçebir fija del rrey de leon.
5 nuera del conde don suero de casso.
¶ Et enella fizo vn fijo quel.
dixieron por nombre sancho.
¶ Atanto salio de cazador
quel monte quel non cogia el poblado.
10 ¶ Pussol por nonbre el padre
sancho avorta. por amor de destroyr
¶ Desque vio el padre que era
de edat a burgos fue llegado.
.alos treynta dias conplidos.
15 ayuntan se y los castellanos.
¶ desque los vio el conde en
pie fue leuantado.
¶ Oyt me castellanos a buen
tiempo so llegado.
20 ¶ Por vos fazer mas merçed
que nunca vos fizo omne nado.
¶ El conde ferrnand gonçalez mj avuelo.
Saco vos de tributario.
¶ El conde garçi ferrnandez mj padre.
25 E yo diuos fueros τ preujllejos
confirmados con mj mano.
¶ de condado que es castilla.
fago vos la rreynado.
¶ ffagamos mjo fijo sancho
30 avarca rrey si vedes que es guissado.
¶ Nieto es del Rey de leon.
non ha quel diga ome nado.
¶ Que non sea rrey de castilla
njnguno non sera ossado.

Con fija de Almereque de Narbona   el conde Garçí Fernández fue cassado
et con ella fizo un fijo   que dixieron el conde don Sancho.
Quando a los .vii años   los infantes de Salas mataron,
60   morió el conde Garçí Fernández,   cortés infançón castellano.
[E mandó a castellanos]   el buen conde don Sancho,
e dexoles buenos previlejos   et buenos fueros con su mano.
Et fue reçebir fija del rey de León,   [nieta] del conde don Suero de Casso,
et en ella fizo un fijo   que·l dixieron por nombre Sancho.
65   Atanto salió de cazador [en el] monte   que·l non cogía el poblado,
pusso·l por nonbre el padre Sancho [Avarca],   por amor de de[visarlo].

[I. 4. Sancho Avarca, primer rey de Castilla]

Desque vio el padre que era de edat,   a Burgos fue llegado,
a los treinta días conplidos   ayúntanse ý los castellanos,
desque los vio el conde,   en pie fue levantado:
70   "Oítme, castellanos,   a buen tiempo só llegado
por vos fazer más merçed   que nunca vos fizo omne nado.
El conde Fernand Gonçález mi avuelo   sacóvos de tributario,
el conde Garçí Fernández mi padre   [...........................]
e yo divos fueros e previlejos   confirmados con mi mano.
75   De condado que es Castilla,   fágovosla reinado,
fagamos mío fijo Sancho Avarca rey,   si vedes que es guissado.
Nieto es del rey de León,   non ha que·l diga ome nado
que non sea rey de Castilla,   ninguno non será ossado,

---

58. Ms: con ella. Et fizo vn fijo. Sigo la enmienda de MP, aceptada por CA. JV omite *Et*, solución ya propuesta por B.
61. En el Ms falta el 1er. hem. del verso. CA se limita a señalar la laguna. MP y JV suplen *E mandó a Castilla*. Prefiero la solución de B, porque *castellanos* concuerda con *dexoles* del verso siguiente.
63. Ms: nuera del conde. Sigo la enmienda de MP, *nieta*, que corresponde al parentesco correcto (cf. § 1 y v. 19). También corrige JV, aunque con errata en el nombre (*nieta d. c. d. Sancho d. C.*). CA mantiene la lectura del Ms.
65. Ms: quel monte quel non cogia el poblado. Sigo la enmienda de B, como todos los editores posteriores.
66. Ms: sancho avorta. por amor de destroyr. Sigo las enmiendas de MP, como JV y CA. Es fácil explicar *avorta* como error de copia, pues en adelante el texto trae siempre la lección correcta *avarca*. Más difícil es entender el proceso de deturpación de la palabra-rima que llevó a *destroyr*. Aunque más conjetural, *devisarlo* es la solución que repone la coherencia en el acto de imponer un sobrenombre al montaraz Sancho.
73. Falta el 2° hem. en el Ms. Me limito, al igual que CA, a marcar la laguna, dado que cualquier reconstrucción resulta excesivamente conjetural. MP suple *vos fizo bien atanto*. JV, que inexplicablemente omite el verso anterior, ofrece la reconstrucción *el conde, mi padre*, **vos fizo bien atamanno**.

35 ¶ synon aquel quien lo dixiesse.
bien sabria vedar lo.
¶ Mucho plogo acastellanos
quando oyeron este mandado.
¶ A sancho avarca bessan las ma-
40 nos. Et rreal rreal llamando.}
[fol. 189v] {CB2.
1 ¶ Por castilla dan los pregones
por tan buen rrey que alçaron.
¶ Este fue el primero Rey que
castellanos ovieron.
5 ¶ Con grand onrra τ grand
prez. grandes alegrias fezjeron.
¶ Etl buen rrey sancho avarca.
comenzo. de rreynar τ mando fazer
señas tendidas en cada logar
10 ¶ Con fija del Rey de françia se
ovo a despossar
¶ Et dio gela de grado. non le fezjeron
al. Et la ynfanta dizen doña ysabel.

15 E   sta fue Reyna de prestar
El rrey don sancho.
avarca fue por ella.
Ca tiempo avia de cassar con ella.
¶ A los puertos de aspa gela
traxieron Etl Rey de françia.

si non, aquél quien lo dixiesse,   bien sabría vedarlo".
80 Mucho plogo a castellanos   quando oyeron este mandado.
A Sancho Avarca bessan las manos   et "¡real, real!" llamando
por Castilla dan los pregones   por tan buen rey que alçaron.

[2]

Este fue el primero rey   que castellanos ovieron.
Con grand onra e grand prez   grandes alegrías fezieron.

[3]

85 El buen rey Sancho Avarca   comenzó de reinar
e mandó fazer señas   tendidas en cada logar.
Con fija del rey de Françia   se ovo a despossar,
et diógela de grado,   non le fezieron ál,
et la infanta dizen doña Isabel   e esta fue reina de prestar.
90 El rey Sancho Avarca fue por ella   ca tiempo avía de cassar
a los puertos de Aspa se la traxieron   [............................]
et él [del] rey de Françia   allí fue la a tomar.

85. Ms: Etl. Corrijo *El*, como todos los editores desde MP.
91–92. Ms: A los puertos de aspa gela | traxieron Etl Rey de francia. | Et el ally fue a tomar la. Lugar muy deturpado que ha dado pie a muy diversas soluciones. MP reconstruye un solo verso: *a los puertos de Aspa gela traxieron, et él allí la fué a tomar*. JV considera que el v. 88 está mal situado y debe integrarse en este pasaje, con lo que edita: *a los p. de A. se la t. et él del rrey de Françia ally la fue tomar / et diógela de grado non le fezieron al*. CA, en cambio, considera que no hay aquí un verso sino tres, y explica en nota: "En el conjunto de estos tres versos supongo que faltan dos hemistiquios: así me lo hacen pensar la ruptura del sentido lógico, la desaparición de la asonancia y una irregularidad en el manuscrito, que hace que el calderón no se dibuje en la segunda línea, sino en la tercera: habitualmente, al menos en esta parte del manuscrito, el calderón aparece al comienzo de cada verso, es decir, cada dos renglones o hemistiquios" (p. 111), de modo que edita: *a los puertos de A. se la t., [. . .] / el rey de Francia [. . .] / [. . .] Et él allí fuela tomar*, donde supone tres hemistiquios faltantes y no dos como aduce en la nota. La solución de MP no es convincente porque al omitir *Etl Rey de francia* quita gran importancia a la ceremonia de entrega de la novia, como opina JV. La solución de JV es inaceptable porque no hay razones contundentes para cambiar de lugar el v. 88 (la manifestación de poder castellano frente a los franceses que connota el 2° hem. es más funcional en el lugar original del verso) y el 2° hem. del verso reconstruido es tan excesivamente extenso que, de hecho, constituye un verso en sí mismo. La mención de CA del calderón es pertinente como indicio de un lugar deturpado, pero dado que el salteo es de una sola línea de escritura, tendríamos que aquí se habría perdido un solo hemistiquio y no dos (y menos tres); con lo cual habría que reconstruir dos versos. En mi solución, por lo tanto, marco la pérdida del 2° hem. del v. 91 y reconstruyo el v. 92 cambiando el orden de palabras de un modo parecido al que propone JV, conservando todas las palabras y agregando solamente *del*. De esta manera se recupera la inteligibilidad y la relevancia de la escena desde el punto de vista poético-narrativo.

20   Et el ally fue a tomar la.
     ¶ grandes alegrias han en españa
     quando el rrey conla rreyna vieron tornar
     ¶ Et mayor los castellanos.
     quando la mano le fueron bessar
25   ¶ Et el conde don pedro de pa-
     lençia. a burgos le fue combidar
     ¶ Rey don sancho auarca.
     por amor de caridat.
     fijo del conde don sancho
30   mj Señor natural.
     ¶ Vayamos a palençia.
     mjo conbite tomar.
     ¶ Ca siempre vos serujre
     mjentra mj vida durar.
35   ¶ dixo estonçe el rrey bueno.
     fazer lo he de grado.
     ¶ En tal que enla mj vida nunca
     seades menguado.
     ¶ Esto fue nueue dias ante
40   de sant iohan.}
     {CB2.
1   ¶ Quando el Rey don sancho llego
     a palençia yantar
     ¶ Brauo era el val de palençia
     ca non avia y poblado.
5   ¶ Synon do llaman santa maria.
     el antigua do moraua el conde lozano.
     ¶ Salieron se a folgar
     desque ovieron yantado.
     ¶ E passaron las aguas
10   amos de mano a mano.
     ¶ affondose la mula.
     conel Rey en vn soterr(a)año.
     ¶ Acorrense las gentes.
     τ sacaron al Rey en saluo.
15   ¶ Por los braços quebro la mula.
     non la caualgo mas omne nado.
     ¶ El rrey tendio los ojos. τ vio
     por el soterraño. descender.
     vna escalera de vn canto labrado.
20   ¶ demando por vn cauallero
     que dezian bernardo.
     ¶ diz entra bernardo por essa esca-

Grandes alegrías han en España   quando el rey con la reina vieron tornar,
et mayor los castellanos,   quando la mano le fueron bessar.

[I. 5. Creación del obispado de Palencia]
[1. Tumba de San Antolín]

95   Et el conde don Pedro de Palençia   a Burgos le fue combidar:
     "Rey don Sancho Avarca,   por amor de caridat,
     fijo del conde don Sancho,   mi señor natural,
     vayamos a Palençia   mío conbite tomar,
     ca siempre vos serviré   mientra mi vida durar".

[4]

100 Dixo estonçe el rey bueno: "Fazerlo he de grado
     en tal que en la mi vida   nunca seades menguado".

[5]

     Esto fue nueve días   ante de Sant Iohán
     quando el rey don Sancho   llegó a Palençia yantar.

[6]

     Bravo era el val de Palençia   ca non avía ý poblado
105 sinon do llaman Santa María el Antigua   do morava el conde lozano.
     Saliéronse a folgar   desque ovieron yantado
     e passaron las aguas   amos de mano a mano.
     Afondose la mula   con el rey en un soterraño;
     acórrense las gentes   e sacaron al rey en salvo.
110 Por los braços quebró la mula,   non la cavalgó más omne nado.
     El rey tendió los ojos   e vio por el soterraño
     desçender una escalera   de un canto labrado,
     demandó por un cavallero   que dezían Bernardo,

lera. τ cata este soterraño
¶ dixo bernaldo señor plaze
25 me de granado.
¶ bernardo quando desçendio vio
vn pozo cavado.
¶ E a par de aquel pozo.
vio estar vn altar
30 ¶ Et de susso vn escripto.
Et començolo de catar.
ffallo que sant antolin martir
yazja en aquel logar
¶ Et vio vna piedra con letras
35 Et començola de catar
τ vio que trezientos años
avia que era somjdo aquel logar.
¶ E vino se para el Rey τ dixol
en porydat.
40 ¶ Señor commo me semeja.
cuerpo santo yaze en este logar.
¶ Quando el rrey. al conde fue tornado.}
[fol. 190r]
{CB2.
1   ¶ Quando lo oyo el Rey.
al conde fue tornado.
¶ Et dixo ay conde don pedro.
dat me este logar en camjo.
5   ¶ E siempre uos lo gradeçere.
en quanto fuere durado
¶ Et dar vos he por el a canpo.
fasta en la mar.
¶ Ally dixo el conde don pedro.
10 al rrey plaze me de grado.
¶ Dan selas verdades. Et otºrgaron
se el cambio.
¶ Estonçe traya el conde açinco
vandas las armas.
15 ¶ Et las dos eran yndias
Et las tres de oro colado
¶ Ally tomo otras el conde
el campo de oro claro.
vna aguila yndia. en medio
20 gritando. campo yuan llamando
¶ Por esso llaman agujl(l)ar
de canpo. desque el erzio condado

diz: "Entra Bernardo, por essa escalera   e cata este soterraño".
115   Dixo Bernaldo: "Señor, plázeme de [grado]".
Bernardo, quando desçendió,   vio un pozo cavado,

[7]

e a par de aquel pozo   vio estar un altar
et de susso un escripto   et començólo de catar:
falló que Sant Antolín mártir   yazía en aquel logar,
120   et vio una piedra con letras   et començóla de catar,
e vio que trezientos años avía   que era somido aquel logar,
e vínose para el rey   e dixo·l en poridat:
"Señor, como me semeja,   cuerpo santo yaze en este logar".

[8]

Quando lo oyó el rey,   al conde fue tornado,
125   et dixo: "Ay, conde don Pedro,   datme este logar en camio
e siempre vos lo gradeçeré   en quanto fuere durado,
et darvos he por él a Canpo   fasta en la mar [. . .]".
Allí dixo el conde don Pedro al rey: "Plázeme de grado".
Danse las verdades   et otorgáronse el cambio.
130   Estonçe traía el conde   a çinco vandas las armas [. . .],
et las dos eran indias   et las tres de oro colado.
Allí tomó otras el conde: el campo de oro claro,
una águila india   en medio gritando
[......................]   "¡Campo!" ivan llamando.
135   Por esso llaman Aguilar de Canpo   desque él erzió condado.

115. Ms: de granado. Corrijo *de grado* como todos los editores.
124. Como se aprecia en la transcripción paleográfica, el copista escribió el verso incompleto al final del f. 189v y lo repitió completo al principio del f. 190r.
127. Ms: fasta en la mar. Es evidente, por la misma disposición del texto en la columna, que falta la palabra-rima. MP suple *delindado*, JV suple *delindando*. Pero dado el carácter excesivamente conjetural de la enmienda, prefiero, como CA, limitarme a señalar la pérdida.
130. Ms: vandas las armas. Como en el caso anterior, falta la palabra-rima. MP y JV suplen *del condado*. Me limito a señalar la falta, como CA.
134. Ms: gritando. campo yuan llamando. La disposición del texto desde el v. 130 revela absoluta despreocupación por la configuración poética en aras del interés en la información heráldica, por lo que es muy claro que se ha omitido un hemistiquio. MP y JV suplen *Todas esas gentes*. Prefiero, como CA, limitarme a señalar la laguna.

¶ El Rey en plazent*er*ya.
finco alegre τ pagado.
25 ¶ llegaronle mandados de su
avuelo el rrey de leo*n* q*ue*era finado.
¶ fincaron le tres fijas.
Et non fijo varon.
¶ Ca el Rey conla vna fue cassado
30 ¶ E el conde don ossorio galeçia[no].
Conla otra. el q*ue* don ordoño.
de campos mucho onrrado
¶ Et la otra conel conde
nuño aluarez de amaya
35 q*ue* ovo a amaya por condado.
¶ Et fincaron enel Rey do*n* sancho
avarca todos los rreynos en su
mano. ¶ Et dixo asu cauall*ero* be*r*na*r*do.
¶ Que catasse el soterr[a]ño.
40 ¶ Et oyredes lo q*ue* aconteçio.
estonçe en aquel año.
¶ Estando el arçob*is*po.}
{CB2.
1 Enel pueblo toledano. en dia
de rramos en visag*r*a la missa ca*n*ta*n*do.
¶ Ala ora dela passyon ent*r*aron
moros el poblado. τ ganaron
5 a toledo. amenos del poblado.
τ guareçio el arçobispo a pode*r* de
cauallo.
¶ A porto e palencia a donde esta bernardo.
10 ssiendo berna*r*do su sob*r*ino
fijo de su he*r*mano.
¶ Q*u*a*n*do vio al arçobispo.
dexo el soterraño
¶ Et fuesse p*a*ra deffessa braua
15 mete*r* se he*r*mjtaño.
¶ En vna he*r*mjta q*ue* avia y. ot*r*o
poblado.
¶ Miro τ q*u*a*n*do vio este lugar
caualgo muy p*r*iuado.

[I. 6. Sancho Avarca, rey de León]

El rey en plazentería   fincó alegre e pagado.
Llegáronle mandados de su avuelo,   el rey de León, que era finado.
Tres fijas, et non fijo varón,   le fincaron,
ca el [conde don Sancho]   con la una fue cassado,
140   e con la otra,   el conde don Ossorio galeçiano,
et la otra con el conde Nuño Álvarez,   que ovo a Amaya por condado.
Et fincaron en el rey Sancho Avarca   todos los reinos en su mano.

[I. 7. Creación del obispado de Palencia]
[2. Miro, el primer obispo]

Et dixo a su cavallero Bernardo   que catasse el soterraño.
Et oiredes lo que aconteçió   estonçe en aquel año:
145   estando el arçobispo   en el pueblo toledano,
en día de Ramos, en Visagra,   la missa cantando,
a la ora de la Passión   entraron moros el poblado,
e ganaron a Toledo   a menos del poblado,
e guareçió el arçobispo   a poder de cavallo.
150   Aportó e[n] Palençia   adonde está Bernardo,
siendo Bernardo su sobrino,   fijo de su hermano.
Quando vio al arçobispo,   dexó el soterraño
et fuesse para Defessa Brava   meterse hermitaño
en una hermita   que avía ý otro poblado.
155   Miro, quando vio este lugar,   cavalgó muy privado,

---

138. Ms: fincaron | le tres fijas. | Et non fijo varon. Reordeno las palabras, como MP, JV y CA, para recuperar la asonancia.

139–142. Como puede apreciarse en la transcripción paleográfica, f. 190ra, l. 29–35, el pasaje es una deturpación del discurso épico por acción del copista de P, con intereses genealógicos. Reconstruyo tratando de ceñirme a lo innegablemente poético: para ello acepto la enmienda *conde don Sancho* en lugar de *Rey*, variación de la propuesta de MP seguida por JV; también acepto el reordenamiento del v. 140, que recupera la asonancia, y la omisión de *de Amaya* en el 1er. hem. del v. 141, como hacen MP y JV. Pero elimino *el que don ordoño / de campos mucho onrrado*, por considerarlo interpolación del copista de P (quizás integración al texto de una glosa marginal en su modelo) que transmite información genealógica irrelevante desde el punto de vista narrativo. CA mantiene un criterio más conservador: *ca el rey con la una fue cassado / e con la otra el conde don Ossorio galeçiano, / [. . .] don Ordoño de Campos mucho onrrado / et la otra con el conde Nuño Alvarez que ovo a Amaya por condado*.

150. Ms: A porto e palençia. Corrijo *en* como todos los editores desde MP.

155. Ms: Miro e quando vio. Suprimo *e* como todos los editores. Como bien interpreta CA: "El copista ha confundido el nombre del obispo con un pretérito indefinido y ha tenido que introducir una conjunción copulativa" (p. 115).

20   ¶ ffuese para leon al buen Rey
     don sancho.
     ¶ delos ojos llorando.
     Et bessole la mano.
     Senor Rey don sancho.
25   avarca por el padre. apoderado.
     ¶ Perdi atoledo moros me
     lo han ganado.
     ¶ Señor dat me a palençia.
     τ a aquel soterrano.
30   ¶ Et fare vida de que dios seª pagaᵈᵒ.
     ¶ de arçobispo que era biujre
     commo hermjtaño.
     ¶ Etn essas horas. dixo el Rey.
     plaze me muy de grado.
35   ¶ A priessa dixo mjo señor.
     yt me a entregarlo.
     ¶ Et entrante apalençia tomo
     lo por la mano.
     ¶ Commo lo yo conpre del conde.
40   don pedro franco. dolo de grado.
     ¶ E fagan vn preuillegio con.
     mjo sig[n]o otºrgado.}
     [fol. 190v] {CB2.
1   ¶ dela huerta del campo. do
     es oter rredondo llamado.
     ¶ Conlas cuestas del atalaya
     τ delos cascajares del brauo.
5   ¶ E dela otra parte las cues-
     tas commo van aval rroçiado.
     ¶ Muy bien lo rreçibe mjro
     el perlado τ tomo el previlejo
     del Rey.
10   ¶ Et caualgo muy priuado.
     τ metiosse alos camjnos
     para Roma fue llegado.
     ¶ Et quando vio al papa el pie
     le ovo bessado merçed dixo
15   señor que sodes en lugar de
     sant pedro τ sant pablo.
     Siendo yo arçobispo del pue-
     blo toledano.
     ¶ Conquerieron me los moros
20   onde fue muy coytado.

fuese para León   al buen rey don Sancho,
de los ojos llorando,   et bessole la mano:
"Se[ñ]or rey don Sancho Avarca,   por el Padre apoderado,
perdí a Toledo,   moros me lo han ganado.
160 Señor, datme a Palençia   e a aquel soterra[ñ]o
et faré vida   de que Dios sea pagado,
de arçobispo que era   biviré como hermitaño".
En essas horas dixo el rey: "Plázeme muy de grado".
Apriessa dixo: "Mío señor,   itme a entregarlo".
165 Et entrante a Palençia   tomolo por la mano.
"Como yo lo conpré del conde don Pedro,   franco dolo de grado,
et fagan un previlegio   con mío sig[n]o otorgado:
de la Huerta del Campo,   do es Oter Redondo llamado,
con las cuestas del Atalaya   e de los Cascajares del Bravo;
170 e de la otra parte, las cuestas   como van a Valroçiado".
Muy bien lo reçibe   Miro el perlado,
e tomó el previlejo del rey   et cavalgó muy privado,
e metiosse a los caminos,   para Roma fue llegado,
et quando vio al papa   el pie le ovo bessado:
175 "Merçed", dixo, "señor,   que sodes en lugar de Sant Pedro e Sant Pablo,
siendo yo arçobispo   del pueblo toledano
conqueriéronme los moros,   onde fue muy coitado.

156. MP agrega *Et fuesse para León*. Pero la enmienda es superflua.
158. Ms: Senor. Solamente CA advirtió la falta del signo de palatalización.
160. Ms: soterrano.
163. Ms: Etn. Corrijo *en*, como todos los editores excepto JV (*Et en*).
167. Ms: sigo. Corrijo *signo*, como todos los editores, aunque sólo CA lo declara.

vine me para el Rey don sancho
avarca. fijo del conde don sancho commo a omne de buena ventura que en buen punto fue
25 nado. enel val de palencia.
abriose vn soterraño.
¶ E affondo se la mula.
Et el finco en sano
¶ A sant antolin martir
30 fallaron y soterrado
¶ A priessa lo conpro luego el.
Rey de vn conde lozano.
¶ Quando yo perdi atoledo amj
lo ovo dado el Rey.
35 ¶ Aheuos aqui su preujllejo.
commo lo trayo otorgado.
¶ El papa quando quando vio
el preujllejo con signo acabado.
dixo fizo commo Rey de buena
40 ventura. en fazer tan buen logar
franqueado.}
{CB2.
1   ¶ fagamos y vna dignjdat
de que dios sea pagado.
¶ Pues lo dieron ala yglesia.
de mj sea otorgado
5   ¶ Ati mjro episcopus palentino
mucho onrrado.
¶ Quando estos preujllejos el obispo del papa ovo tomado
¶ A jornadas contadas.
10 a españa fue tornado.
¶ Sopo lo el rrey don sancho a-
varca τ reçebiolo muy de grado
¶ Entrante oter rredondo.
tommo lo el rrey por la mano.
15 ffasta sant antolin non quisso dexa[llo].
Edixo yo vos la franqueo.
ansi commo vos lo yo ove dado
¶ fijo que yo aya que fuere en demandar lo. la mj maldezion aya
20 Et non le ayude omne nado.
¶ Et el quelo ayudare sea traydor
provado. τ de parte dela yglesia

Víneme para el rey don Sancho Avarca, fijo del conde don Sancho,
como a omne de buena ventura que en buen punto fue nado.
180 En el val de Palençia abriose un soterraño,
e afondose la mula et él fincó en sano.
A Sant Antolín mártir fallaron ý soterrado,
apriessa lo conpró luego el rey de un conde lozano.
Quando yo perdí a Toledo a mí lo ovo el rey dado,
185 ahevos aquí su previlejo como lo trayo otorgado".
El papa quando vio el previlejo con signo acabado
dixo: "Fizo como rey de buena ventura en fazer tan buen logar franqueado,
fagamos ý una dignidat de que Dios sea pagado.
Pues lo dieron a la Iglesia, de mí sea otorgado
190 a tí, Miro, episcopus palentino mucho honrado".
Quando estos previlejos el obispo del papa ovo tomado,
a jornadas contadas a España fue tornado.
Sópolo el rey don Sancho Avarca e reçebiolo muy de grado,
entrante Oter Redondo tomolo el rey por la mano,
195 fasta Sant Antolín non quisso dexallo,
e dixo: "Yo vos la franqueo ansí como vos lo yo ove dado;
fijo que yo aya que fuere en demandarlo
la mi maldezión aya et non le ayude omne nado,
et el que lo ayudare sea traidor provado,
200 e de parte de la Iglesia maldito sea e descomulgado;

184. Ms: lo ovo dado el Rey. MP corrige *el rey lo ovo dado*. Sigo a JV, que argumenta que "la tendencia general era separar el auxiliar del participio" (p. 19). CA sigue el Ms, pero señala en nota la corrección.
186. Ms: quando quando vio. Elimino la repetición como todos los editores desde MP.
187. Sigo la lectura del Ms, como hace CA. MP: *dixo: "Fizo commo rey **muy bien** aventurado / en fazer tan buen logar **assí** franqueado*. JV lo sigue, pero no agrega *muy*.

Maldito sea τ descomulgado.
Et do el poder ala yglesia.
25 con mj sello colgado.
¶ Por quel Rey era Rey de leon.
desmanparo a castellanos.
¶ E vedes por qual rrazon. porque
era leon cabeza delos rreynadoˢ.
30 ¶ Alçosele castilla. τ duro.
bien diez τ siete años.
¶ Alçaron sele los otros linajes donde venjan los fijos dalgo.
donde son estos linajes.
35 del otro alcalde layn caluo.
donde fue este layn caluo.
natural de monte de oca.
¶ Et vino a sant pedro de cardeña a poblar este lay caluo
40 Con quatro fijos que llegaron a buen stado.}
[fol. 191r]
{CB2.
1 ¶ Con seysçientos cavalleros
a castilla manpararon.
¶ Aviendo guerra con navarra.
Ruy layñez el mayor poblo a faro.
5 galduy laynez de se ovo amen-
doça τ termjno poblado.
¶ Aviendo guerra con moros
donde rreçebieron grand daño
¶ Siendo sant esteuan degormaᶻ
10 de moros. τ leon del otro cabo
Tienza τ çiguença
con que biujen cas-
tellanos en trabajo
Sepulueda τ ol-
15 medo de vn moro
pagano. ¶ Apessar de a-
questos todos vn fijo de
layn caluo. ¶ Aquel dizen
peña flor. con qual es peña
20 fiel llamado. ¶ Aviendo
guerra conel Rey de leon τ
con leonesses el menor de layn

et do el poder a la Iglesia   con mi sello colgado".

[I. 8. Rebelión de los castellanos contra Sancho Avarca]

Porqu' el rey era rey de León   desmanparó a castellanos,
e vedes por quál razón: porque era León cabeza de los reinados.
Alçósele Castilla   e duró bien diez e siete años.
205 Alçáronsele los otros linajes   d'onde venían los fijos dalgo.
¿D'ónde son estos linajes?   Del otro alcalde Laín Calvo.
¿D'ónde fue este Laín Calvo?   Natural de Monte de Oca [...]
e vino a Sant Pedro de Cardeña   a poblar este Laí[n] Calvo,
con quatro fijos   que llegaron a buen [e]stado,
210 con seisçientos cavalleros   a Castilla manpararon.
Aviendo guerra con Navarra,   Ruy Laí[n]ez, el mayor, pobló a Faro.
[Laín] Laínez, ese ovo   a Mendoça e [Treviño] poblado,
aviendo guerra con moros   donde reçebieron grand daño,
siendo Sant Estevan de Gormaz de moros   e León del otro cabo,
215 Atienza e Çigüença,   con que bivién castellanos en trabajo,
Sepúlveda e Olmedo   de un moro pagano.
A pessar de aquestos todos,   un fijo de Laín Calvo
a que·l dizen Peñaflor,   con qual es Peñafiel llamado.
Aviendo guerra con el rey de León e con leonesses   el menor de Laín Calvo

207. Ms: natural de monte de oca. Falta la palabra-rima. MP suple *notado*. JV suple *onrrado*. Prefiero limitarme a señalar la falta. CA sigue el Ms sin comentario alguno. Pero comienza aquí un pasaje de contenido genealógico y los errores se multiplican, como es usual en la conducta del copista, siendo la anomalía en la asonancia uno de los rasgos más recurrentes.
208. Ms: este lay caluo.
209. Ms: buen stado.
211. Ms: Ruy laiñez.
212. Ms: galduy laynez de se ovo amen | doça e termino poblado. Corrijo *galduy* en *Laín* y *de se* en *ese*, como todos los editores desde MP. Sigo a JV en la enmienda *Treviño* por *termino*. MP prefiere *Terminón*, pero apunta en nota la duda entre Treviño y Terminón. CA edita *a Mendoça, término poblado*. Pero la coherencia interna (v. 653: *e don Laín Laínez que ovo a Treviño conprado*) apoya mi solución.
218. Sigo el Ms en este verso, como CA. MP y JV suplantan *Peñaflor* por *Fernand Laynez*; pero en este caso la referencia del v. 654 (*e Fernand Laínez de Sant Estevan muy lozano*) no está tan claramente relacionada y bien pudo ser Peñaflor un sobrenombre de Fernán Laínez.
219. El 1er. hem. es excesivamente largo aún para los parámetros de irregularidad del verso épico tardío. Que esta anomalía es debida a la intervención del copista es una opinión que comparten otros estudiosos. Según Webber (1980: 205) el agregado es *e con leonesses*, que el copista elabora derivándolo de *con el Rey de leon*; pero según Montgomery (1984–85: 9) el agregado es *con el Rey de leon*, que contradice el hecho de que es el señor de Diego Laínez. A pesar de la certeza en cuanto a la presencia de una anomalía, no hay base totalmente firme para intervenir en el texto.

¶ Quel dixieron diego. |caluo
laynez. este ovo asaldaña por frontera
25 ¶ grand tiempo passado.
ovo amorir el rrey sancho avarca.
¶ Estando la tierra en este trabajo.
tres fijos dexo el Rey el dia
que fue finado.
30 ¶ Con alfonso el mayor
leonesses se alzaron.
¶ E don garçia el mediano.
a navarra fue alçado.
¶ Por señor le tomaron.
35 a don fernando el menor
la mano le bessaron castellano^s
commo fijos de layn caluo.
¶ Dio guerra asus hermanos.
vençidos fueron leonesses.
40 ¶ Et rreçebieron grand daño
alos fitos de mansilla.}
{CB2.
1 ¶ Do estauan los mojones fincado^s
Mato don fernando adon alfonso
su hermano. luego sele dieron leones τ galizja fasta santiago.
5 ¶ Torno dar guerra a navarra
commo de cabo.
¶ Et mato en ata puerta adon
garrçia su hermano.
Diosele luego navarra.
10 Et aragon del otro cabo.
¶ desde ally sellamo señor de
españa fasta en santiago.
¶ Pregunto por navarra.
sy avia quien heredarlo.
15 ¶ ffablo la ynfanta dona sancha
fija del Rey don sancho.
¶ E el gouernador de navarra.
¶ Et fablo el ynfante don Ramjro
Mas non era de velada.
20 ¶ Mas por quanto era fijo deste
Rey don sancho. Et que non se ena-

220   que·l dixieron Diego Laínez,   este ovo a Saldaña por frontera [. . .].

[I. 9. Fernando, rey de Castilla y señor de toda España]

Grand tiempo passado   ovo a morir el rey Sancho
estando la tierra   en este trabajo.
Tres fijos dexó el rey   el día que fue finado:
con Alfonso el mayor,   leonesses se alzaron,
225   e don Garçía, el mediano,   a Navarra fue alçado
a don Fernando, el menor,   por señor le tomaron;
la mano le bessaron castellanos,   como fijos de Laín Calvo.
[....................]   dio guerra a sus hermanos:
vençidos fueron leonesses   et reçebieron grand daño,
230   a los fitos de Mansilla,   do estavan los mojones fincados,
mató don Fernando   a don Alfonso su hermano,
luego se le dieron leones[es]   e Galizia fasta Santiago.
Tornó dar guerra a Navarra   como de cabo,
et mató en Atapuer[c]a   a don Garçía su hermano.
235   Diósele luego Navarra   et Aragón del otro cabo.
Desde allí se llamó señor   de España fasta en Santiago.
Preguntó por Navarra   si avía quién heredarlo:
fabló la infanta do[ñ]a Sancha,   fija del rey don Sancho
[....................]   e el governador de Navarra
240   et fabló el infante don Ramiro,   mas non era de velada,
mas por quanto era fijo   d'este rey don Sancho,

220. Ms: asaldaña por frontera. Falta la palabra-rima. MP y JV suplen *tomado*. Me limito a señalar la pérdida. CA sigue el Ms sin más, pero vale lo dicho para el v. 206.
A partir de aquí los editores, desde MP, interpolan un pasaje sobre los hijos de Laín Calvo que el Ms trae más adelante (comenzaría en nuestro v. 248). En la Introducción argumento que la enmienda es inaceptable.
221. Ms: rrey sancho avarca. Omito *avarca* para recuperar la asonancia, como hace MP. También JV, pero agregando ***don*** *Sancho*. CA sigue el Ms.
226. Ms: Por señor le tomaron a don fernando el menor. Invierto los hemistiquios para recuperar la asonancia, como MP y JV (que agrega *castellanos*, tomado del verso siguiente). CA sigue el Ms, pero señala en nota la posibilidad de esta enmienda.
228. En el Ms falta el 1er. hem. del verso. MP suple *Este don Fernando de Castilla*. JV suple *El rey don Fernando*. Prefiero limitarme, como CA, a señalar la laguna.
232. Ms: leones.
234. Ms: atapuerta adon | garrçia.
238. Respeto la lección del Ms, *ffablo*, como JV, frente a la enmienda de MP, *falló*, seguida por CA. Como explica JV, no se trata de que el rey Fernando 'encontró' a estos personajes, sino de que éstos hablaron en respuesta a la pregunta del rey.
239. En el Ms falta el 1er. hem. del verso. Me limito a señalar la laguna, como MP y CA. JV propone *e fabló el conde don Martín Gonçález*, apoyándose en la referencia del v. 504; pero no hay ninguna seguridad de que se trate del mismo personaje.

genasse el rreyno diogelo don ferrnando.
Assy assosego su tierra.
a çamora fue llegado.
25 Mandando por sus Reynos
que venjessen asus cortes.
¶ Alos treynta dias contados
ally vinjen leonesses.
Et con gallizianos τ con asturyanos.
30 Et venjeron aragonesses abueltas
con navarros.
los postrimeros fueron castellanos
τ estremadaños.
¶ Delos fijos de layn caluo
35 todos quatro hermanos.
Don Ruy laynez fue cassado
con fija de don gonzalo mjnayas
¶ Et fizo en ella a don diego
ordones donde vienen estos
40 Que de vizcaya son llamados}
[fol. 191v] {CB2.
1 Galdin laynez fue cassado
con fija del conde don rrodrigo.
¶ Conel conde de alua τ debitoria
Et fizo enella vn fijo quel de-
5 zjan don lope.
donde vienen estos laynez
de don luys diaz de mendoça
El ynfante laynez (l)era cassado con fija del conde don aluaro
10 de feuza.
¶ Et fizo enella vn fijo que dixieron aluar fañez.
donde vienen estos linajes de
castro.
15 Diego laynez se ovo cassado
con doña theressa nuñez
fija del conde Ramon aluarez
de amaya. τ njeta del rrey de leon
¶ Et fizo enella vn fijo quel
20 dixieron el buen guerreador
Ruy diaz
¶ Ally sse leuanto el rey.
alos quatro fijos de layn caluo
Tomolos por las manos

et que non se enagenasse el reino,   diógelo don Fernando.
Assí assosegó su tierra,   a Çamora fue llegado,
mandando por sus reinos   [................................]
245   que veniessen a sus cortes   a los treinta días contados.
Allí vinién leonesses,   con galizianos e con asturianos,
et venieron aragonesses   abueltas con navarros,
los postrimeros fueron   castellanos e estremadaños,
[et] los fijos de Laín Calvo   todos quatro hermanos.
250   Allí se levantó el rey,   a los quatro fijos de Laín Calvo
tomolos por las manos,   consigo los pusso en el estrado:

244. En el Ms. falta el 2º hem. del verso. MP y JV suplen *a ponerles por plazo*. Me limito a señalar la laguna, como CA.
246. Ms: Et con gallizianos. Suprimo *Et*, como MP y JV. CA sigue el Ms.
249. Ms: De los fijos de layn caluo. Corregimos *De* en *et*. Como puede apreciarse en la transcripción paleográfica, hay un largo pasaje en prosa, evidente interpolación del copista interesado en cuestiones genealógicas. Los editores han intentado rescatarlo como texto poético reubicándolo más arriba, a continuación de nuestro v. 219.

25   consigo los pusso enel estrado
     ¶ Oyt me cavalleros muy
     buenos fijos fijos dalgo.
     del mas onrrado alcalde
     que en castilla fue nado.
30   ¶ Distes me a castilla τ bessaste^s
     me la mano.
     Con vusco conqueri los Reynos
     de españa fasta santiago.
     ¶ Vos sodesançianos τ yo
35   del mundo non se tanto.
     Mi cuerpo τ mj poder metolo
     en vuestras manos.
     ¶ Que vos me consejedes
     ssyn arte τ sin engaño
40   Rey soy de castilla τ de leon assy
     ffago . . . . .}
     {CB2.
1   ¶ Sabedes que leon es cabeza
     de todos los rreynados.
     ¶ Et por esso vos Ruego.
     τ a vos pregunto tanto.
5   Qual seña me mandades
     fazer atal fare de grado.
     Ca en quanto yo valga.
     non vos saldre de mandado.
     . dixieron los castellanos.
10   en buen punto fuestes nado
     ¶ Mandat fazer vn castillo
     de oro τ vn leon yndio gritado
     ¶ Mucho plogo al rey quando
     los Reynos se pagaron.
15   Bien ordeno el rrey su tierra.
     commo Rey muncho acabado
     ¶ Otorgo todos los fueros.
     que el rey su padre avia dado
     Otorgo los preujllejos de
20   su avuelo el conde don sancho
     ¶ Alli llego de palençia el
     mandado que era muerto el obispo ^{mjro}
     ¶ Et dio el obispado abernardo
     Et enbiol quel confirmase a Roma
25   τ vino muy buen perlado
     ¶ Et otorgo sus libertades que el

"Oítme, cavalleros, muy buenos fijos dalgo
del más onrado alcalde que en Castilla fue nado:
Dístesme a Castilla e bessástesme la mano,
255 convusco conquerí los reinos de España fasta Santiago.
Vos sodes ançianos e yo del mundo non sé tanto,
mi cuerpo e mi poder métolo en vuestras manos,
que vós me consejedes sin arte e sin engaño.
Rey soy de Castilla e de León assí fago,
260 sabedes que León es cabeza de todos los reinados,
et por esso vos ruego e a vós pregunto tanto:
quál seña me mandades fazer atal faré de grado,
ca en quanto yo valga non vos saldré de mandado".
Dixieron los castellanos: "En buen punto fuestes nado,
265 mandat fazer un castillo de oro e un león indio grita[n]do".
Mucho plogo al rey quando los reinos se pagaron,
bien ordenó el rey su tierra como rey mucho acabado,
otorgó todos los fueros que el rey su padre avía dado,
otorgó los previlejos de su avuelo el conde don Sancho.

[I. 10. Creación del obispado de Palencia]
[3. Bernardo, segundo obispo]

270 Allí llegó [. . .] de Palençia el mandado
que era muerto el obispo Miro et dio el obispado a Bernardo,
et enbio·l que·l confirmase a Roma e vino muy buen perlado.
Et otorgó sus libertades que el rey Sancho Avarca avía dado:

252. Ms: buenos fijos fijos dalgo. Elimino la repetición como todos los editores, salvo JV, que traslada la palabra repetida al verso siguiente.
265. Ms: gritado.
270. Ms: Alli llego de palençia el | mandado. Hay una laguna en el 1er. hem., pero no creo que abarque todo el hemistiquio. De allí que me limite a señalar la falta después de *Allí llegó*. MP reconstruye todo un 1er. hem.: *Ellos estando en esto*. CA marca todo el hem. como laguna. JV reconstruye: *Allí llegó* **essas oras** *de Palençia el mandado*.

rrey sancho ava*r*ca avia dado.
¶ desdela hue*r*ta del topo fasta
do es la q*ui*ntanjlla contodo
30 fasta castiel Redondo.
do es magaz llamado.
detras delas cuestas delas.
cuestas delos cascajares.
do es santo thome llamado.
35 fasta las otras cuestas.
q*ue* llaman val rroyado.
do llaman val de p*er*o.
Ca non era poblado.
¶ Mando enlos p*r*eujllejos pon*er*
40 signo el bue*n* Rey don ferrna*n*do.}
[fol. 192r]
{CB2.
1   Asosegada estaua la tierra.
q*ue* no*n* avie guerra de njngu*n* cabo.
¶ El conde don gomez de go*r*ma^z.
a diego laynez fizo daño.
5   fferiole los pastores.
Et Robole el ganado.
¶ Abiuar llego diego laynez.
al apellydo fue llegado.
¶ El enbio los rreçebir asus her-
10 manos. τ ca*u*alga muy p*r*i*u*ado.
¶ ffuero*n* corre*r* a gormaz.
q*ua*ndo el sol era Rayado.
Quemaro*n* le el arraual
τ come*n*zaro*n* le el andamjo.
15 Et t*r*ae los vassallos.
Et q*ua*nto tiene*n* enlas manos
¶ Et trae los ganados q*ua*ntos
anda*n*(t). por el campo.
¶ Et t*r*ae le por dessonrra las la-
20 uanderas q*ue* al ag*u*a esta*n* laua*n*do.
¶ Tras ellos salio el conde co*n*
çient ca*u*alle*r*os fijos dalgo.
¶ Rebtando a g*r*andes bozes.
a fijo de layn caluo.
25 dexat mjs lauanderas.
fijo del alcalde çibdadano.
¶ Ca mj non me atenderedes
atantos por tantos

desde la Huerta del Topo,   do es la Quintanilla cont[a]do,
275 fasta Castiel Redondo,   do es Magaz llamado,
detrás de las Cuestas de los Cascajares,   do es Santo Thomé llamado,
fasta las otras cuestas   que llaman Val Royado,
do llaman Val de Pero,   ca non era poblado.
Mandó en los previlejos poner signo   el buen rey don Fernando.

[II. Rodrigo y Jimena]
[1. Guerra entre Vivar y Gormaz]

280 Asosegada estava la tierra,   que non avié guerra de ningún cabo.
El conde don Gómez de Gormaz   a Diego Laínez fizo daño,
feriole los pastores   et robole el ganado.
A Bivar llegó Diego Laínez,   al apellido fue llegado,
él enbiolos reçebir a sus hermanos   e cavalga muy privado,
285 fueron correr a Gormaz   quando el sol era rayado,
quemáronle el arraval   e comenzáronle el andamio,
et trae los vassallos   et quanto tienen en las manos,
et trae los ganados   quantos andan por el campo,
et tráele por dessonra   las lavanderas que al agua están lavando.
290 Tras ellos salió el conde   con çient cavalleros fijos dalgo,
rebtando a grandes bozes   a fijo de Laín Calvo:
"Dexat mis lavanderas,   fijo del alcalde çibdadano,
c'a mí non me atenderedes   atantos por tantos".

274. Ms: fasta | do es la quintanilla contodo. Elimino *fasta*, puesto que, como explica JV, el término se expresa en el verso siguiente. Corrijo *contodo* en *contado*, igual que MP y JV. CA sigue el Ms.
276. Elimino, como todos los editores, la repetición de *de las cuestas* que trae el Ms.
288. Pese a que B lo comenta en nota, ningún editor advirtió que la *t* de *andant* está tachada en el Ms. Todos han transcrito *andant*.

por quanto el esta escalentado.
30 Redro Ruy laynes.
señor que era de faro.
¶ Cyento por ciento vos sere-
mos debuena mjente τ al pulgar
¶ Otorganselos omenajes
35 que fuessen y al dia de plazo.
¶ Tornan le delas lauanderas
τ delos vassallos.
Mas non le dieron el ganado.
Ca selo querien tener.
40 Por lo que el conde avialeuado.
¶ Alos nueue dias contados}
{CB2.
1 Caualgam muy priuado.
Rodrigo fijo de don diego
Et njeto de layn caluo.
Et njeto del conde
5 nuño aluarez de amaya.
Et visnjeto del rey de leon
doze años avia por
cuenta τ avn los treze non son
Nunca se viera en lit
10 ya quebrauale el corazon.
¶ Cuentasse enlos çien lidi-
adores que quisso el padre o que non.
Enlos primeros golpes suyo^s
τ del conde don gomez son.
15 Paradas estan las hazes
E comjenzan a lidiar.
Rodrigo mato al conde
Ca non lo pudo tardar.
Venjdos son los çiento.
20 τ pienssan de lydiar.
Enpos ellos salio rodrigo
que los non da vagar.

[....................] por quanto él está escalentado.
295 Redró Ruy Laínez, señor que era de Faro:
"Çiento por çiento vos seremos   de buena miente e al [plazo]".
Otórganse los omenajes   que fuessen ý al dia de plazo,
tórnanle de las lavanderas   e de los vassallos
[....................] mas non le dieron el ganado,
300 ca se lo querién tener   por lo que el conde avía llevado.

[II. 2. Rodrigo mata al conde don Gómez de Gormaz]

A los nueve días contados   cavalga[n] muy privado
Rodrigo, fijo de don Diego,   et nieto de Laín Calvo,

[9]

et nieto del conde Nuño Álvarez   et visnieto del rey de León,
doze años avía por cuenta   e aún los treze non son,
305 nunca se viera en lit,   ya quebrávale el corazón,
cuéntasse en los çien lidiadores,   que quisso el padre o que non
[et] los primeros golpes   suyos e del conde don Gómez son.

[10]

Paradas están las hazes   e comienzan a lidiar:
Rodrigo mató al conde,   ca non lo pudo tardar.
310 Venidos son los çiento   e pienssan de lidiar,
enpos ellos salió Rodrigo   que los non da vagar,

294. En el Ms falta el 1er. hem. del verso. MP y JV suplen *esto amenaza don Gómez*. Me limito a señalar la laguna, como hace CA.
296. Ms: e al plgar. Corrijo *al plazo*, como propone MP y acepta JV. CA sigue el Ms e interpreta *pulgar* (pero podría ser *plegar*, como apunta JV).
299. Falta el 1er. hem. del verso en el Ms. MP suple *e de las otras cosas*. JV conjetura: *mas non le dieron **nada d**el ganado*. Me limito a señalar la laguna, como hace CA.
301. Ms: Caualgam. MP reproduce esta lección. JV y CA editan *cavalgan* sin notar, aparentemente, que la grafía corresponde a *m* (tampoco lo notó Deyermond en su transcripción paleográfica).
303. Ms: nuño aluarez de amaya. Es probable que se trate de un verso espurio, interpolación del copista de P (otra vez, probable incorporación al texto de una glosa marginal). Cada vez que se menciona la ascendencia de Rodrigo, se limita a la ascendencia paterna (vv. 540, 932, 1112). Pero bien puede ser que en la primera aparición del héroe se proclame de forma más completa su linaje. También conserva la rima de la tirada. Por tal motivo, lo edito con la sola omisión de *de amaya*, que sí es, indudablemente, un agregado del copista. Los editores han seguido el Ms.
307. Ms: Enlos.
311. Inexplicablemente, CA edita *que los non dé vagar* (¿siguiendo el error de Deyermond en su transcripción paleográfica?). Pero el Ms trae correctamente *que los non da vagar*.

¶ Prisso ados fijos del conde
a todo su mal pessar.
25 ¶ A fernan gomez τ alfonso gomez
Et traxo los abiuar
¶ Tres fijas avia el conde
cada vna por cassar.
¶ E la vna era elujra gomez
30 Et la mediana aldonza gomez
¶ Et ala otra ximena gomez la menor
Quando sopieron que eran pressos
los hermanos. Et que era muerto
el padre. paños visten brunj-
35 tados. Et velos atoda parte.
¶ Estonce la avian por duelo
agora por gozo. la traen.
¶ Salen de gormaz.
τ vanse para biuar
40 Vio las venjr don diego.}
[fol. 192v] {CB2.
1 Et aReçebirlas sale.
Donde son aquestas freyras.
que algo me vienen demandar.
Dezir vos hemos señor.
5 que non avemos por que vos lo negar.
ffijas somos del conde don.
gormaz. τ vos le mandastes.
matar
Prissistes nos los hermanos.
10 Et tenedes los aca.
¶ Et nos mugieres somos
que non ay quien nos anpare.
Essas oras dixo don diego.
non deuedes amj culpar.
15 Pedit las a Rodrigo.
sy vos las quesiere dar.

prisso a dos fijos del conde   a todo su mal pessar,
a Fernán Gómez e Alfonso Gómez   et tráxolos a Bivar.

[II. 3. Jimena pide la liberación de sus hermanos]

     Tres fijas avía el conde,   cada una por cassar:
315 [Elvira Gómez et Aldonza Gómez]   [......................]
     et a la otra Ximena Gómez,   la menor [. . .].
     Quando sopieron que eran pressos los hermanos   et que era muerto el padre,
     paños visten brunitados   et velos a toda parte,
     –estonçe la avían por duelo,   agora por gozo la traen–
320 salen de Gormaz   e vanse para Bivar.
     Violas venir don Diego   et a reçebirlas sale:
     "¿D'ónde son aquestas freiras   que algo me vienen demandar?"
     "Dezir vos hemos, señor,   que non avemos por qué vos lo negar,
     fijas somos del conde don [Gómez]   e vós le mandastes matar,
325 prissístesnos los hermanos   et tenédeslos acá,
     et nós mugieres somos   que non ay quién nos anpare".
     Essas oras dixo don Diego: "Non devedes a mí culpar,
     peditl[o]s a Rodrigo   si vos l[o]s quesiere dar,

315–16. Como puede apreciarse en la transcripción paleográfica, se trata de un trozo en prosa (así lo apunta también MP), con toda la apariencia de una interpolación del copista con materia genealógica. De la misma opinión es Montgomery (1984–85: 7–8), apoyándose en la superflua repetición de *Gomez*, las incongruencias gramaticales y la ruptura del estilo y el ritmo romancísticos. Pero en la medida en que parece subyacer el motivo folklórico de las tres hermanas, de las que sobresale la menor (motivo ya presente más arriba, en los casos de Fernán González y del rey Fernando), propongo una reconstrucción muy conjetural de cómo pudieron ser los versos previos a la prosificación. Aprovecho parcialmente una sugerencia de MP en nota a sus vv. 328–29. MP: *e la una era Elvira Gómez, [. . .] / et la mediana Aldonza Gómez, [. . .] / et la otra Ximena Gómez, la menor **en edat***. JV sigue la sugerencia de MP en el primer verso (*Elvira Gómez et Aldonza Gómez,* **duennas de prestar**) y el texto de MP en el verso siguiente. CA sigue el Ms, editando tres versos con lagunas en el 2° hem. cada uno.
317. La extensión del verso nos indica un intento de prosificación, iniciado ya en las líneas anteriores. Pero es imposible discernir el verso épico previo, por lo que me limito a reproducir el Ms.
320. MP agrega en el 1er. hem. *aína.* JV agrega *privado.*
324. Ms: conde don | Gormaz. Corrijo *Gormaz* en *Gómez*, por tratarse de un evidente error de copia. JV hace lo mismo. MP prefiere corregir *conde **de** Gormaz*, pero la línea que termina con la palabra *don* es perfectamente coherente y es al iniciar la nueva línea que el copista escribe la última palabra del sintagma que tanto prefiere cuando de nombrar personajes nobles se trata (nombre + de + topónimo; en este caso: Gómez de Gormaz). CA sigue el Ms sin comentarios.
328. Ms: Pedit las a R. | sy vos las q. d. Corrijo *las* en *los* en ambos casos, para restituir la concordancia, como hacen MP y JV. CA sigue el Ms.

prometolo yo a xp*istu*s.
amj no*n* me puede pessar.
Aq*ue*sto oyo Rodrigo come*n*zo.
20 de fablar.
Mal fezistes señor.
deuos negar la v*er*dat.
Que yo sere v*uest*ro fijo.
Et s*er*e de mj madre.
25 Parat mjentes al mu*n*do.
Señor por carydat.
Non han culpa las fijas.
por lo q*ue* fizo el padre.
Dat les a sus he*r*manos.
30 q*ue* muy meneste*r* los han.
Contra estas dueñas.
mesura deuedes catar.
¶ Ally dixo don (don) diego.
fijo mandat gelos dar.
35 Sueltan los he*r*manos.
alas dueñas los dan.
Q*ua*ndo ellos se viero*n* fuera.
en saluo come*n*zaro*n* de fabla*r*.
¶ Q*ui*nze dias possieron de plazo.
40 a Rodrigo τ asu padre.
Quelos vengamos q*ue*mar.}
{CB2.
1 de noche enlas cassas de biua*r*.
¶ ffablo ximena gomez la meno*r*.
Mesura dixo hermanos.
por amor de caridat.
5 yr me p*ar*a camora.
al Rey don fe*r*nando q*ue*rellar.
Et mas fincaredes en saluo.
Et el derecho vos dara.
Alli caualgo ximena gom*ez*.
10 tres doncellas con ella van.
¶ Et otros escuderos q*ue*la avian de gu^{ardar}.
llegaua a zamora.
do la corte del Rey esta.
llorando delos ^{ojos} τ pedie*n*dol pieda^t.
15 Rey dueña so lazrada.
Et ave me piedat.
Orphanjlla finq*ue* pequeña.
dela condessa mj madre.

prométolo yo a Cristus,   a mí non me puede pessar".
330   Aquesto oyó Rodrigo,   comenzó de fablar:
"Mal fezistes, señor,   de vós negar la verdat,
que yo seré vuestro fijo,   et seré de mi madre.
Parat mientes al mundo,   señor, por caridat,
non han culpa las fijas   por lo que fizo el padre,
335   datles a sus hermanos   que muy menester los han,
contra estas dueñas   mesura devedes catar".
Allí dixo don Diego: "Fijo, mandátgelos dar".
Sueltan los hermanos,   a las dueñas los dan.
Quando ellos se vieron fuera   en salvo comenzaron de fablar:
340   quinze días possieron de plazo   a Rodrigo e a su padre:
"Que los vengamos quemar de noche   en las cassas de Bivar".
Fabló Ximena Gómez,   la menor [...]:
"Mesura", dixo, "hermanos,   por amor de caridat.
Irme [he] para [Ç]amora   al rey don Fernando querellar,
345   et más fincaredes en salvo,   et él derecho vos dará".

[II. 4. Las quejas de Jimena ante el rey Fernando]

Allí cavalgó Ximena Gómez,   tres donçellas con ella van,
et otros escuderos   que la avían de guardar.
Llegava a Zamora   do la corte del rey está,
llorando de los ojos   e pediendo·l piedat:
350   "Rey, dueña só lazrada   e áveme piedat.
Orfanilla finqué pequeña   de la condessa mi madre,

337. En el Ms *don* está repetido y tachado la segunda vez.
342. Falta el final del verso en el Ms. MP y JV suplen *en edat*. Me limito a señalar la pérdida. CA sigue el Ms.
344. Ms: yrme para camora. Agrego el auxiliar *he,* como MP y JV. Corrijo *Çamora* como todos los editores.

ffijo de diego laynez.
20 ffizo me mucho mal.
Prisso me mjs hermanos.
τ matome a mj padre.
A vos que sodes Rey.
vengo me aquerellar
25 ¶ Señor por merçed
derecho me mandat dar
Mucho pesso. al rey.
Et començo de fablar
En grant coyta son mjs Reynos
30 castilla alçar se meha.
¶ Et sy se me alçan castellanos
ffazer me han mucho mal.
Quando lo oyo ximena gomez
las manos le fue bessar
35 ¶ Merçed dixo señor.
non lo tengades a mal.
Mostrar vos he assosegar
a castilla. τ alos reynos otro tal
Dat me aRodrigo por marido
40 aquel que mato amj padre.}
[fol. 193r]
{CB2.
1 ¶ Quando aquesto oyo el conde don ossorio.
amo del rrey don fernando.
¶ Tommo el Rey porlas manos.
τ aparte yva sacallo.
5 Señor que vos semeja
que don vos ha demandado.
¶ Muncho lo deuedes agradeçer.
al padre apoderado.
Señor enbiat por Rodrigo.
10 τ por su padre priuado.
A priessa fazen las cartas
que non lo quieren tardar
Danlas al mensajero
al camjno es entrado.
15 ¶ Quando llego abiuar
don diego estaua folgando
¶ dixo omjllo me. avos señor
ca vos trayo buen mandado
¶ Etnbia por vos τ por vuestro
20 fijo. el buen rrey don fernando.

fijo de Diego Laínez   fizome mucho mal,
príssome mis hermanos   e matome a mi padre.
A vós que sodes rey   véngome a querellar.
355   Señor, por merçed,   derecho me mandat dar".
Mucho pessó al rey   et començó de fablar:
"En grant coita son mis reinos,   Castilla alçárseme ha,
et si se me alçan castellanos,   fazer me han mucho mal".
Quando lo oyó Ximena Gómez   las manos le fue bessar:
360   "Merçed", dixo, "señor,   non lo tengades a mal,
mostrarvos he assosegar a Castilla   e a los reinos otro tal,
datme a Rodrigo por marido,   aquél que mató a mi padre".

[11]

Quando aquesto oyó el conde don Ossorio,   amo del rey don Fernando,
tomó el rey por las manos   e aparte iva sacarlo:
365   "Señor, ¿qué vos semeja   qué don vos ha demandado?
Mucho lo devedes agradeçer   al Padre apoderado.
Señor, enbiat por Rodrigo   e por su padre privado".

[II. 5. Rodrigo es desposado con Jimena]

Apriessa fazen las cartas,   que non quieren tardarlo,
danlas al mensajero,   al camino es entrado.
370   Quando llegó a Bivar,   don Diego estava folgando.
Dixo: "Omíllome a vós, señor,   ca vos trayo buen mandado:
enbía por vós e por vuestro fijo   el buen rey don Fernando.

---

368. Ms: que non lo quieren tardar. Reordeno las palabras para recuperar la asonancia, como hacen MP y JV. CA sigue el Ms.
372. Ms: Etnbia.

vedes aquj sus cartas
firmadas que vos trayo
¶ Que sy dios quesiere
sera ayna Rodrigo encimado
25 Don diego cato las cartas
Et ovo la color mudado.
Sospecho que porla muerte del
queria el rey matar lo. ¶ conde
¶ Oyt me dixo mj fijo
30 mjentes catedes acae.
Temome de aquestas cartas
que andan con falsedat.
¶ Et desto los rreys muy malas costumbres han
35 ¶ Al rey que vos serujdes.
serujllo muy sin arte.
¶ Assy vos aguardat del commo
de enemigo mortal
ffijo passat vos para faro.
40 do vuestro tyo Ruy laynez esta.
¶ Et yo yre ala corte.}
{CB2.
1 do el buen Rey esta.
¶ Et sy a por aventura el rey me matare
Vos τ vuestros tios poder mehedes
¶ vengar. Ally dixo Rodrigo.
5 Et esso non seria la verdat.
¶ por lo que vos passaredes.
por esso quiero yo passar
¶ Maguer sodes mj padre
qujero vos yo aconsejar.
10 Treçientos caualleros
todos convusco los leuat
Ala entrada de çamora
Señor amj los dat
¶ Essa ora dixo don diego
15 pues pensemos de andar
¶ Metense alos camjnos
para çamora van.
Alla entrada de çamora
alla do duero cay
20 Armanse los trezjentos
τ rodrigo otro tale

Vedes aquí sus cartas   firmadas que vos trayo,
que si Dios quesiere,   será aína Rodrigo ençimado".
375 Don Diego cató las cartas   et ovo la color mudado,
sospechó que por la muerte del conde   quería el rey matarlo.

[12]

"Oítme", dixo, "mi fijo,   mientes catedes acae,
témome de aquestas cartas   que andan con falsedat,
et desto los reys   muy malas costumbres han.
380 Al rey que vós servides,   servillo muy sin arte,
assí vós aguardat d'él   como de enemigo mortal.
Fijo, passat vós para Faro,   do vuestro tío Ruy Laínez está,
et yo iré a la corte   do el buen rey está,
et si por aventura   el rey me matare,
385 vós e vuestros tíos   poder me hedes vengar".
Allí dixo Rodrigo: "Et esso non sería la verdat;
por lo que vós passaredes,   por esso quiero yo passar.
Maguer sodes mi padre,   quiérovos yo aconsejar:
treçientos cavalleros   todos convusco los llevat,
390 a la entrada de Çamora,   señor, a mí los dat".
Essa ora dixo don Diego: "Pues pensemos de andar".
Métense a los caminos,   para Çamora van.
A la entrada de Çamora,   allá do Duero cay,
ármanse los trezientos   e Rodrigo otro tale.

---

384. Ms: Et sy a por auentura. Elimino *a* como todos los editores.
393. Ms: Alla. Corrijo *A la*, como todos los editores.

¶ desquelos vio Rodrigo
armados. começo de fablar
¶ Oyt me dixo amjgos pari-
25 entes τ vasallos demj padre
¶ Aguardat v*uest*ro señor sin engaño τ sin arte.
Sy vieredes que el alg*ua*zil lo
q*ui*siere prender mu*n*cho a p*ri*essa
30 lo matat.
Tan negro dia aya el rey
com*m*o los otros q*ue* ay estan.
No*n* vos pueden dezjr t*ra*ydo*re*s
por vos al rey mata*r*
35 Que non somos sus vasallos
nj*n* dios no*n* lo mande.
Que mas t*ra*yador se*r*ya el rey

P   Sy amj padre matasse
or yo mata*r* mj.
40   enemjgo en buena
lid en campo.}

[fol. 193v]
{CB2.
1   yrado contrala corte et do.
esta el buen Rey don ferna*n*do.
¶ Todos dizen ael q*ue* el q*ue* mato.
al conde lozano.
5 ¶ Quando Rodrigo bolujo los
ojos todos yvan derrama*n*do.
¶ Avien muy grant pauor.
del τ muy grande espanto.
¶ Allego don diego laynez.
10 al rey bessar le la mano.
¶ Quando esto vio Rodrigo.
no*n* le q*ui*sso bessar la mano.
Rodrigo finco los ynojos.
por le bessar la mano.
15 ¶ El espada t*ra*ya luenga.
el Rey fue mal espantado.
A grandes bozes dixo.
Tirat me alla esse peccado.
Dixo estonçe don Rodrigo
20 q*ue*rria mas vn clauo
Que vos seades mj señor.
nj*n* yo v*uest*ro vassallo.

395   Desque los vio Rodrigo armados,   començó de fablar:
"Oítme", dixo, "amigos,   parientes e vasallos de mi padre:
aguardat vuestro señor   sin engaño e sin arte.
Si viéredes que el alguazil lo quisiere prender,   mucho apriessa lo matat,
tan negro día aya el rey   como los otros que aý están.
400   Non vos pueden dezir traidores   por vós al rey matar,
que non somos sus vasallos   nin Dios non lo mande,
que más traidor sería el rey   si a mi padre matasse
por yo matar mi enemigo   en buena lid en campo.

[13]

Irado [va] contra la corte,   do está el buen rey don Fernando.
405   Todos dizen: "[Ahé],   el que mató al conde lozano".
Quando Rodrigo bolvió los ojos   todos ivan derramando,
avién muy grant pavor d'él   e muy grande espanto.
Allegó don Diego Laínez   al rey bessarle la mano.
Quando esto vio Rodrigo,   non le quisso bessar la mano.
[......................................   ....]
410   Rodrigo fincó los inojos   por le bessar la mano,
el espada traía luenga,   el rey fue mal espantado,
a grandes bozes dixo: "¡Tiratme allá esse pecado!".
Dixo estonçe don Rodrigo: "Querría más un clavo
que vós seades mi señor   nin yo vuestro vassallo.

403. MP y JV normalizan la asonancia del verso enmendando *lid **campal***. Pero, como JV reconoce, en el Ms siempre se usa la expresión *lid en campo*. Dado que sigue una tirada en asonancia *á–o*, es posible que la anomalía se explique como verso de transición.
404. Ms: yrado contra la corte et do. Agrego *va* y suprimo *et*, como todos los editores desde MP.
405. Ms: Todos dizen ael que el que mato. Corrijo *ael que* en *Ahe*, como propone CA. B prefiere dejar un blanco. MP y JV enmiendan *Ahé aquí*, pero el valor deíctico de *ahé* vuelve superfluo el agregado de *aquí*, que tampoco explica el error de copia, debido más bien a la repetición de las formas *el q*.
409. Después de este verso hay una laguna en el texto, según han detectado todos los editores desde MP. Se extendería varios versos (unos cinco, si se toma en cuenta el testimonio indirecto del romance *Cabalga Diego Laínez*) y allí constaría el cambio de actitud de Rodrigo por petición de su padre.

¶ Por que uos la besso mj padre
Soy yo mal amanzellado.
25 ¶ Essas oras dixon el rey al.
conde don ossorio su amo.
Dad me vos aca essa donçella.
despossaremos este lozano.
¶ Avn non lo creyo don diego.
30 tanto estaua espantado.
Salio la donçella.
Et traela el conde por la mano.
¶ Ella tendio los ojos.
Et a Rodrigo comenzo de catarlo.
35 ¶ Dixo señor munchas merçedes.
Ca este es el conde que yo demando.
¶ Ally despossauan a doña ximena gomez con rrodrigo el castellano.
¶ Rodrigo respondio muy sañudo.
40 contra el Rey castellano.}
{CB2.
1   Señor vos me despossastes.
mas a mj pessar que de grado.
¶ Mas prometolo a xpistus.
que vos non besse la mano.
5   Nyn me vea con ella.
en yermo njn en poblado.
¶ ffasta que venza çinco lides.
en buena lid encanpo.
¶ Quando esto oyo el Rey.
10 fizo se maravillado. dixo.
¶ Non es este omne.
mas figura ha de peccado.
¶ Dixo el conde don ossorio.
mostrar vos lo he priuado.
15 ¶ Quando los moros corrieren.
a castilla non le acorra omne nado.
¶ veremos silo dize de veras.
o silo dize baffando.
¶ Alli espedieron padre τ fijo.
20 Al camjno fueron entrados.
¶ ffuesse para biuar asant pedro.
de cardeña por morar y el verano.
¶ Corryo el moro aburgos.
de ayllon muy lozano.
25 ¶ Et el arrayaz bulcor.

415 Porque vos la bessó mi padre   soy yo mal amanzellado".
    Essas oras dixo el rey   al conde don Ossorio su amo:
    "Dadme vós acá essa donçella;   despossaremos este lozano".
    Aún non lo creyó don Diego,   tanto estava espantado.
    Salió la donçella   et tráela el conde por la mano.
420 Ella tendió los ojos   et a Rodrigo comenzó de catarlo.
    Dixo: "Señor, muchas merçedes,   ca éste es el conde que yo demando".
    Allí despossavan a doña Ximena   con Rodrigo el Castellano.
    Rodrigo respondió muy sañudo   contra el rey castellano:
    "Señor, vós me despossastes   más a mi pessar que de grado,
425 mas prométolo a Cristus   que vos non besse la mano
    nin me vea con ella   en yermo nin en poblado
    fasta que venza çinco lides   en buena lid en canpo".
    Quando esto oyó el rey   fízose maravillado.
    Dixo: "Non es éste omne,   mas figura ha de pecado".
430 Dixo el conde don Ossorio: "Mostrarvos lo he privado:
    quando los moros corrieren a Castilla,   non le acorra omne nado.
    Veremos si lo dize de veras   o si lo dize bafando".
    Allí espedieron padre e fijo,   al camino fueron entrados.
    Fuesse para Bivar, a Sant Pedro de Cardeña,   por morar ý el verano.

[II. 6. Victoria sobre el moro Burgos de Ayllón]

435 Corrió el moro Burgos   de Ayllón muy lozano,
    et el arrayaz Bulcor   de Sepúlveda muy honrado,

---

422. Ms: a doña ximena gomez. Suprimo *gomez* por considerarlo agregado del copista. Todos los editores siguen el Ms.
435. Ms: Corryo el moro a burgos. Elimino *a*, como todos los editores.

de sepulueda muy honrrado.
¶ E su hermano tosios el arrayaz.
de olmedo muy Rico. τ muncho abondado.
¶ Entre todos eran .v. mjll moros.
30 a cauallo.
¶ Et fueron correr a castilla.
Et llegaron abilforado.
¶ Et quemaron a Redezilla.
Et agrañon de cabo acabo.
35 ¶ A Rodrigo llego el apellido.
quando en siesta estaua adormjdo.
¶ Deffendio que njnguno non despertasse asu padre sol non fuesse vssado.
¶ Meten se alas armas τ ca-
40 valgan muy priuado.}
[fol. 194r] {CB2.
1 ¶ Trezientos cavalleros delpadre.
vanlo aguardando.
¶ Et otras gentes de castilla.
que sele yuan llegando.
5 ¶ Et los moros venjen Robando.
la tierra τ fazjendo mucho daño.
¶ Trayan grant poder
con Robo de ganado.
Et xristianos captiuos mal peccado.
10 Ala naua del grillo.
do es lerma llamado.
ally los alcanço Rodrigo.

Segujo los en alcançe
lidio con los alga-
15 reros que non conlos que
leuauan el ganado.
¶ Et alos vnos mato.
Et alos otros fue arramando.
¶ Por el campo de gomjel.
20 a yoda llegaron.
¶ Do yuan los poderes.
conel Robo tamaño.
¶ Ally lidio Rodrigo conellos
buena lid enel campo
25 ¶ vn dia τ vna noche
fasta otro dia mediado
¶ Etstudo en pesso labatalla
τ el torneo mesclado.

e su hermano Tosios, el arrayaz de Olmedo,   muy rico e mucho abondado.
Entre todos eran   .v. mil moros a cavallo,
et fueron correr a Castilla   et llegaron a Bilforado,
440   et quemaron a Redezilla   et a Grañón de cabo a cabo.
A Rodrigo llegó el apellido   quando en siesta estava adormid[ad]o.
Defendió que ninguno non despertasse   a su padre, sol non fuesse [o]ssado.
Métense a las armas   e cavalgan muy privado,
trezientos cavalleros del padre   vanlo aguardando
445   et otras gentes de Castilla   que se le ivan llegando.
Et los moros venién robando la tierra   e faziendo mucho daño,
traían grant poder   con robo de ganado
et cristianos captivos,   ¡mal pecado!
A la Nava del Grillo,   do es Lerma llamado,
450   allí los alcançó Rodrigo,   seguiolos en alcançe,
lidió con los algareros,   que non con los que llevavan el ganado,
et a los unos mató   et a los otros fue arramando.
Por el campo de Gomiel   a Yoda llegaron,
do ivan los poderes   con el robo tamaño.
455   Allí lidió Rodrigo con ellos   buena lid en el campo;
un día e una noche   fasta otro día mediado
estudo en pesso la batalla   e el torneo mesclado.

441. Ms: adormido. Corrijo *adormidado*, como MP y JV. CA sigue el Ms.
442. Ms: vssado. Corrijo *ossado*, como MP y JV. CA sigue el Ms.
453. JV propone enmendar *Yoda* en *Roda*, argumentando que "*Yoda* es inidentificable, teniendo en cuenta el itinerario expuesto en el texto, no puede tratarse más que de 'Roda', es decir, *Roa de Duero*" (p. 40). Pero si consideramos la escasa preocupación por la exactitud histórica o geográfica, el argumento no es suficiente para avalar la enmienda.
457. Ms: Etstudo.

¶ Rodrigo vençio la batalla
30 dios sea loado.
¶ ffasta peña falcon.
Do es peña (fi)fiel lamado
las aguas de duero. yvan
las enturbiando
35 ¶ Ally bolujeron vn torneo
Contra fuente dueña llegando
¶ Mato Rodrigo alos dos arrayazes. τ prisso al moro burgos loçano
¶ El traxo los paganos contra
40 tudela de duero τ el ganado.
¶ Captiuos τ captiuas.}
{CB2.
1 Traxo los el castellano.
¶ Ençamora llegaron los mandados do era el buen rey don ferrnando
¶ El rey quando lo sopo fue
5 ledo τ pagado
¶ Ay dios que grande alegria
fazia el rey castellano
¶ Caualgo el buen Rey. conel
munchos condes. τ caualleros
10 Et otros omnes fijos dalgo.
¶ ffuese para tudela de duero
do paçia el ganado.
¶ Rodrigo quandol vio venjr
Reçebiolo muy priuado
15 ¶ Cata dixo buen Rey que te trayo
Maguera non so tu vassallo
¶ de çinco lides que te prometi
el dia que tu me oviste desposado.
¶ vençido he la vna yo catare
20 por las quatro.
¶ Essas oras dixo el buen Rey
por todo seas perdonado
¶ En tal que me des el quinto.
De quanto aqui has ganado.
25 ¶ Estonçe dixo Rodrigo.
sola mente non sea pensado.
¶ Que yo lo dare alos mesquinos.
que assaz lo han lazrado.
Lo suyo dare alos diezmos
30 que non quiero su peccado

         Rodrigo vençió la batalla   ¡Dios sea loado!
         Fasta Peña Falcón,   do es Peñafiel llamado,
460   las aguas de Duero   ívanlas enturbiando.
         Allí bolvieron un torneo   contra Fuentedueña llegando.
         Mató Rodrigo a los dos arrayazes   e prisso al moro Burgos loçano
         e[t] traxo los paganos   contra Tudela de Duero, e el ganado,
         captivos e captivas   tráxolos el Castellano.
465   En Çamora llegaron los mandados   do era el buen rey don Fernando.
         El rey quando lo sopo   fue ledo e pagado.
         ¡Ay, Dios, qué grande alegría   fazía el rey castellano!
         Cavalgó el buen rey,   con él muchos condes [. . .]
         e cavalleros   et otros omnes fijos dalgo,
470   fuese para Tudela de Duero,   do paçía el ganado.
         Rodrigo, quando·l vio venir,   reçebiolo muy privado:
         "Cata", dixo, "buen rey, qué te trayo,   maguera non so tu vassallo.
         De çinco lides que te prometí   el día que tú me oviste desposado,
         vençido he la una,   yo cataré por las quatro".
475   Essas oras dixo el buen rey: "Por todo seas perdonado,
         en tal que me des el quinto   de quanto aquí has ganado".
         Estonçe dixo Rodrigo: "Solamente non sea pensado,
         que yo lo daré a los mesquinos,   que assaz lo han lazrado.
         Lo suyo daré a los diezmos,   que non quiero su pecado,

463. Ms: El traxo.
468–69. Ms: Caualgo el buen Rey con el | munchos condes e caualleros | Et otros omnes fijos dalgo. Este es uno de los pocos lugares deturpados de este episodio. En algún momento de la transmisión, la sutil discriminación de estados importó más que la construcción poética (v. Martin 1992: 513–14 y 546–51). Pero hoy es imposible restaurar la forma poética subyacente, más allá de reconocer que indudablemente se trataba de dos versos. MP edita un solo verso suprimiendo *e caualleros*. CA también edita un solo verso, extensísimo, respetando el Ms. JV reconstruye dos versos: *Apriessa cavalgó el buen rrey don Fernando / con muchos condes et otros caualleros fijos dalgo*, con enmiendas muy conjeturales.

¶ Delo mjo dare soldadas
aquellos que me aguardaron.
Essas oras dixo elbuen rey
dame aesse moro lozano.
35 ¶ Estonçe dixo Rodrigo.
sola mente non sea pensado.
¶ Que non por quanto yo valgo.
que fidalgo a fidalgo quandol prende.
non deue dessonrrar lo
40 ¶ Demas non vos dare el quinto.}
[fol. 194v] {CB2.
1   Synon de aver monedado.
¶ Que dar lo he amjs vassallos
que assaz melo han lazerado
¶ Despedieron se del rey.
5   Et bessaron le lamano.
¶ Trezientos caualleros fueron
por cuenta los que ally fueron juntados.
Quando esto vio Rodrigo.
alos moros se torno priuado.
10 ¶ Oyt melo Rey moro burgos
de ayllon muy lozano
yo non prenderia rey
Nin amj non seria dado.
¶ Mas Roguevos que venjese-
15 des con mjgo. vos fezistes
lo de grado. yt vos para vuestro reynado
Saluo τ seguro queen toda la
mj vida non ayades mjedo.
de rey moro njn de xpistiano.
20 ¶ Quanto avian los arrayazes
que yo mate vos heredat lo
Sy vos quesieren abrir las (ul)
villas sinon embiat me mandado.
yo fare que vos abran a mjedo
25 que non de grado.
¶ Quando esto vio el moro burgos
de ayllon muy lozano
¶ ffinco los ynojos delante rrodrigo
τ bessole la mano de boca fablando.
30 A Ty digo el mjseñor
yo so el tu vassallo.
Et do te de mj aver
el quinto τ tus pa-

480   de lo mío daré soldadas   [a] aquellos que me aguardaron".
          Essas oras dixo el buen rey: "Dame a esse moro lozano".
          Estonçe dixo Rodrigo: "Solamente non sea pensado,
          que non [vos lo daré]   por quanto yo valgo,
          que fidalgo a fidalgo, quando·l prende,   non deve dessonrarlo.
485   De más non vos daré el quinto,   sinon de aver monedado,
          que dar lo he a mis vassallos,   que assaz me lo han lazerado".
          Despediéronse del rey   e bessáronle la mano.
          Trezientos cavalleros fueron por cuenta   los que allí fueron juntados.
          Quando esto vio Rodrigo,   a los moros se tornó privado:
490   "Oítmelo, rey moro Burgos   de Ayllón muy lozano:
          yo non prendería rey   nin a mí non sería dado,
          mas roguevos que veniésedes conmigo,   vós fezísteslo de grado.
          Itvos salvo e seguro   para vuestro reinado,
          que en toda la mi vida non ayades miedo   de rey moro nin de cristiano.
495   Quanto avían los arrayazes que yo maté,   vós heredatlo
          si vos quesieren abrir las villas,   si non, embiatme mandado,
          yo faré que vos abran   [amidos] que non de grado".
          Quando esto vio el moro Burgos   de Ayllón muy lozano,
          fincó los inojos delante Rodrigo   e bessole la mano, de boca fablando:
500   "A ti digo el mi señor,   yo só el tu vassallo,
          et dote de mi aver el quinto   e tus parias en cada año".

---

480. Ms: soldadas aquellos. Agrego *a* como todos los editores.
483. Ms: Que non por quanto yo valgo. Agrego *vos lo dare*, como todos los editores desde MP.
493. Ms: yt vos para vuestro reynado | Saluo e seguro. Reordeno las palabras, como MP y JV, para recuperar la asonancia. CA sigue el Ms, pero apunta en nota esta solución.
497. Ms: a miedo | que non de grado. Acepto la enmienda de JV, *amidos* (que ya fuera sugerida por Webber 1980: 201, n. 14), porque es fórmula corriente en el texto (vv. 536, 692, 1011). MP y CA siguen el Ms.

rias en cada año
35 Alegre se va el moro.
alegre se torno el castellano
¶ Parias le enbio el Rey moro.
de ayllon muy lozano.
Que para en quatro años.}
{CB2.
1 Fuesse Rico τ abondado.
¶ Sopolo el conde don martin gonçalez
De nauarra. caualgo muy priuado.
Et fuesse para el Rey
5 Señor pesse te del tu daño
¶ Calahora τ tudela forçada
tela ha el buen Rey don ferrnando
Señor da me tus cartas.
τ yre desafiarlo.
10 yo sere tu justador
Conbater lo he priuado.
¶ Essas horas dixo el rey
ssea te otorgado.
las cartas dan al conde
15 Al camjno es entrado.
Allegaua a çamora.
al buen Rey don fernando.
¶ Entro por la corte.
al buen Rey besso la mano.
20 ¶ E dixo oyt me Rey de grand
poder. vn poco sea escuchado.
Mensagero con cartas non deue
tomar mal njn Reçebir daño.
¶ Enbia vos desafiar el rey de aragon.
25 avos τ atodo vuestro Reynado.
¶ Vedes aquj sus cartas.
yo vos trayo el mandado.
¶ Synon dat me vn justador
De todo vuestro reynado.
30 yo lidiare por el Rey de aragon
Que so su uassallo.
¶ Quando esto oyo el rey
En pie fue leuantado
¶ E dixo pessar devia a dios
35 Et a todo su Reynado.
De tal cossa comencar rey
Que deuja ser su vassallo

Alegre se va el moro, alegre se tornó el castellano.
Parias le enbió el rey moro de Ayllón muy lozano,
que para en quatro años fuesse rico e abondado.

[III. El duelo por Calahorra]
[1. Desafío del conde Martín González]

505 Sópolo don Martín Gonçález, cavalgó muy privado
et fuesse para el rey: "Señor, péssete del tu daño,
Calaho[rr]a e Tudela forçada te la ha el buen rey don Fernando.
Señor, dame tus cartas e iré desafiarlo,
yo seré tu justador, conbaterlo he privado".
510 Essas horas dixo el rey: "Séate otorgado".
Las cartas dan al conde, al camino es entrado,
allegava a Çamora, al buen rey don Fernando.
Entró por la corte, al buen rey bessó la mano,
e dixo: "oítme, rey de grand poder, un poco sea escuchado,
515 mensagero con cartas non deve tomar mal nin reçebir daño,
enbíavos desafiar el rey de Aragón, a vós e a todo vuestro reinado.
Vedes aquí sus cartas, yo vos trayo el mandado.
[............................   ....]
Si non, datme un justador de todo vuestro reinado,
yo lidiaré por el rey de Aragón, que só su vassallo".
520 Quando esto oyó el rey, en pie fue levantado,
e dixo: "Pessar devía a Dios e a todo su reinado
de tal cossa comen[ç]ar rey que devía ser su vassallo.

---

505. Ms: Sopolo el conde don martin gonçalez | De nauarra. Este primer verso de un nuevo episodio muestra indicios de deturpación, por la mención completa del título nobiliario y la procedencia del campeón aragonés. Además es probable que lo preceda una laguna en la que se narre el avance del rey Fernando sobre Calahorra y Tudela (esta última, mención sospechosa, ya que no vuelve a aparecer en el relato); es decir, aquello de que se entera el conde Martín González. De todos modos, no hay elementos para reconstruir el estado previo del verso. Acepto, pues, la enmienda propuesta por Montgomery (1984–85: 10) y elimino *el conde* y *de Navarra*, en el marco de lo que argumento en el Estudio introductorio.
507. Ms: Calahora. Armistead (1966: 530, n. 3) supone con bastante razón que el 2º hem. es un verso completo y que se ha perdido un hemistiquio después de Tudela. Aun así no hay base suficiente para intervenir en el texto.
518. Tal y como sostiene JV, se ha perdido al menos el verso anterior a éste, en el que se formularía la demanda (el reclamo de Calahorra, tal como se formula en v. 535), a continuación de la cual adquiere sentido el período condicional (*sy non, datme un justador*). Pero JV lleva su intervención editorial más allá de lo justificable, inventando un verso y reordenando otros. MP y CA no han notado la falta de un verso.
522. Ms: comencar.

¶ Qujen gelo consejo.
E com*m*o fue dello ossado.
40 Qual seria de mjs Reynos
amjgo o pariente o vassallo.
Que por mj q*ue*ssiese lidiar
este Rieto.}
{CW. Rodrigo alos tres}
[fol. 195r] {CB2.
1 Rodrigo alos tres dias.
a çamora ha llegado.
¶ vio estar al rey muy t*ri*ste
ante el fue parado.
5 Sonrrisando se yva
τ dela boca fablando.
Rey q*ue* manda acastilla τ a leo*n*
non deue ser desconortado
¶ Rey q*ui*en vos fizo pessar
10 o com*m*o fue dello ossado
¶ De presso o de mue*r*to
non vos saldra dela mano
¶ Essas horas dixo el rey
Seas bien aventurado
15 ¶ A dios mucho ag*ra*desco
por v*er* q*ue* eres aq*ui* llegado
Ati digo la mj coyta(d)
donde soy coytado.
¶ Enbio me desafiar
20 el rey de aragon. τ nu*n*ca
gelo ove buscado.
¶ Enbiome dezjr q*ue*l diesse
a calahorra. amjdos ode g*ra*do
o quel diesse vn justador
25 de todo el mj Regnado
¶ Querelleme en mj co*r*te
a todos los fijos dalgo.
Non me respondio om*n*e nada
¶ Respondele tu Rodrigo
30 mj pariente τ mj vasallo
fijo eres de diego laynez
τ njeto de layn caluo.
¶ Essas horas dixo Rodrigo
Señor plaçe me de g*ra*do
35 ¶ Atal plazo nos dedes
q*ue* pueda s*er* tornado.

¿Quién gelo consejó   e cómo fue dello ossado?
¿Quál sería de mis reinos,   amigo o pariente o vassallo,
525　que por mí quessiese lidiar   este rieto [. . .]?"
Rodrigo a los tres días   a Çamora ha llegado;
vio estar al rey muy triste,   ante él fue parado,
sonrisándose iva   e de la boca fablando:
"Rey que manda a Castilla e a León   non deve ser desconortado.
530　Rey, ¿quién vos fizo pessar   o cómo fue d'ello ossado?
De presso o de muerto   non vos saldrá de la mano".
Essas horas dixo el rey: "Seas bien aventurado,
a Dios mucho agradesco   por ver que eres aquí llegado.
A ti digo la mi coita   donde soy coitado:
535　enbiome desafiar el rey de Aragón   e nunca gelo ove buscado,
enbiome dezir que·l diesse a Calahorra   amidos o de grado,
o que·l diesse un justador   de todo el mi regnado.
Querelleme en mi corte   a todos los fijos dalgo,
[...........................]   non me respondió omne nad[o].
540　Respóndele tú, Rodrigo,   mi pariente e mi vasallo,
fijo eres de Diego Laínez   e nieto de Laín Calvo".
Essas horas dixo Rodrigo: "Señor, pláçeme de grado.
Atal plazo nos dedes   que pueda ser tornado,

525. Ms: ESTE Rieto. Falta el final del verso. MP y JV suplen *en campo*. CA sigue el Ms sin comentarios. Me limito a señalar la falta.
539. Ms: Non me respondio omne nada. Falta el 1er. hem. MP suple *a las mis demandas*. JV suple *quién sería mi justador*. Me limito a señalar la laguna, como hace CA. Al final del verso corrijo *nada* en *nado*, como todos los editores, para restaurar la asonancia.

¶ Que quiero yr en Romerya
al padron de santiago
Et a santa maria de Rocamador
40 Sy dios quesiere guissarlo
¶ Essas horas dixo el rey
en treynta dias avras afarto

E	l conde con grand bi-
	en pie fue leuantado}

{CB2.
1 ¶ Et dixo (al) rey en treynta dias
mucho es grand plazo
Que mas me queria ver con rrodrigo.
que quien me diesse vn condado.
5 ¶ Estonçe dixo Rodrigo.
Conde por que vos quexades tanto.
¶ Que a quien diablos han de tomar chica es posiesta de mayo
¶ Essas horas dixo el rey.
10 ve tu via bien aventurado
¶ Alos camjnos entro rodrigo
pessol τ a mal grado
De qual dizen benabente.
Segunt dize enel Romançe
15 ¶ E passo por astorga.
Et llego amonte yraglo
Complio su Romerya por sant
saluador de oviedo.
¶ fue tornado ala condessa doña
20 theresa nuñez. τ a priessa ovo preguntado. ¶ Señora quantos dias
ha passados que yo fue en Romerya
a santiago ¶ Et dixo la condessa
oy passan veynte τ seys dias
25 Cras seran los veynte τ syete
dias llegados.
Quando esto oyo Rodrigo
fue mal amanzellado. τ dixo
Caualgat mjs caualleros
30 τ non querades tardarlo.
Vayamos nos serujr al buen
Rey don fernando.
que tres dias. ha non mas
para complir se el plazo
35 Alos camjnos entro Rodrigo

que quiero ir en romería   al padrón de Santiago
545   et a Santa María de Rocamador,   si Dios quesiere guissarlo".
Essas horas dixo el rey: "En treinta dias avrás afarto".
El conde con grand bi[...]   en pie fue levantado,
et dixo: "Rey, en treinta días   mucho es grand plazo,
que más me quería ver con Rodrigo: que quien me diesse un condado".
550   Estonçe dixo Rodrigo: "Conde, ¿por qué vos quexades tanto?,
que a quien diablos han de tomar   chica es posiesta de mayo".
Essas horas dixo el rey: "Ve tu vía, bienaventurado".

[III. 2. Romería de Rodrigo y encuentro con San Lázaro]

A los caminos entró Rodrigo,   [passó] a Malgrado,
de qual dizen Benabente,   segunt dize en el romançe,
555   e passó por Astorga   et llegó a Monte Iraglo.
Complió su romería   por Sant Salvador de Oviedo fue tornado.
A la condessa doña Theresa Nuñez   apriessa ovo preguntado:
"Señora, ¿quántos días ha passados   que yo fue en romería a Santiago?"
"Oy passan veinte e seis días,   cras serán los veinte e siete llegados".
560   Quando esto oyó Rodrigo   fue mal amanzellado,
e dixo: "Cavalgat, mis cavalleros,   e non querades tardarlo,
vayámosnos servir   al buen rey don Fernando,
que tres días ha, non más,   para complirse el plazo".
A los caminos entró Rodrigo   con treçientos fijosdalgo.

547. Ms: El conde con grand bi. El copista dejó inacabada la última palabra de la línea, 1er. hem. del verso. MP y JV suplen *biveza*. Me limito a señalar la falta, como hace CA.
553. Ms: pessol e a mal grado. Se trata de una mala lectura del copista, como lo demuestra el v. 645. Corrijo como JV y CA, según enmienda propuesta por MP, que edita *e passó de Malgrado*.
557. Ms: e a priessa ovo preguntado. Elimino *e* como todos los editores.
559. Ms: Et dixo la condessa | oy passan veynte e seys dias | Cras seran los veynte e syete | dias llegados. Todo el pasaje, desde el v. 553 al 561 muestra un cierto estado de deturpación en la copia (véase al respecto el importante comentario de Montgomery 1984–85: 9). En este caso, es muy notable el agregado superfluo de *et dixo la condessa* y la repetición de *dias* después del numeral. Igualmente superfluo y prosaico es el agregado del *verbum dicendi* en el v. 561, pero allí es menos segura la enmienda, porque no implica una ruptura tan flagrante del ritmo poético. Elimino, pues, *et dixo la condessa* y el segundo *dias*, como hace JV. MP edita dos versos: *Et dixo la condessa: "Oy veynte e seys dias **son** passados, / cras serán los veynte e syete días llegados*. CA edita dos versos siguiendo el Ms.

con treçientos fijos dalgo
Al vado de cascajar.
ado duero fue apartado
fuerte dia fazia de frio
40 ala posiesta
en llegando ala horilla del vado
estaua vn peccador de malato
A todos pediendo piedat
que le passasen el vado.}
[fol. 195v] {CB2.
1 Los caualleros todos escopian
Et yvanse del arredrando.
¶ Rodrigo ovo del duelo
Et tomolo por la mano
5 so vna capa verde aguadera
passolo por el vado
En vn mullo andador
que su padre le avia dado
E fuesse para grejalua
10 do es cerrato llamado
So vnas piedras cauadas
que era el poblado.
Sola capa verde aguadera
aluergo el castellano τ el malato
15 ¶ E en siendo dormjendo ala
oreja le fablo el gapho
¶ Dormjdes Rodrigo debiuar
Tiempo has de ser acordado.
mensagero so de xpistus.
20 que non soy malato.
¶ Sant lazaro so ati me ovo
dios enbiado. que te de vn
Resollo enlas espaldas
que en calentura seas tornado [entrado]
25 Que quando esta calentura ovieres
que te sea menbrado.
Quantas cossas comenzares
arrematar las con tu mano
Diol vn rresollo enlas espalda[s]
30 que alos pechos le ha passado
¶ Rodrigo desperto τ fue muy
mal espantado.
Cato en derredor de ssy
Et non pudo fallar el gapho

565 Al vado de Cascajar,   a do Duero fue apartado
    –fuerte día fazía de frío   a la posiesta en llegando–,
    a la horilla del vado   estava un pecador de malato,
    a todos pediendo piedat   que le passasen el vado.
    Los cavalleros todos escopían   et ívanse d'él arredrando.
570 Rodrigo ovo d'él duelo   et tomolo por la mano,
    so una capa verde aguadera   passolo por el vado,
    en un mulo andador   que su padre le avía dado,
    e fuesse para Grejalva,   do es Çerrato llamado.
    So unas piedras cavadas   que era[n] [çerca] el poblado,
575 so la capa verde aguadera   alvergó el Castellano e el malato,
    e en siendo dormiendo,   a la oreja le fabló el gafo:
    "¿Dormides Rodrigo de Bivar?   Tiempo has de ser acordado:
    mensagero só de Cristus   que non soy malato,
    Sant Lazaro só,   a ti me ovo Dios enbiado,
580 que te dé un resollo en las espaldas   que en calentura seas entrado,
    que quando esta calentura ovieres,   que te sea menbrado,
    quantas cossas comenzares,   arrematarlas [has] con tu mano".
    Dio·l un resollo en las espaldas   que a los pechos le ha passado.
    Rodrigo despertó   e fue muy mal espantado,
585 cató en derredor de sí   et non pudo fallar el gafo;

574. Ms: que era el poblado. Sigo la enmienda de MP. JV propone *que non era y poblado*, porque supone que "sería extraño que durmiesen en una cueva estando cerca de un pueblo". El razonamiento no vale porque no tiene en cuenta que Rodrigo está con un leproso. CA sigue el Ms; también Montaner (2002a: 157–58) en su edición del pasaje correspondiente a los vv. 560–86 y Gómez Redondo (1996: 131–37) en su edición parcial de *MR*.
580. En el Ms *entrado* está escrito sobre *tornado* con letra muy pequeña. Sigo esta corrección del copista, como hace JV con buena justificación (p. 50). MP edita *sea tornado* (y lo siguen Montaner, quien duda que el sobreescrito sea de mano del copista, y Gómez Redondo). CA edita *seas tornado*.
582. Ms: arrematar las con tu mano. Agrego *has*, como MP, JV y Montaner. CA sigue el Ms y Gómez Redondo edita *arrematarl'as*.

35 Menbrole daqu*e*l sueño (e)
Et caualgo muy p*r*iuado
ffuesse p*a*ra cahorra de dia
Et de noche andando
y era el Rey don rramjro
40 de arago*n*. y era el rey do*n* ferr*n*ando
y era el rey don ordoño de na-
varra venjdo era el dia del plaço
Et non assomaua el castellano}
{CB2.
1 En p*r*iessa se vio el τ a diego
laynez ovo buscado.
Diego laynez vos lidiat este
rrieto por saluar a v*ues*t*r*o fijo
5 q*ue* avos era dado.
Dixo diego laynez
Señor plaze me de grado
Arman le mucho a p*r*iessa
el cue*r*po τ el cauallo.
10 Quan*d*o q*u*isso caualga*r*
assomo el castellano
¶ A Reçebir le sale el rey
co*n* mu*n*chos fijos dalgo
Adelante dixo a Rodrigo
15 por q*ue* ta*r*dades tanto
Estonçe dixo Rodrigo
Señor no*n* sea culpado
Ca avn fasta el sol puesto
es todo el dia mj plazo
20 lidiare en esse cauallo de mj pad*r*e
q*ue* el mjo viene muy cansado
Dixo diego laynez.
fijo plaze me de grado
¶ El Rey con grant plaze*r*
25 parosse armarlo.
Dixo Rodrigo Señor no*n* sea c*u*lpado.
Caualgar q*u*eria Rodrigo.
no*n* q*u*eria tardar lo.
Non le venja la calent*u*ra
30 q*ue* le auja dicho el malato
Dixo al rey Señor dad me
vna sopa en vino
Quan*d*o q*u*isso toma*r* la sopa
la calent*u*ra ovo llegado

menbrole d'aquel sueño   et cavalgó muy privado,
fuesse para Ca[la]horra   de día et de noche andando.

[III. Rodrigo vence la lid]

Ý era el rey don Ramiro,   ý era el rey don Fernando;
venido era el día del plaço   et non assomava el castellano.
590 En priessa se vio el [rey]   e a Diego Laínez ovo buscado:
"Diego Laínez, vós lidiat   este rieto [. . .]
por salvar a vuestro fijo   que a vós era dado".
Dixo Diego Laínez: "Señor, plázeme de grado".
Árманle mucho apriessa   el cuerpo e el cavallo.
595 Quando quisso cavalgar,   assomó el Castellano.
A reçebir le sale el rey   con muchos fijos dalgo.
"Adelante", dixo a Rodrigo,   "¿por qué tardades tanto?"
Estonçe dixo Rodrigo: "Señor, non sea culpado,
ca aún fasta el sol puesto   es todo el día mi plazo.
600 Lidiaré en esse cavallo de mi padre,   que el mío viene muy cansado".
Dixo Diego Laínez: "Fijo, plázeme de grado".
El rey con grant plazer   parosse [a] armarlo.
Dixo Rodrigo: "Señor,   non sea culpado".
Cavalgar quería Rodrigo,   non quería tardarlo;
605 non le venía la calentura   que le avía dicho el malato.
Dixo al rey: "Señor,   dadme una sopa en vino [. . .]".
Quando quisso tomar la sopa,   la calentura ovo llegado,

587. Ms: cahorra.
588. Ms: y era el Rey don rramiro | de aragon y era el rey don ferrnando | y era el rey don ordoño de na | uarra. La intervención interpoladora del copista de P deturpó el verso épico (con su estructura paralela y la contraposición de los nombres) agregando *de aragon* y un personaje superfluo. MP y JV también omiten *y era el rey don ordoño de nauarra*, pero conservan *de aragon*. CA sigue el Ms.
590. Ms: En priessa se vio el e a diego. Suplo *rey*, como MP y JV, evidente omisión del copista. CA sigue el Ms.
591. Falta la palabra-rima en el Ms. MP y JV suplen *aplazado*. CA sigue el Ms sin más. Me limito a señalar la pérdida.
602. Ms: parosse armarlo. Suplo *a* como MP. JV y CA siguen el Ms.
606. Falta un hem. en el Ms (y probablemente *Dixo el rey* sea un agregado superfluo). MP suple *donde seré esforçado*. JV suple *donde seré escalentado*. Me limito a señalar la laguna, como CA.

35 en logar de tomar la sopa
    tomo la rrienda del cauallo
    enderezo el pend*on*
    Et el escudo ovo enb(a)razado
    E ffuese para ally do estaua el
40 nauarro. ¶ El navarro llamo
    aragon. Et castilla el castellano
    yuan se dar seños golpes
    los cauallos encostaron
    Dixo el conde nauarro
45 q*ue* cauallo t*ra*es castellano}
    [fol. 196r] {CB2.
1   Dixo Rodrigo de biuar.
    q*ui*eres trocarlo
    Cambia lo com*j*go
    y el tuyo es mas flaco
5   Ally dixo el conde no*n*
    me s*er*ya dado.
    partieron les el sol
    Et los fieles com*m*o de cabo
    yvan se dar seños golpes
10 τ errol el conde navarro
    Non lo erro Rodrigo de biua*r*
    vn golpe le fue dar
    q*ue*le abatio del cauallo. en ante
    q*ue* el conde se leuantase. deçe*n*dio
15 a degollar lo. desta gu*j*ssa gano
    a calahorra Rodrigo el castellano
    Por el buen Rey don fe*r*nando
    El dia de santa cruz de mayo
    que atiença avia por Reynado
20 el Rey moro jesyas de guadala-
    jara. Que a africa ovo pobla-
    do aquel moro jessyas mu*n*cho
    honrrado madriano.
    ¶ E sopo lo el rey moro b*ur*gos
25 De ayllon muy lozano.
    Et vino se p*ara* castilla de dia
    Et de noche andando.
    Abiuar enbio el mandado

en logar de tomar la sopa   tomó la rienda del cavallo,
enderezó el pendón   et el escudo ovo enbrazado,
610 e fuese para allí   do estava el navarro.
El navarro llamó "¡Aragón!"   et "¡Castilla!" el castellano,
ívanse dar seños golpes,   los cavallos encostaron.
Dixo el conde navarro: "¡Qué cavallo traes, castellano!"
Dixo Rodrigo de Bivar: "¿Quieres trocarlo?
615 Cámbialo comigo,   si el tuyo es más flaco".
Allí dixo el conde: "Non me sería dado".
Partiéronles el sol   et los fieles como de cabo,
ívanse dar seños golpes   e erró·l el conde navarro,
non lo erró Rodrigo de Bivar   [..........................]
620 un golpe le fue dar   que le abatió del cavallo,
en ante que el conde se levantase,   deçendió a degollarlo.
Desta guissa ganó a Calahorra   Rodrigo el Castellano,
[................................]   por el buen rey don Fernando.

[IV. Los reyes moros y los condes rebeldes contra Rodrigo]
[1. El complot de moros y condes, descubierto por el moro Burgos]

[.................................   ....]
[................................]   el día de Santa Cruz de Mayo,
625 [................................]   que Atiença avía por reinado,
el rey moro Jesías de Guadalajara,   que a África ovo poblado,
aquel moro Jessías,   mucho honrado madriano.
E sópolo el rey moro Burgos   de Ayllón muy lozano,
et vínose para Castilla   de día et de noche andando,
630 [................................]   a Bivar enbió el mandado.

619. Falta el 2º hem. en el Ms. Señalo la laguna, como MP y CA. JV edita: *Rrodrigo de Bivar non lo ha errado.*
623. Falta el 1er. hem. en el Ms. MP suple *lidiando este rieto.* JV propone una enmienda más amplia con el verso anterior: *Desta guissa ganó Rrodrigo el Castellano / a Calahorra e Tudela por el buen rrey don Fernando.* Me limito a señalar la laguna, como CA.
624. Como es opinión de todos los editores, antes de este verso, falto del 1er. hem., hay una laguna de varios versos, donde se relataría el comienzo del episodio: de qué modo los condes se confabulan con los reyes moros contra Rodrigo. Por cierto, esto no tiene relación con el consejo del conde don Ossorio al rey (vv. 430–32) como alega MP. Una idea del contenido de la laguna nos provee el texto de la *Crónica Particular del Cid*, derivado de la *CC*: "Cuenta la historia, que los Condes de Castilla veyendo en como pujava Rodrigo de cada dia en honra, ovieron su consejo, que pusiessen su amor con los Moros, e emplazassen con ellos lid para el dia de santa Cruz de Mayo" (Huber 1844: 17). Pero la versión cronística sigue derroteros narrativos muy diversos de nuestro poema.
625. Falta el 1er. hem. en el Ms. MP y JV suplen *el rey moro Garay,* basándose en el v. 678. Me limito a señalar la laguna, como hace CA.
630. Falta el 1er. hem. en el Ms. MP suple *en llegando a Burgos.* JV edita: **llegó a Bivar, a**

Et q*ua*ndo lo sopo Rodrigo
30 Caualgo muy p*ri*uado.
entre dia τ noche a çamora es ˡˡᵉᵍᵃᵈᵒ
al rey se omjillo. τ nol besso la ᵐᵃno
Dixo Rey mu*n*cho me plaze
por q*ue* non so tu vassallo
35 Rey fasta q*ue* no*n* te armasses
non deujas tener Reynado
Ca no*n* esperas palmada de moro
njn de xp*ist*iano.
Mas ve velar al padro*n* de s*a*ntiago
40 q*ua*ndo oyeres la missa

rmate con tu mano
Et tu te ciñe la espada
con tu mano. τ tu
deciñe com*m*o de cabo}

{CB2.
1 E tu te sey el padrino.
Et tu te sey el afijado
Et llamate cauall*ero* d*e*l padro*n* de ˢᵃⁿtiago
E seryas tu mj señor
5 Et mandarias el tu Reynado
Essas horas dixo el rey
en tanto fue aco*r*dado.
Non ha cossa Rodrigo q*ue* no*n* faga
por te non salir de mandado
10 Metieronse alos camjnos
passol Rodrigo a mal grado
q*ue* dizen (i) benaue*n*te segu*n* dize
enel Roma*n*çe. passo lo a asto*r*ga
Et metiolo a monte yraglo.
15 De ally se to*r*no Rodrigo
q*ue* le apresuraua el ma*n*dado
q*ue* se agujssaua*n* paganos
p*ar*a correr el reynado
De noche llego Rodrigo a biua*r*
20 daua su apellido q*ue* no*n* lo ente*n*diesse*n*
los q*ue* vendian el reynado

Et quando lo sopo Rodrigo, cavalgó muy privado,
entre día e noche a Çamora es llegado.

[IV. 2. Romería del rey Fernando a Santiago]

Al rey se omilló e no·l bessó la mano.
Dixo: "Rey, mucho me plaze porque non só tu vassallo.
635 Rey, fasta que non te armasses non devías tener reinado,
ca non esperas palmada de moro nin de cristiano,
mas ve velar al padrón de Santiago,
quando oyeres la missa, ármate con tu mano.
Et tú te çiñe la espada e tú deçiñe como de cabo,
640 e tú te sey el padrino et tú te sey el afijado,
et llámate cavallero del padrón de Santiago,
e serías tú mi señor et mandarías el tu reinado".
Essas horas dixo el rey, en tanto fue acordado:
"Non ha cossa, Rodrigo, que non faga por te non salir de mandado".
645 Metiéronse a los caminos, passó·l Rodrigo a Malgrado,
que dizen Benavente, según dize en el romançe,
passolo a Astorga et metiolo a Monte Iraglo.
De allí se tornó Rodrigo, que le apresurava el mandado,
que se aguissavan paganos para correr el reinado.

[IV. 3. Batalla de Rodrigo contra los reyes moros]

650 De noche llegó Rodrigo a Bivar, dava su apellido [. . .]
que non lo entendiessen los que vendían el reinado.

Rrodrigo *enbió el mandado.* Me limito a señalar la laguna, como hace CA. Después de este verso, MP opina que habría otra laguna (opinión compartida por CA, pero no por JV). Dado el ritmo sintético del relato en el poema, no resulta obligatorio explicitar el contenido del mensaje del moro Burgos a Rodrigo (pues no otra cosa podría contener la supuesta laguna); basta con decir que el moro 'envió el mandado a Vivar' y 'cuando lo supo Rodrigo, cabalgó rápidamente a ver al rey'.
637. Probablemente el 1er. hem. esté incompleto, pero la irregularidad del verso no permite señalar una pérdida indudable. MP y JV suplen *las tus armas*. Sigo el Ms, como hace CA.
639. Ms: Et tu te ciñe la espada | con tu mano. El copista repite erróneamente *con tu mano* por influjo del final de la línea anterior. Elimino esa repetición, como MP y JV (éste sin indicarlo). CA sigue el Ms.
647. Después de este verso, MP supone que hay una laguna; en ella se relataría que el rey se arma caballero y Rodrigo le besa la mano. CA acepta esta hipótesis. JV la niega, aduciendo que "Rodrigo le acompaña en una parte del trayecto" solamente, y no hasta Santiago. Pero tanto MP como JV (éste sobre todo) hacen gala de una imaginación novelesca superior a la del poeta: mi análisis de la estructura narrativa del poema (v. Estudio introductorio) hace innecesario postular aquí una laguna.
650. Falta la palabra-rima en el Ms, que copia de corrido dos versos. MP y JV suplen *encelado*. CA sigue el Ms. Pero la falta es evidente, de modo que me limito a señalarla.

A sant esteuan fue diego laynez
llegado. τ don rruy laynez de alfaro
E don layn laynez que ovo atreujño
25 conprado. E fernand laynez de
sant esteuan muy lozano.
El aluor queria quebar
Et avn el dia non era claro.
Quando assomauan los çinco
30 Reys moros por el llano.
por la deffesa de sant esteuan
a duero non son llegados.
Ally aderezo Rodrigo
sus gentes acaudellando
35 bueluen la batalla llegar querran
al quarto. Muchas gentes se perdieron de moros τ de xpistianos
Malos peccados y morieron
quatro fijos de layn caluo
40 Muchos buenos caualleros
enderredor Rodrigo los ovo
en contrados. desque vio el padre τ los tios muertos. ovo la}
[fol. 196v] {CB2.
1 color mudado. quisieran arramar los
xpistianos. Rodrigo ovo el escudo
enbraçado por tornar los xristiano^s
del padre non ovo cuydado.
5 ¶ Ally fue mezclada la batalla
Et el torneo abiuado
Paradas fueron las azes
Et el torneo mezclado.
¶ Ally llamo Rodrigo asantyago
10 fijo del zebedeo.
Non fue tan bueno de armas
judas el macabeo.
njn archil njcanor
njn el rey tholomeo
15 Cansados fueron de lidiar
Et fartos de tornear
¶ Tres dias estido en pesso
la fazienda de rrodrigo de biuar
Apocas quelo non tomaron entrega
20 armado estando esto le aconsejo
por el buen Rey don fernando

A Sant Estevan   fue Diego Laínez llegado
e don Ruy Laínez [. . .] de Alfaro,
e don Laín Laínez   que ovo a Treviño conprado,
655 e Fernand Laínez   de Sant Estevan muy lozano.
El alvor quería queb[r]ar,   et aún el día non era claro,
quando assomavan   los çinco reys moros por el llano,
por la defesa de Sant Estevan   a Duero non son llegados.
Allí aderezó Rodrigo,   sus gentes acaudellando,
660 buelven la batalla,   llegar querrán al quarto,
muchas gentes se perdieron,   de moros e de cristianos;
¡malos pecados! y morieron   quatro fijos de Laín Calvo,
muchos buenos cavalleros en derredor   Rodrigo los ovo encontrados,
desque vio el padre e los tíos muertos,   ovo la color mudado.
665 Quisieran arramar los cristianos,   Rodrigo ovo el escudo enbraçado,
por tornar los cristianos,   del padre non ovo cuidado.
Allí fue mezclada la batalla   et el torneo abivado.

[14]

Paradas fueron las azes   et mezclado el torneo.
Allí llamó Rodrigo a Santiago,   fijo del Zebedeo.
670 Non fue tan bueno de armas   Judas el Macabeo,
nin Archil, Nicanor   nin el rey Tholomeo.

[15]

Cansados fueron de lidiar   et fartos de tornear.
Tres días estido en pesso   la fazienda de Rodrigo de Bivar.

[16]

A pocas que lo non tomaron entrega,   armado estando,
675 esto le aconsejó   por el buen rey don Fernando,

---

653. Es muy probable que el 2º hem. esté incompleto. Así lo piensa MP, que edita *el poblador de Alfaro*. También JV que edita ***poblador** de (Al)faro*. CA sigue el Ms. Me limito a señalar la laguna.
656. Ms: quebar.
668. Ms: Et el torneo mezclado. Aunque todos los editores siguen el Ms, considero muy convincentes los argumentos de Willis (1972: 592–93), que ve comenzar con este verso un remedo de estrofa de cuadernavía, claro indicio de factura clerical. Por ello, altero el orden de palabras para restituir la rima consonante en *–eo*.

Quando los condes
vendieron el reynado.
la batalla vençio Rodrigo
25 por ende sea dios loado
Mato al rey garay moro de
atiença. ¶ E al rey de ciguenza
su hermano. Et mato al de guadalajara. Et prisso al madriano
30 Et al talauerano Et a otros
moros afartos
Ca muy bien le ayudo el rey
moro burgos de ayllon loçano.
Que era su vassallo.
35 Et traxieron los dos Reys moros
para el pueblo çamorano
¶ Tornosse Rodrigo para castilla
tan sañudo τ tan yrado
toda la tierra tembraua conel
40 castellano. fue destroyr a rre-
dezilla τ quemar abilforado
Conbatieron A grañon.}
{CB2.
1 E prisso al conde don garçi ferrnandez
con su mano
Por villa franca de montes doca
le leuaua apressionado.
5 E violo el conde don ximeno
sanchez de burueua su hermano
E quando lo vio rrodrigo
luego le salio al alcançe
Ençerrolo en .vij. barrios
10 que es birujesca llamado
En santa maria la antigua
Se encerro el conde lozano
Conbatiolo rrodrigoamjdos que non de
grado. ovo de Ronper la yglesia
15 Et entro enella priuado.
sacolo por las baruas al conde
De tras el altar con su mano

E Dixol sal aca aleuo-
so τ ve vender a xristianjs-
20 mo. τ amoros
Et matar atu señor
honrrado. Dos condes lieua

quando los condes vendieron el reinado.
La batalla vençió Rodrigo, por ende sea Dios loado.
Mató al rey Garay, moro de Atiença, e al rey de Çigüenza su hermano,
et mató al de Guadalajara, et prisso al Madriano,
680 et al Talaverano et a otros moros afartos,
ca muy bien le ayudó el rey moro Burgos de Ayllón loçano,
[...........................] que era su vassallo.
Et traxieron los dos reys moros para el pueblo çamorano.

[IV. 4. Rodrigo apresa a los condes rebeldes]

Tornosse Rodrigo para Castilla, tan sañudo e tan irado,
685 toda la tierra tembrava con el castellano.
Fue destroir a Redezilla e quemar a Bilforado,
conbatieron a Grañón, e prisso al conde don Garçí Fernández con su mano.
Por Villafranca de Montes d'Oca le llevava apressionado,
e violo el conde don Ximeno Sánchez de Burueva, su hermano,
690 e quando lo vio Rodrigo, luego le salió al alcançe;
ençerrolo en Siete Barrios, que es Birviesca llamado.
En Santa María la Antigua se ençerró el conde lozano,
conbatiolo Rodrigo, amidos que non de grado,
ovo de ronper la iglesia et entró en ella privado,
695 sacolo por las barvas al conde de tras el altar con su mano,
E dixo·l: "Sal acá, alevoso, e ve vender a [cristianos]
a moros, et matar a tu señor honrado".

681–82. Ms: Ca muy bien le ayudo el rey | moro burgos de ayllon loçano. | Que era su vassallo. Evidentemente, se trata de dos versos, pero faltaría el 1er. hem. del segundo verso (y quizás *de Ayllon* esté de más en el primero). MP suple que ***descubrió la traición ca*** *era su vassallo*. JV edita: *ca muy bien le ayudó, que era su vassallo, / el rey moro Burgos de Ayllón loçano*; y sostiene que "Al invertir el orden del Ms. no hace falta tal añadido" (p. 58).
687. La extensión del 2° hem. del verso abre la posibilidad de que, como en otras ocasiones, se trate en realidad de dos versos. Así lo considera Armistead (1966: 532–33): dado que el texto ocupa tres líneas del Ms, podría tratarse de tres hemistiquios. Al empezar la columna b del f. 196v, el copista se habría saltado el 2° hem. del primer verso. Armistead propone editar : *conbatieron a Grañón **apriessa lo ovo tomado** / e prisso al conde don Garçi Fernández con su mano*. Pero la sospechosa nominación completa del noble traidor vuelve muy problemática una ubicación segura de la laguna (para no hablar de la imposibilidad de colmarla); por lo que me limito a seguir el Ms, como todos los editores, excepto JV que corrige *con su mano* en *su cormano*, basándose en una complicada interpretación de parentesco derivada de las crónicas.
691. Ms: .vij. barrios. CA respeta el numeral romano.
696. Ms: e ve vender a xristianjs | mo. Corrijo *christianismo* en *cristianos*, como MP y JV, para restituir la asonancia. CA sigue el Ms.
697. Ms: e amoros. Omito *e*, como MP y JV. CA sigue el Ms.

pressos rrodrigo a carrion.
fue llegado.
25 ¶ Quando lo so pieron los condes
de carrion τ de castilla
Todos se alegraron
Et fezieron la jurar en las
manos τ omenaje le ot°rgar
30 que a treynta dias contados
fuessen antel rey don fernando
Conlos pressos fue Rodrigo
al pueblo çamorano.
Et metiolos en pressyon conlos
35 moros τ caualgo priuado.
¶ Et sale a rreçebir alos camjnos
al buen Rey don fernando
Et encontrolo entre çamora τ benavente do es moreruela po-
40 blado. desde ally fasta çamora
fue gelo contando.}
[fol. 197r]
{CB2.
1 ¶ El rey quando lo oyo enbio portodos sus
Reynados. portogalesses Et galizianos
leonesses Et asturianos. Et estremadura
con castellanos.
5 Et ally los mando el rey tan ayna judgar.
los condes que tal cossa fazian que muerte mere-
cian. ¶ Judgaron portogalesses abueltas
con gallizianos dieron por juyzio que fuessen
despeñados
10 I udgaron leonesses
con asturianos
dieron por juyzio
que fuessen arrastrados
Judgaron castellanos abuelta
15 con estremadanes.

Dos condes lleva pressos Rodrigo   a Carrión fue llegado.
Quando lo sopieron los condes de Castilla,   todos se alegraron,
700 et fezieron la [jura] en las manos   e omenaje le [otorgaron]
que a treinta días contados   fuessen ant'el rey don Fernando.
Con los pressos fue Rodrigo   al pueblo çamorano,
et metiolos en pressión con los moros   e cavalgó privado,
et sale a reçebir a los caminos   al buen rey don Fernando,
705 et encontrolo entre Çamora e Benavente,   do es Moreruela poblado,
desde allí fasta Çamora   fuégelo contando.

[IV. 5. Juicio de los condes traidores en Zamora]

El rey, quando lo oyó,   enbió por todos sus reinados:
portogalesses et galizianos,   leonesses et asturianos,
et Estremadura   con castellanos.
710 Et allí mandó el rey   tan aína [judgarlos],
condes que tal cossa fazían   qué muerte mereçían [. . .].
Judgaron portogalesses   abueltas con galizianos,
dieron por juizio   que fuesen despeñados.
Iudgaron leonesses   [a bueltas] con asturianos,
715 dieron por juizio   que fuessen arrastrados.
Judgaron castellanos   abuelta con estremadan[o]s,

699. Ms: Quando lo sopieron los condes | de carrion e de castilla. Todos los editores respetan el texto, pero el hemistiquio es demasiado extenso. Elimino *de carrion e*, repetición errónea del copista por influjo del verso anterior. De la misma opinión es Montgomery (1984–85: 10, n. 25).
700. Ms: Et fezieron la jurar enlas | manos e omenaje le otorgar. Corrijo *jurar* en *jura* y *otorgar* en *otorgaron*, como MP y JV, para restituir el sentido y la asonancia del verso. CA sólo enmienda *le jurar*, vieja propuesta de Agustín Durán, según indica MP.
710. Ms: Et ally los mando el rey tan ayna judgar | los condes que tal cossas fazian. Como puede verse en la transcripción paleográfica, hay un intento de prosificación del pasaje correspondiente a los vv. 707–13, con una medida diferente de la columna. De allí la necesidad, en este caso, de restituir el verso eliminando el primer *los* y considerando el segundo *los* como final del v. 710 y no como comienzo del v. 711. Así lo hacen todos los editores desde MP.
711. Ms: que muerte mere | cian. En el trozo prosificado se perdió la asonancia. MP y JV la restituyen agregando *ambos*. Me limito a señalar la probable pérdida del final de verso. CA sigue el Ms sin más.
714. Ms: Iudgaron leonesses | con asturianos. El copista omitió *a bueltas*, de acuerdo con la estructura paralela, presente en los vv. 712 y 716. Restituyo como hacen todos los editores desde MP.
716. Ms: estremadanes. Sigo la enmienda de MP (aceptada por CA) para restituir la asonancia. JV propone cambiar el orden de los sustantivos: *Judgaron estremadanes a bueltas con castellanos*.

Et dieron por juyzio que fuessen
quemados.
ffijos fueron del conde don pedro
(mucho) del canpo muncho onrrado
20 Quando sopieron que Rodrigo
delos Reynos era echado
Entraron apalençia por fuerça
que primero era condado.
E a muy grand dessonrra
25 echaron fuera al perlado.
E fuesse querellar
al pueblo çamorano
Señor mjenbre se te
Canon te deue ser olujdado
30 Conel rey vuestro padre
oue a palençia franqueado
¶ Et dixo el rey muchas cossas
que yo non puedo fazer mal peccado
Dixo arnaldo el perlado
35 yr quiero a Roma querellar lo
Essas horas dixo el rey
Commo vieredes mas guissado
Calos reynos tengo que se me
alçaran t los fijos dalgo.
40 Dyos traxiesse a Rodrigo
Que sabria caloñar lo}
{CB2.
1   Ca yo enla Romeria
          he abondo mal peccado
          enla vnjdat forçada
          fasta que yo pueda emendarlo

et dieron por juizio   que fuessen quemados.
          [V. Reposición del obispado de Palencia]
    [............................   ....]
    Fijos fueron del conde don Pedro   del Canpo mucho onrado,
    quando sopieron que Rodrigo   de los reinos era echado,
720 entraron a Palençia por fuerça,   que primero era condado,
    e a muy grand dessonra   echaron fuera al perlado.
    E fuesse querellar   al pueblo çamorano:
    "Señor, miénbresete,   ca non te deve ser olvidado.
    Con el rey vuestro padre   ove a Palençia franqueado".
725 Et dixo el rey: "Muchas cossas   que yo non puedo fazer, ¡mal pecado!".
    Dixo [Bernaldo] el perlado: "Ir quiero a Roma querellarlo".
    Essas horas dixo el rey: "Como viéredes más guissado,
    ca los reinos tengo que se me alçarán   e los fijos dalgo.
    ¡Dios traxiesse a Rodrigo,   que sabría caloñarlo!,
730 ca yo en la romería   he abondo, ¡mal pecado!,
    en la unidat forçada   fasta que yo pueda emendarlo".
    [............................   ....]

717. Después de este verso hay una laguna en el texto, con el desenlace del episodio y el comienzo del episodio siguiente. Lo que puede inferirse de algunos versos posteriores y del relato de las crónicas es que la pena de los condes traidores es conmutada en destierro, el rey Fernando parte en romería a Santiago y encarga a Rodrigo que haga cumplir la sentencia. Dice la *Crónica Particular del Cid*: "E el Rey don Fernando quando vió el fecho en como era, fue espantado de la gran falsedad: e embióles sus cartas, en que les mandava que saliessen de la tierra, e que non fincassen hy mas. Estonce el Rey don Fernando yvase para Santiago en romeria, e mandó a Rodrigo, que echasse a los Condes de la tierra: e él fizolo assí como lo el Rey mandara". (Huber 1844: 17). Luego faltarían unos pocos versos iniciales que hablarían de la intención de los hijos del conde don Pedro de recobrar Palencia y, probablemente, darían sus nombres, para luego aclarar su ascendencia en el v. 718. Cabe apuntar que Armistead (1966: 533–34) se opone a que haya existido una nueva romería y atribuye todo a una confusión del refundidor del texto poético. Pero su argumentación depende de su hipótesis de la precedencia cronológica de la versión cronística sobre el texto poético conservado, hipótesis muy discutida por la crítica reciente, como se expone en el Estudio introductorio.
719. MP y JV cambian *echado* por *alongado*, ya que argumentalmente es absurdo que se produzca un destierro de Rodrigo. Pero no tenemos otro argumento que la coherencia narrativa para intervenir en el texto, de modo que me limito a señalar aquí la incongruencia y mantengo la lección del Ms. CA sigue el Ms sin más.
721. MP y CA señalan la pérdida de una línea después de este verso. Sin embargo, *perlado* es el sujeto de *fuesse querellar* del verso siguiente, con lo cual no hay base suficiente para postular una laguna.
726. Ms: arnaldo.
731. Después de este verso habría una nueva laguna, en la que se relataría el final del episodio: Rodrigo vence a los hijos del conde don Pedro y repone a Bernardo como obispo de Palencia. Sin embargo, deben tenerse en cuenta las razones aducidas por Hook y Long contra la existencia de tal laguna: "Nos parece muy significativo que el poeta se valga del sustantivo *querella* [732] después del verbo *querellar* [722, 726] empleado para introducir

CRÓNICA RIMADA. TRANSCRIPCIÓN PALEOGRÁFICA

5   En esta querella llego otro
        mandado
        Cartas del rey de françia
        τ del emperador alemano
        Cartas del patriarcha
10   τ del papa Romano
Que diessen tributo españa
(espa) τ françia desde aspa
fasta en santiago.
El Rey que en españa visqujese
15 Siempre se llamasse tributario
Diese fuero τ tributo cada año
Cinco son los Reynados
de españa. asy vinje afirmado
que diessen quinze donçellas vir-
20 gines en cada año.
E fuessen fijas dalgo. τ diez
cauallos los mejores del reynado
Et treynta marcos de plata
que despensasen los fijos dalgo
25 Et azores mudados.
Et tres falcones los mejores
delos reynados.
    ¶ Etste tributo que diesse cada año
    en quanto fuessen biuos xristianos
30 ¶ Quando esto oyo el buen Rey
    don fernando.
    batiendo va amas las palma[s]
    las azes quebrantando.
    peccador sin ventura aque tiempo so
35 llegado.
    Quantos en españa visquieron
    nunca sellamaron tributarios

[VI. La campaña de Francia]
[1. El emperador, el rey de Francia y el Papa reclaman tributo a España]

      En esta querella   llegó otro mandado.
      Cartas del rey de Françia   e del emperador alemano,
      cartas del patriarca   e del papa romano,
735 que [diesse] tributo España   desde Aspa fasta en Santiago.
      El rey que en España visquiese   siempre se llamasse tributario,
      diese fuero e tributo   cada año.
      Çinco son los reinados de España,   así vinié afirmado,
      que diessen quinze donçellas vírgines   en cada año,
740 [....................]   e fuessen fijas dalgo,
      e diez cavallos,   los mejores del reinado,
      et treinta marcos de plata   que despensasen los fijos dalgo,
      et azores mudados et tres falcones,   los mejores de los reinados,
      este tributo   que diesse cada año
745 en quanto fuessen   bivos cristianos.
      Quando esto oyó   el buen rey don Fernando,
      batiendo va amas las palmas,   las azes quebrantando:
      "¡Pecador sin ventura,   a qué tiempo só llegado!
      Quantos en España visquieron   nunca se llamaron tributarios,

la queja del obispo ante el rey. [. . .] La yuxtaposición de los dos términos, *querellar* y *querella*, nos sugiere que se trata de un solo episodio, ininterrumpido, comprendido entre la llegada del obispo y la de los mensajes del rey de Francia y sus aliados." (1999: 60). Este es, sin duda, el lugar más difícil del texto, porque de su interpretación depende la comprensión del esquema argumental del poema. El verso mismo es difícilmente inteligible, lo que da indicios de una deturpación; pero es muy opinable que esto sea suficiente base para suponer o no la existencia de una laguna. Aun si aceptáramos que no hay tal laguna, además del desenlace del episodio (la intervención de Rodrigo), absolutamente conjetural por falta de correlato en las crónicas, habría que pensar si se produjo o no el viaje de Bernardo a Roma para presentar querella (con lo cual tendríamos dos querellas, más una problemática aparición del Papa recibiendo reclamos en un caso y solicitando tributo en el otro). El estado actual de la copia no nos permite saber nada sobre la existencia de estos hechos y su ubicación en el relato. En rigor, lo único que se puede decir es que este v. 731, posiblemente deturpado en su 1er. hem. (*en la vnidat forçada*), nos da indicios (no concluyentes, pero indicios al fin) de un problema textual que involucraría una laguna. El contenido de esa laguna correspondería al desenlace del episodio, sin dudas favorable al obispo de Palencia, pero no tenemos referencias textuales (ni crónisticas) que permitan inferir qué acciones componen ese desenlace o aún si Rodrigo las protagonizó. Si a la lectura deficiente del v. 731 se agrega la referencia a la intención de Bernardo de ir a Roma a presentar otra querella, el resultado es que la hipótesis de una sola escena sin lagunas se debilita.

735. Ms: Que diessen tributo españa | e françia. Corrijo *diessen* en *diesse* y elimino *e françia* como todos los editores.
740. Falta el 1er. hem. en el Ms. MP y JV suplen *por cada reinado tres*. Me limito a señalar la laguna, como hace CA.
744. Ms: Etste.

Amj veen me njño τ sin sesso
Et van me sobe*r*ujando.
40 Mas me valdria la mue*r*te
Que la vida q*ue* yo fago}
[fol. 197v]
{CB2.
1 Agora enbiare por mjs vassallos. q*ue* me semeja g*ui*ssado
Et consejar me he conellos
sy sere tributario.
5 Ally embio por Rodrigo
Et po*r* todos los fijos dalgo
Enbiara atregua*r* los co*n*des
q*ue* non temjessen de daño
llego con ellos Rodrigo
10 al pueblo çamorano.
Et tomo los por las manos
τ leuolos antel Rey don ferr*n*ando
Señor p*er*dona aq*ue*stos co*n*des
syn arte τ sin engaño.
15 yo los p*er*dono sin arte τ sin
engaño por non te salir
Rodrigo de mandado.
Quelos çinco Reys despaña
q*ui*ero q*ue* anden por tu mano
20 Ca françia τ alemaña
faze*n* me tributario.
Et el papa de Roma q*ue* debia
vedar lo
Vedes aq*ui* su p*re*ujllegio
25 con su sello colgado
¶ Estonçe dixo Rodrigo
por ende sea dios loado
Ca vos enbian pedir don
vos deuedes ot°rgarlo
30 Avn non vos enbia pedir
t*ri*buto. Mas enbia vos da*r* algo.
Mostrar vos he yo aq*ue*ste ave*r*
ganarlo. ¶ Apellydat v*ue*stros
regnos. desde los pue*r*tos
35 de aspa fasta en santiago
Sobre lo suyo lo ayamos
lo n*ue*st*r*o este q*ue*dado.
Sy non llego fasta paris

750 a mí venme niño e sin sesso   et vanme soberviando,
 más me valdría la muerte   que la vida que yo fago.
 Agora enbiaré por mis vassallos   que me semeja guissado,
 et consejarme he con ellos   si seré tributario".

[VI. 2. El rey Fernando reúne el consejo]

 Allí embió por Rodrigo   et por todos los fijosdalgo,
755 enbiara atreguar los condes,   que non temiessen de daño.
 Llegó con ellos Rodrigo   al pueblo çamorano,
 et tomolos por las manos   e llevolos ant'el rey don Fernando:
 "Señor, perdona aquestos condes,   sin arte e sin engaño".
 "Yo los perdono   sin arte e sin engaño
760 por non te salir,   Rodrigo, de mandado,
 que los çinco reys d'España   quiero que anden por tu mano,
 ca Françia e Alemaña   fázenme tributario,
 et el papa de Roma,   que debía vedarlo,
 vedes aquí su previlegio   con su sello colgado".
765 Estonçe dixo Rodrigo: "Por ende sea Dios loado,
 ca vos enbían pedir don,   vós devedes otorgarlo.
 Aún non vos enbía[n] pedir tributo,   mas enbía[n] vos dar algo.
 Mostrarvos he yo   aqueste aver ganarlo:
 apellidat vuestros regnos   desde los puertos de Aspa fasta en Santiago,
770 sobre lo suyo lo ayamos,   lo nuestro esté quedado,
 si non llego fasta París,   non devía ser nado".

---

767. Las dos veces el verbo *enbia* está en singular en el Ms. Corrijo en plural, como MP y JV. CA sigue el Ms.

non deuia ser nado.
40 Por esta rrazon dixieron
el buen don ferrnando}
{CB2.
1 par fue de emperador mando
a castilla vieja. Et mando aleon
Et mando alas esturias
fasta en sant saluador
5 Mando a galiçia onde los
caualleros son.
Mando a portogal essa tierra
jenzor. Et mando acohinbra
de moros. poblo a monte mayor
10 poblo a sorya frontera dearagon
E corrio aseujlla tres veçes
en vna sazon.
A dar gela ovieron moros
que quesieron o que non
15 Et gano a sant ysydro
Et aduxolo aleon
ovo a nauarra encomjenda
Et vino le obedeçer
El rey de aragon
20 Apessar de françesses
los puertos de aspa passo
Apessar de Reys τ de emperadores
apessar de Romanos dentro en
paris entro
25 Con gentes honrradas
que de españa saco
El conde don ossoryo
el amo quel crio
Et el conde don martin gomez
30 vn portogales de pro
Et el conde don nuño nuñez
que asimancas mando
y el conde don ordoño de campos
el mejor
35 Et el conde don fruela que a salas mando
Et el conde don aluar rrodriguez
que alas asturias mando
Etste poblo amondoñedo
Et {BLNK.} de enquebrando
40 y el conde don galin laynez

[VI. 3. Loor del rey don Fernando]

[17]

Por esta razón dixieron   [................................]:
El buen [rey] don Fernando   par fue de emperador.
Mandó a Castilla Vieja   et mandó León,
775 et mandó a las Esturias   fasta en Sant Salvador.
Mandó a Galiçia,   onde los cavalleros son,
mandó a Portogal,   essa tierra jenzor,
et [ganó] a Cohinbra de moros,   pobló a Montemayor,
pobló a Soria,   frontera de Aragón,
780 e corrió a Sevilla   tres veçes en una sazón,
a dárgela ovieron moros,   que quesieron o que non,
et ganó a Sant Isidro   et adúxolo a León.
Ovo a Navarra en comienda   et vínole obedeçer el rey de Aragón.
A pessar de françesses   los puertos de Aspa passó,
785 a pessar de reys   e de emperadores,
a pessar de romanos,   dentro en París entró
con gentes honradas   que de España sacó:

[VI. 4. Enumeración de las huestes del rey Fernando]

el conde don Ossorio,   el amo que·l crió,
et el conde don Martín Gómez,   un portogalés de pro,
790 et el conde don Nuño Núñez,   que a Simancas mandó,
y el conde don Ordoño   de Campos el mejor,
et el conde don Fruela,   que a Salas mandó,
et el conde don Álvar Rodríguez,   que a las Asturias mandó,
y el conde don Galín Laínez,   el bueno de Carrión,

---

772. Falta el 2º hem. del verso en el Ms, si es que se trata de un verso y no de una aclaración del copista-cronista que está resaltando la mención de un motivo legendario de vieja data: Fernando, par de emperador. Me limito a señalar la laguna. MP y CA siguen el Ms sin más. JV propone: *Por **esso** dixieron **todos vedes por qual razón***, demasiado conjetural.
773. Ms: el buen don Ferrnando. Suplo *rey* para restituir la fórmula habitual, como hacen MP y JV. CA sigue el Ms.
778. Ms: Et mando acohinbra. Corrijo *mando* en *gano*, como todos los editores desde MP, pues se trata de un claro error de copia por influjo de la repetida aparición de *mando* en el pasaje.
793. A continuación de este verso, dice el Ms: *Etste poblo amondoñedo / Et [blanco] de enquebrando*. Como argumento en el Estudio introductorio, se trata de una glosa marginal que el copista incorporó al texto. Por ello, elimino la línea. Los editores siguen el Ms, menos JV, que propone: *éste pobló a Mondonnedo que de quebranto **sacó***.

el bueno de carrion
y el conde don essar señor de monçon
y el conde don rrodrigo de cabra señor}
[fol. 198r] {CB2.
1 E el conde don bellar
   escogiera el mejor.
   Et el conde don ximon sanches
   de burueua señor
5 Etl el conde don garçia de cabra
   de todos el mejor
   Et el conde garçi fernandez
   el bueno crespo de grañon
   Almerique de narbona
10 qual dizen don quiron
   Con ellos va Rodrigo
   de todos el mejor
   los çinco Reys de españa
   todos juntados son
15 Passauan allende duero
   passauan allende arlanzon
   E {BLNK.} siete semanas por cuenta.
   estido el Rey don fernando
   atendiendo batalla
20 en vna lid en canpo
   Apellydose françia con gentes
   enderredor.
   Apellydose lonbardia
   asy commo el agua corre
25 Apellydose Pauja τ otras gentes
   Apellydose alemaña conel
   emperador.
   pulla τ talabra. Et sezilla la mayor
   Et toda tierra de Roma
30 con quantas gentes son
   Et armenja Et persia la mayor
   Et frandes τ rrochella
   τ toda tierra de vltramar
   Et el palazin de blaya
35 Saboya la mayor

795   y el conde don Essar,   señor de Monçón,
      y el conde don Rodrigo,   de Cabra señor,
      e el conde don Bellar,   escogiera el mejor,
      et el conde don Ximón Sánchez,   de Burueva señor,
      et [e]l conde don Garçía de Cabra,   de todos el mejor,
800   et el conde Garçí Fernández, el Bueno,   Crespo de Grañón,
      Almerique de Narbona,   qual dizen don Quirón.
      Con ellos va Rodrigo,   de todos el mejor.
      Los çinco reys de España   todos juntados son,
      passavan allende Duero,   passavan allende Arlanzón.

[VI. 5. Entrada en Francia y reunión del ejército enemigo]

[18]

      [.......................... ....]
805   E siete semanas por cuenta   estido el rey don Fernando
      atendiendo batalla   en una lid en canpo.

[19]

      Apellidose Françia   con gentes enderredor,
      apellidose Lonbardía   así como el agua corre,
      apellidose Pavía   e otras gentes [...]
810   apellidose Alemaña   con el emperador,
      Pulla e [Calabra]   et Sezilla la mayor,
      et toda tierra de Roma   con quantas gentes son,
      et Armenia   et Persia la mayor
      et Frandes e Rochella   e toda tierra de [Ultramontes],
815   et el palazín de Blaya,   Saboya la mayor.

---

799. Ms: Etl.
804. Después de este verso MP postula una laguna, de la que un indicio textual lo daría el blanco entre *E* y *siete* en la línea siguiente. En ella se contaría la entrada en Francia del ejército español, probablemente continuando el itinerario que parece iniciarse en este verso, hasta el lugar en que el rey Fernando decide esperar a la hueste enemiga para una batalla campal.
809. Falta el final del verso en el Ms. MP y JV suplen *que y son*. CA sigue el Ms sin más. Me limito a señalar la laguna.
811. Ms: talabra.
814. Ms: e toda la tierra de vltramar. Acepto la enmienda de MP (*Ultramontes*), que restituye sentido y asonancia. JV propone una reordenación de palabras de los vv. 813–15 para rescatar la lección *ultramar*: *et Armenia e toda la tierra de Ultramar, et Persia la mayor, / et Frandes e Rrochella, et el palazín de Blaya, Saboya la mayor*; solución demasiado conjetural y poéticamente débil. CA sigue el Ms.

Quales atauet*r*adores
del buen Rey don fernando
El conde don firuela
Et el conde don ximo*n* sa*n*chez
40 vieron venjr g*r*a*n*des poder*e*s
del conde saboyano con mjll
τ nueveçientos cauall*e*ros
a cauallo venjeron se co*n*tra}
{CB2.
1 el rey de castilla. llamando
alas armas caualleros
el buen Rey don fernando
A Ruedano passemos
5 ante q*ue* prendamos daño
q*ue* atantos son françesses
com*m*o yeruas del canpo
essas horas dixo el rrey do*n* fe*rr*nando
Non es lo q*ue* yo demando
10 grandes tiempos ha passado
Que yo saly de mjs reynado^s
Quantos della saq*ue* todos son
despensados. al dia q*ue* yo cob-
diciaua ya se me va allega*n*do
15 de v*er* me en lid en campo.
Con q*ui*en me llama tr*i*butario
varones q*ue* me fizo rey Señor
de españa.
la mesura de vos ot*r*os fijosdalgo
20 llamastes me señor
Et bessastes me la mano
yo vn om*n*e so señero com*m*o vno
de vos otros. q*ua*nto es del mj
cue*r*po no*n* puede mas q*ue* ot*r*o om*n*e
25 Mas do yo metier las manos
por dios vos sacaldas.
Que g*r*a*n*d p*r*ession esp*er*a españa
mjentra el mundo fuere
q*ue* vos no*n* llame*n* tributarios
30 en nj*n*guna sazon.
Ca vos orarian mal sieglo
q*ua*ntos por naç*er* son
A njng*u*na destas q*ue*rellas
nj*n*g*u*no non le respondio

[VI. 6. Arenga del rey Fernando]

[20]

Quales atavetradores   del buen rey don Fernando,
el conde don [Fruela]   et el conde don Ximón Sánchez
vieron venir grandes poderes   del conde saboyano,
con mil e nueveçientos   cavalleros a cavallo.
820 Veniéronse contra el rey   de Castilla llamando:
"¡A las armas, cavalleros,   el buen rey don Fernando!
A Ruédano passemos   ante que prendamos daño,
que atantos son françesses   como yervas del canpo".
Essas horas dixo el rey   "Non es lo que yo demando;
825 grandes tiempos ha passado   que yo salí de mis reinados,
quantos d'ella saqué,   todos son despensados.
[El] día que yo cobdiçiava   ya se me va allegando
de verme en lid en campo   con quien me llama tributario.
Varones, ¿qué me fizo rey señor de España?   La mesura de vosotros, fijosdalgo.
830 Llamástesme señor   et bessástesme la mano.

[21]

Yo un omne só señero,   como uno de vós,
quanto es del mi cuerpo   non puede más que otro omne,
mas do yo metier las manos,   ¡vós sacaldas, por Dios!
que grand pressión espera España   mientra el mundo fuere.
835 Que vos non llamen tributarios   en ninguna sazón,
ca vos orarían mal sieglo   quantos por naçer son".
A ninguna destas querellas   ninguno non le respondió.

817. Ms: firuela. Corrijo *Fruela*, como MP y JV. CA sigue el Ms.
824. Ms: essas horas dixo el rrey don ferrnando | Non es lo que yo demando. Elimino *don ferrnando* por tratarse de un agregado automático del copista; es la solución más económica para restituir el verso previo a la deturpación evidente que presenta el Ms (la misma solución adopta JV). MP propone respetar el texto pero desdoblando en dos versos y supliendo un hipotético hemistiquio perdido: *Essas horas dixo el rey don Fernando / Non es **desa guissa** lo que yo demando*. CA sigue el Ms.
827. Ms: al dia. Corrijo *el día* como todos los editores desde MP.
831. Ms: vos otros. Elimino *otros*, como MP y JV, para restablecer la asonancia. CA sigue el Ms.
833. Ms: por dios vos sacaldas. Cambio el orden de palabras para restituir la asonancia, como MP y JV. CA sigue el Ms.

35 El rey conla malenconja
    por el corazon queria quebrar
    Demando por Rodrigo el que
    naçio en biuar.
    Recudiole Rodrigo la mano le
40 besso. que vos plaze señor el buen
    Rey don fernando.
    Sy conde o Rico omne vos salio
    de mandado.}
    [fol. 198v]
    {CB2.
1   Muerto o presso meter vos lo he
    en vuestra mano.
    Essas oras dixo el rey seyas
    bien aventurado
5   Mas sey alferze de mj seña
    siempre telo avre en grado
    Et sy me dios torna aespaña
    syempre te fare algo
    Ally dixo Rodrigo Señor
10 non me serya dado. do esta tanto
    omne Rico τ tanto conde
    Et tanto poderosso fijo dealgo
    A quien perteneçe seña de señor
    tan honrrado.
15 Et yo so escudero τ non cauallero
    armado.
    Mas besso vuestras manos
    Et pido vos vndon.
    Quelos primeros golpes.
20 yo con mjs manos los tome
    Et abrir vos he los camjnos
    por do entredes vos.
    Essas horas dixo el Rey
    otorgo telo yo.
25 Essas oras Rodrigo
    atan a priessa fue armado
    con trezientos caualleros
    quel bessauan la mano
    Contra el conde de saboya
30 salyo. tan yrado Rodrigo
    nunca viera Seña njn pendon
    devissado. Ronpiendo va
    vn manto que era de sirgo

[VI. 7. Rodrigo, alférez del rey Fernando]

[22]

El rey con la malenconía   por el corazón quería quebrar.
Demandó por Rodrigo,   el que naçió en Bivar.

[23]

840   Recudiole Rodrigo,   le bessó la mano:
"¿Qué vos plaze, señor,   el buen rey don Fernando?,
si conde o rico omne   vos salió de mandado,
muerto o presso   metervos lo he en vuestra mano".
Essas oras dixo el rey: "Seyas bien aventurado,
845   mas sey alferze de mi seña,   siempre te lo avré en grado,
et si me Dios torna a España   siempre te faré algo".
Allí dixo Rodrigo: "Señor, non me sería dado,
do está tanto omne rico e tanto conde   et tanto poderosso fijo dealgo
a quien perteneçe seña   de señor tan honrado,
850   et yo só escudero   e non cavallero armado.

[24]

Mas besso vuestras manos   et pídovos un don,
que los primeros golpes   yo con mis manos los tome,
et abrirvos he los caminos   por do entredes vós".
Essas horas dixo el rey: "Otórgotelo yo".

[25]

855   Essas oras Rodrigo   atan apriessa fue armado.
Con trezientos cavalleros   que·l bessavan la mano,
contra el conde de Saboya   salió tan irado.
Rodrigo nunca [o]viera seña   nin pendón devissado;
ronpiendo va un manto que era de sirgo,   la peña le tiró privado

---

857–58. Ms: Contra el conde de saboya | salyo. tan yrado Rodrigo | nunca viera Seña njn pendon | devissado. La disposición anómala en la línea de escritura impide ver claramente la división de los dos versos. MP cambia el orden de palabras del 2º hem. del primer verso (*Rodrigo salió tan irado*). JV enmienda igual con una ligera variante (*salyó Rrodrigo tan yrado*). CA sigue el orden del Ms: *salió tan irado Rodrigo*. Prefiero adoptar una solución ya propuesta por B: trasladar *Rodrigo* al principio del segundo verso. También corrijo *viera* en *oviera*, como MP y JV.

       la peña le tiro pr*i*uado
35   apriessa esto de punta ala met*er*
       la espada q*ue* traya al cuello
       tiro la tan pr*i*uado.
       Q*ui*nze Ramos faze la seña
       v*er*guença avia dela da*r* alos
40   caualleros. Et bolujo los ojos
       en alto. vio estar vn su sob*ri*no
       fijo de su he*r*mano
       Quel dizen p*er*o mudo}
       {CB2.
1   Ael fue llegado.
       ven aca mi sob*ri*no fijo eres
       de mj hermano
       El q*ue* fizo mj he*r*mano
5   en vna labradora
       q*ua*ndo andaua cazando.
       varon toma esta seña
       faz lo q*ue* yo te mando.
       Dixo p*er*o be*r*mudo.
10   q*ue* me plaze de grado
       Conosco q*ue* so v*uest*ro sobrino
       fijo de v*uest*ro he*r*mano
       Mas de q*ue* saliestes de españa
       non vos ouo menbrado
15   A cena nj*n* a ayantar
       non me oviestes conbidado.
       de fanbre τ de frio so muy coytado
       Non he por cobe*r*tura del cauallo
       por las crietas delos pies
20   correme sangre clara.
       Ally dixo rr*odrigo* calla tr*a*ydor p*r*ouado
       todo om*n*e de buen logar.
       q*ue* qu*i*ere sobir abuen estado.
       Conviene q*ue* delo suyo sea abida^(do)
25   q*ue* atienda mal. τ bien sepa
       el mundo passar lo.
       Pero mudo tan ap*ri*essa fue a*r*mado
       Reçebio la seña. a Rodrigo besso
       la mano.
30   Et dixo señor. afrue*n*ta de dios
       te fago. vey la seña sin engaño

860 apriessa esto de punta   a la meter [...]
    la espada que traía al cuello   tirola tan privado,
    quinze ramos faze la seña   vergüença avía de la dar a los cavalleros.
    [..............................]   Et bolvió los ojos en alto:
    vio estar un su sobrino,   fijo de su hermano,
865 que·l dizen Pero Mudo;   a él fue llegado:
    "Ven acá mi sobrino,   fijo eres de mi hermano,
    el que fizo mi [padre] en una labradora   quando andava cazando.
    Varón, toma esta seña,   faz lo que yo te mando".
    Dixo Pero Bermudo: "Que me plaze de grado.
870 Conosco que só vuestro sobrino,   fijo de vuestro hermano,
    mas de que saliestes de España,   non vos ovo menbrado,
    a çena nin a yantar   non me oviestes conbidado,
    de fanbre e de frío   só muy coitado,
    non he por cobertura   [sinon la] del cavallo,
875 por las crietas de los pies   córreme sangre clar[o].
    Allí dixo Rodrigo: "Calla, traidor provado;
    todo omne de buen logar   que quiere sobir a buen estado
    conviene que de lo suyo   sea abidado,
    que atienda mal   e bien sepa el mundo passarlo".
880 Pero Mudo   tan apriessa fue armado,
    reçebió la seña,   a Rodrigo bessó la mano,
    et dixo: "Señor,   afruenta de Dios te fago,
    vey la seña   [sin arte e] sin engaño,

860. Como puede apreciarse en la transcripción paleográfica, el texto correspondiente a los vv. 858–63, además de tener una disposición anómala en la columna, revela indicios de deturpación que resulta imposible solucionar. Este verso es incomprensible y parece faltarle el final. La ausencia de palabra-rima permite al menos señalar la falta. MP considera que la laguna abarca todo el 2º hem., criterio seguido por CA. JV propone una reconstrucción que involucra varios versos, sin ningún fundamento.
863. Aparentemente falta el 1er. hem. de este verso en el Ms. Como MP y JV me limito a señalar la laguna. Como se trata del límite entre la escena de la seña improvisada y la del diálogo con Pero Bermúdez, en rigor no puede saberse la extensión de esta laguna.
867. Ms: El que fizo mj hermano. Considero que, en este caso, la propuesta de enmienda de Samuel Armistead (1966: 534–36 y 1988: 224–25) es perfectamente atendible, puesto que confluyen aquí el testimonio secundario de las crónicas acerca de una tradición legendaria muy fuerte y muy antigua sobre un hermano bastardo del Cid y la alta probabilidad de que la lección *hermano* sea error de copia por influjo del reiterado uso de esa palabra en el pasaje (vv. 864, 866, 870, 887). Corrijo, pues, *hermano* en *padre*. MP y CA siguen el Ms.
872. Ms: a ayantar. Elimino la segunda *a*. Curiosamente, ningún editor se percató de esta repetición o dejó constancia de la enmienda.
875. Ms: correme sangre clara. Corrijo *clara* en *claro*, lo que permite restaurar la asonancia, adoptando la enmienda de MP, basada en el género vacilante de *sangre*. Quizás se explique también por un posible valor adverbial. JV corrige como MP. CA sigue el Ms.
883. Ms: vey la seña sin engaño. Siguiendo la propuesta de Samuel Armistead (1966:

que en tal logar vos la pondre
antes del sol çerrado.
Do nunca entro seña de moro
35 njn de xpistiano.
Ally dixo Rodrigo esso es lo que
yo te mando.
Agora te conosco que eres fijo
De mj hermano.
40 Con trezientos caualleros
yua la seña guardando
violo el conde de saboya.
en tanto fue espantado
Et dixo alos caualleros.}
[fol. 199r] {CB2.
1 Caualgat muy priuado
Sabed me de aquel español
sy viene dela tierra echado
Si fuere conde o Rico omne
5 venga me bessar la mano
Sy fuere omne de buen logar
tome mjo mayoradgo.
an a priessa los latinos.
A Rodrigo son llegados
10 Et fizo se maraujllado
quando gelo contaron.
Tornat vos dixo latinos
al conde con mj mandado.
Et dezilde que non so Rico
15 njn poderoso fidalgo
Mas so vn escudero
non cauallero armado
ffijo de vn mercadero.
njeto de vn çibdadano
20 mj padre moro en Rua
Et siempre vendio su paño
ffincaron me dos pieças
el dia que fue finado.
Et commo el vendio lo suyo
25 vendere yo lo mjo de grado
Ca quien gelo conpraua.
munchol costaua caro
Pero dezjlde al conde
que de mj cuerpo atanto
30 que demuerto o presso

que en tal logar vos la pondré   antes del sol çerrado,
885   do nunca entró seña   de moro nin de cristiano".
Allí dixo Rodrigo: "Esso es lo que yo te mando,
agora te conosco   que eres fijo de mi hermano".

[VI. 8. Batalla con el conde de Saboya]

Con trezientos cavalleros   iva la seña guardando,
violo el conde de Saboya,   en tanto fue espantado,
890   et dixo a los cavalleros: "Cavalgat muy privado;
sabedme de aquel español,   si viene de la tierra echado,
si fuere conde o rico omne,   véngame bessar la mano,
si fuere omne de buen logar,   tome mío mayoradgo".
Tan apriessa los latinos   a Rodrigo son llegados,
895   et fízose maravillado   quando gelo contaron.
"Tornatvos", dixo, "latinos,   al conde con mi mandado,
et dezilde que non só rico   nin poderoso fidalgo,
mas só un escudero,   non cavallero armado,
fijo de un mercadero,   nieto de un çibdadano.
900   Mi padre moró en rúa   et siempre vendió su paño;
fincáronme dos pieças   el día que fue finado,
et como él vendió lo suyo,   venderé yo lo mío de grado,
ca quien gelo conprava   mucho·l costava caro.
Pero dezilde al conde   que de mi cuerpo atanto,
905   que de muerto o presso   non me saldría de la mano".

536–37), repongo en el 2º hem. la fórmula juglaresca habitual, presente en los vv. 258, 758 y 759. JV también acoge la enmienda. MP y CA siguen el Ms.

       non me saldria dela mano
       El conde quando esto oyo
       fue mucho sañudo Et yrado
       Español fide enemjga
35   ya vos viene menazando
       todos los otros mueran.
       Aquel sea pressyonado
       E leuat melo asaboya
       muy las manos atadas
40   colgar lo he delos cabellos
       del castillo priuado.
       Mandare amjs Rapazes
       tan sin duelo.
       Que enel medio dia diga
45   que es noche cerrada.}
       {CB2.
1   Caudillan las azes
       Et lidian tan de grado
       Saboya llamo el conde.
       E castilla el castellano
5   Veredes lidiar a profia
       Et tan firme se dar
       Atantos pendones obrados
       alçar τ abaxar.
       Atantantas lanças quebradas
10   por el primero quebrar
       Atantos cauallos caer
       Et non se leuantar
       Atanto cauallo syn dueño
       por el campo andar.
15   En medio dela mayor priessa
       Rodrigo fue entrar
       Encontrosse conel conde
       Vn golpe le fue dar
       derribolole del cauallo
20   non le quisso matar
       Presso sodes don conde
       el onrrado saboyano
       Desta guissa vende paño
       aqueste çibdadano
25   Assy los vendio mj padre
       fasta que fue finado
       Qujen gelos compraua
       assyles costaua caro

El conde quando esto oyó   fue mucho sañudo e irado:
"Español, fi de enemiga,   ya [n]os viene menazando,
todos los otros mueran,   aquél sea pressionado,
e llevátmelo a Saboya   muy atadas las manos,
910 colgarlo he de los cabellos   del castillo privado.
Mandaré a mis rapazes   tan sin duelo [. . .]
que en el mediodía diga   que es noche çerrada".
Caudillan las azes   et lidian tan de grado,
"¡Saboya!" llamó el conde   e "¡Castilla!" el castellano.

[26]

915 Veredes lidiar a profía   et tan firme se dar,
atantos pendones obrados   alçar e abaxar,
atantas lanças quebradas   por el primero quebrar,
atantos cavallos caer   et non se levantar,
atanto cavallo sin dueño   por el campo andar.
920 En medio de la mayor priessa   Rodrigo fue entrar,
encontrosse con el conde   un golpe le fue dar,
[derribolo] del cavallo,   non le quisso matar:

[27]

"Presso sodes, don conde,   el onrado Saboyano.
D'esta guissa vende paño   aqueste çibdadano,
925 assí los vendió mi padre   fasta que fue finado,
quien ge los comprava,   assí les costava caro".

907. Ms: ya vos viene menazando. Corrijo *vos* en *nos* como MP. También lo hacen JV y CA pero sin declarar la enmienda.
909. Ms: muy las manos atadas. Cambio el orden de palabras para restituir la asonancia, como hacen MP y JV. CA sigue el Ms pero menciona esta solución en nota.
911. Falta en el Ms la palabra-rima. MP (seguido por JV) suple *apedrearlo*. Pero otra posibilidad sería *çegarlo*, en vista de la consecuencia del acto que se menciona en el verso siguiente (¿quizás *rapazes* pudiera aludir, en este caso, a aves?). Sin embargo, tal propuesta es tan conjetural como la pidalina, de modo que me limito a señalar la falta, como hace CA.
917. Ms: Atantantas.
922. Ms: derribolole.

Essas dixo el conde
30 messura español onrrado
Que omne que asy lidia
non deuja ser villano
O eres hermano o primo
del buen Rey don fernando
35 Commo dizen el tu nonbre
Si a dios ayas pagado
Ally dixo Rodrigo.
non te sera negado.
Rodrigo me llaman
40 aquestos quantos aqui trayo
ffijo so de diego laynez
Et njeto de layn caluo}
[fol. 199v]
{CB2.
1 Essas oras dixo ay mesquino
desaventurado.
Cuyde que lidiaua con omne
τ lidie con vn peccado
5 Que dentro poco ha
que fueste nonbrado
que non te atiende
Rey moro njn xpistiano
enel campo
10 Ca de muerto o de presso
non te saldria de la mano
Oy lo contar al rey de françia
Et al papa de Roma
Que nunca prendes omne nado
15 Que nunca te prendiesse.
Dame de que gujssa
podria yo salir de tu pressyon
que non fuesse dessonrrado
Cassar te ya con vna mj fija
20 que yo mas amo τ non he otra fija
Nyn otro fijo que herede el condado
Ally dixo Rodrigo.
pues enbia porella muy priuado
Sy yo della me pagare
25 que cabe se fara el mercado.
ya van por la ynfanta
a poder de cauallo
Traen la guarnjda en vna

Essas [horas] dixo el conde: "Messura, español onrado,
que omne que así lidia   non devía ser villano.
O eres hermano o primo   del buen rey don Fernando.
930   ¿Cómo dizen el tu nonbre,   si a Dios ayas pagado?"
Allí dixo Rodrigo: "Non te será negado:
Rodrigo me llaman   aquestos quantos aquí trayo,
fijo só de Diego Laínez   et nieto de Laín Calvo".
Essas oras dixo [el conde]:   "¡Ay, mesquino desaventurado!
935   Cuidé que lidiava con omne,   e lidié con un pecado,
que dentro poco ha   que fueste nonbrado,
que non te atiende rey moro   nin cristiano en el campo,
ca de muerto o de presso   non te saldría de la mano.
Oílo contar al rey de Françia   et al papa [romano],
940   que nunca te prendiesse   omne nado.
D[i]me de qué guissa   podría yo [. . .]
salir de tu pressión   que non fuesse dessonrado.
Cassarte ía con una mi fija   que yo más amo
e non he otra fija nin otro fijo   que herede el condado".
945   Allí dixo Rodrigo: "Pues enbía por ella muy privado.
Si yo d'ella me pagare,   que cabe se fará el mercado".
Ya van por la infanta   a poder de cavallo,
tráenla guarnida   en una silla muy blanca,

927. Ms: Essas dixo el conde. Repongo *horas*, como MP y JV, a fin de restituir la expresión formular tantas veces usada. CA sigue el Ms.
934. Ms: Essas oras dixo ay mesquino. Como en el caso anterior, repongo *el conde*, siguiendo a MP y JV. CA sigue el Ms.
939. Ms: Et al papa de Roma. Corrijo *de Roma* en *rromano*, como MP y JV, para restaurar la asonancia.
940. Ms: Que nunca prendes omne nado | Que nunca te prendiesse. En este parlamento del conde de Saboya, en que se refiere a la fama de Rodrigo y pide su libertad (vv. 937–42), el texto presenta deturpaciones varias, quizás acumuladas por la transmisión, que el copista de P agrava por su tendencia a la prosificación. En este verso, la lección *Que nunca prendes* es un error de copia luego subsanado con el hemistiquio correcto, pero copiado en la línea siguiente, lo que aumenta la confusión. Elimino la lección errónea y ubico el hemistiquio en el lugar correcto, como hizo ya B y aceptan MP y JV. CA sigue el Ms, pero advierte en nota que el verso carece de sentido sin esta corrección.
941. Ms: Dame de que guissa | podria yo salir de tu pressyon. La transcripción en modo prosaico hizo perder el final del primer verso (al menos, la palabra-rima). Corrijo *Dame* en *Dime*, como todos los editores desde MP, y señalo la pérdida del final del verso. MP y JV suplen *privado*. CA respeta el Ms y no marca pérdida alguna.
948. Sigo el Ms pese a que reconozco que un descuido o errores en la transmisión han hecho perder la asonancia. Toda restitución es demasiado conjetural. MP y JV editan: *tráenla en una silla guarnida **de cendal** muy blanco*.

silla muy blanca.
30 De oro el freno no*n* mejor ob*r*ado
vestida va la ynfanta
De vn baldoq*ue* preçiado
Cabellos por las espaldas
com*m*o de vn oro colado
35 ojos p*r*ietos com*m*o la mora
El cue*r*po bien tajado.
Non ha rrey nj*n* emperador
q*ue* della no*n* fuese pagado
Q*u*a*n*do la vio Rodrigo
40 tomola por la mano
Et dixo conde yt abuenave*ntu*ra
muy p*r*iuado.
Que no*n* cassaria co*n* ella.}
{CB2.
1 por q*u*a*n*to yo valgo
Ca no*n* me p*er*teneçe fija de co*n*de
njn de condado.
El rey don fernando es por
5 cassar ael mela q*u*iero dar
Sy faga mayoralgo conde
por q*u*a*n*to delos ojos vedes
no*n* vos coja mas enel ca*m*po
Dauala Rodrigo alos suyos
10 lieuan la passo
El acogiesse p*ar*a el rey algalope
del cauallo
Dixo albricias Señor
q*ue* vos trayo buen mandado
15 en mjll τ noueçientos
caualle*r*os fize muy g*r*and daño
prisse al conde de saboya
por la barba syn su grado
Dyo me por sy su fija.
20 Et yo para vos la q*u*iero
Et besso las manos.
Et vos q*ue* me fagades algo
Essas oras dixo el rey
Solo non sea penssado.
25 Ca por conq*u*eryr reynos vine
aca. ca no*n* por fijas dalgo
Ca nos las q*u*esieramos en españa fallaramos afartas

          de oro el freno,   non mejor obrado,
950   vestida va la infanta   de un baldoque preçiado,
          cabellos por las espaldas   como de un oro colado,
          ojos prietos como la mora,   el cuerpo bien tajado,
          non ha rey nin emperador   que d'ella non fuese pagado.
          Quando la vio Rodrigo,   tomola por la mano,
955   et dixo: "Conde, it   a buena ventura muy privado,
          que non cassaría con ella   por quanto yo valgo,
          ca non me perteneçe   fija de conde nin de condado.
          [. . .] es por cassar   el rey don Fernando,
          a él me la quiero dar   si faga mayoralgo.
960   Conde, por quanto de los ojos vedes   non vos coja más en el campo".

[VI. 9. Rodrigo entrega la Saboyana al rey Fernando]

          Dávala Rodrigo a los suyos,   llévanla passo,
          él acogiesse para el rey   al galope del cavallo.
          Dixo: "Albriçias, señor,   que vos trayo buen mandado.
          En mil e noveçientos cavalleros   fize muy grand daño,
965   prisse al conde de Saboya   por la barba sin su grado.
          Diome por sí su fija   et yo para vos la quiero,
          et besso [vos] las manos   que me fagades algo".
          Essas oras dixo el rey: "Solo non sea penssado,
          ca por conquerir reinos vine acá,   ca non por fijas dalgo,
970   ca [si] nós las quesiéramos,   en España falláramos afart[o]".

---

958. Ms: El rey don fernando es por | cassar. Se impone invertir los hemistiquios para recuperar la asonancia. Otra vez la frase prosaica engloba dos versos y hace perder una porción de la línea. Marco esa pérdida al principio del verso. MP suple *Aún*. JV suple *Mas*. CA sigue el Ms.
966. *quiero* es error de copia, pues se pierde la asonancia, pero cualquier enmienda sería muy conjetural. MP y JV corrigen *guardo*. Pero si se trata de restituir asonancia y sentido, tanto más vale la enmienda *traigo*.
967. Ms: Et besso las manos. | Et vos que me fagades algo. La estructura del verso está estropeada por la repetición errónea de *Et* y la ubicación anómala de *vos*. Por ello, elimino el segundo *et* y reubico *vos* en el 1er. hem. MP edita: *et bessovos las manos et vos que me fagades algo*. JV y CA siguen el Ms.
970. Ms: Ca nos las quesieramos en espa | ña fallaramos afartas. Agrego *si* en el 1er. hem. y corrijo *afartas* en *afarto* para restituir el sentido y la asonancia, como hacen MP y JV. CA también agrega *si*, pero sin declarar la enmienda, y deja *afartas* como final de verso.

Essas oras dixo Rodrigo
30 Señor fazed lo priuado
enbarraganad. afrançia
Sy adyos ayades pagado
Suya sera la dessonrra yrlos
hemos denostando.
35 Assy bolueremos con ellos
la lid enel campo.
Essas oras fue el Rey ledo τ
pagado.
Et dixo Rodrigo.
40 pues en mjll τ noveçientos
fezistes grand daño.
Delos tuyos quantos te fincaron sy a dios ayas pagado.}
[fol. 200r] {CB2.
1 Ally dixo Rodrigo non vos
sera negado.
lleue trezientos cavalleros
Et traxe quarenta τ quatro
5 Quando esto oyo el rey
tomo lo por la mano
Al rreal de castellanos
amos ados entraron
El rey enbio ados ados
10 los caualleros de mando
fasta que aparto .dcccc°.
que a Rodrigo bessassen la mano
Dixieron los .dcccc.
pero dyos sea loado
15 Con tan onrrado señor
que nos bessemos la mano
De Rodrigo que avia nombre
Ruy diaz le llamaron.
Caualgan estos .dcccc.
20 ala ynfanta tomaron
Entre la tienda del buen
Rey don fernando
Con ella fue el rey
muy leydo τ pagado
25 Ally dixo Rodrigo
al buen Rey don fernando
Caualguen vuestros reynos
Et non sean en tardar lo

Essas oras dixo Rodrigo: "Señor, fazedlo privado,
enbarraganad a Françia, si a Dios ayades pagado.
Suya será la dessonra, irlos hemos denostando,
assí bolveremos con ellos la lid en el campo".

[VI. 10. Rodrigo se convierte en Ruy Díaz, señor de 900 caballeros]

975 Essas oras fue el rey ledo e pagado,
et dixo: "Rodrigo, pues en mil e noveçientos fezistes grand daño,
¿de los tuyos quántos te fincaron, si a Dios ayas pagado?".
Allí dixo Rodrigo: "Non vos será negado:
llevé trezientos cavalleros et traxe quarenta e quatro".
980 Quando esto oyó el rey, tomolo por la mano,
al real de castellanos amos a dos entraron,
el rey enbió a dos a dos los cavalleros de mando,
fasta que apartó [noveçientos] que a Rodrigo bessassen la mano.
Dixieron los [noveçientos]: "Pero Dios sea loado,
985 con tan onrado señor que nós bessemos la mano".
De Rodrigo que avía nombre Ruy Díaz le llamaron.
Cavalgan estos [noveçientos] a la infanta tomaron,
[entran en] la tienda del buen rey don Fernando,
con ella fue el rey muy [ledo] e pagado.

[VI. 11. Ruy Díaz llega hasta las puertas de París]

990 Allí dixo Rodrigo al buen rey don Fernando:
"Cavalguen vuestros reinos et non sean en tardarlo.

---

976. El verso es claramente anómalo. Una explicación podría ser que el copista interpoló (o la transmisión introdujo) la línea *Et dixo Rodrigo*, intento de aclaración prosaica que termina confundiendo la identidad del que habla. De ser correcta esta hipótesis, habría que editar: *Pues en mil e noveçientos fezistes grand daño*. Así se recuperaría la estructura binaria equilibrada del verso. Prefiero, sin embargo, mantener la lección del Ms, dado que la enmienda es excesivamente conjetural.
983. Ms: .dcccc°. También aparece esta cifra en números romanos en los vv. 984, 987, 992 y 1121.
988. Ms: Entre la tienda. Corrijo *Entre* en *entran en*, como CA; mejor que MP (*entran a*) y JV (*entra a*).
989. Ms: leydo.

```
            yo yre enla delantera
30          con estos .dccccc. que yo trayo
            Señor lleguemos aparis
            que asy lo avre otorgado
            Ca ay es el Rey de françia
            Et el emperador alemano
35          y es el patriarcha.
            Et el papa Romano.
            que nos estan esperando
            a queles diessemos el tributo
            Et nos queremos gelo dar
40          priuado. que fasta que me vea
            conellos non serya folgado
            Entran enlas armas.}
            {CB2.
1           Comjençan de caualgar
            la delantera lieua rrodrigo de biuar
            Caualgan enla mañana al aluoraᵈᵃ
            El buen Rey don fernando
5           los poderes juntauan
            ya eran fuera de paris
            assentados en tantas tiendas
            en tantos Ricos estrados
            Ally llego Rodrigo con.cccᵒ.
10          caualleros
            Ally se Reptan françesses
            abueltas con alemanes
            Rietanse los françesses
            con tantos delos Romanos
15          Ally fablo el conde de saboya
            muy grandes bozes dando
            Quedo dixo los Reynos
            non vos vades coytando
            aquel español que ally vedes
20          es diablo en todo el diablo
            lledio tantos poderes
            que assy viene aconpañado
            Con mjll que trae mal me ha
            desbaratado. (e)
25          Etn mjll τ noveçientos
            fizo me grand daño
            prisso me por la barba
            amjdos τ non de grado
            Alla me tiene vna fija
```

REFUNDICIÓN DE LAS MOCEDADES DE RODRIGO. EDICIÓN CRÍTICA   103

       Yo iré en la delantera   con estos [noveçientos] que yo trayo.
       Señor, lleguemos a París,   que así lo avré otorgado,
       ca aý es el rey de Françia   et el emperador alemano,
995 ý es el patriarca et el papa romano,   que nos están esperando
       a que les diéssemos el tributo,   et nós queremos gelo dar privado,
       que fasta que me vea con ellos,   non sería folgado".

       Entran en las armas,   comiençan de cavalgar.
       La delantera lleva   Rodrigo de Bivar.

1000 Cavalgan en la mañana al alvorada   [ante] el buen rey don Fernando.
       los poderes juntavan,   ya eran fuera de París assentados
       en tantas tiendas,   en tantos ricos estrados.
       Allí llegó Rodrigo   con [tresçientos] cavalleros [. . .].
       Allí se reptan françesses   abueltas con aleman[o]s,
1005 riétanse los françesses   con tantos de los romanos.
       Allí fabló el conde de Saboya   muy grandes bozes dando:
       "¡Quedo", dixo "los reinos,   non vos vades coitando!
       Aquel español que allí vedes   en todo es diablo.
       El diablo le dio tantos poderes   que assí viene aconpañado.
1010 Con mil que trae   mal me ha desbaratado,
       en mil e noveçientos   fízome grand daño,
       príssome por la barba   amidos e non de grado,
       allá me tiene una fija   donde soy muy cuitado".

1000. Ms: al aluorada | El buen Rey. Agrego *ante* en el comienzo del 2º hem., como MP y CA, para restituir el sentido. El influjo de la fórmula *el buen rey don Fernando* como hemistiquio completo explica la omisión del copista. JV opta por convertir el texto en dos versos mediante el agregado de palabras de su inventiva.
1003. Ms: con .ccc°. | caualleros. Falta la palabra-rima. MP suple *fijos dalgo*. JV enmienda: *con los cavalleros de mando*, basándose en la coherencia interna. En efecto, el numeral 300 es sospechoso, ya que desde el v. 983 se habla de 900 caballeros bajo el mando de Rodrigo. Su propuesta se apoya en el v. 982. Prefiero limitarme a señalar la falta. CA sigue el Ms sin más.
1004. Ms: alemanes. Corrijo en *alemanos*, como MP y JV, para restaurar la asonancia, basándome en los vv. 733, 994, 1055, 1074, 1096, 1101, 1128 y 1144.
1008. Ms: es diablo en todo. Cambio el orden de palabras para restituir la asonancia, como MP y JV. CA sigue el Ms.
1011. Ms: Etn.

30 donde soy muy cuytado
Ally finca la tienda
de rruy diaz el castellano
Enel tendal don rruy diaz
caualga a priessa enl su cauallo
35 baujeca. el escudo ante pecho^s
el pendon enla mano.
Oyt dixo los noueçientos
veredes lo que fago.
Sy non diesse conla mano
40 enlas puertas de paris
non serya folgado. sy podiesse}
[fol. 200v] {CB2.
1 mezclar batalla. el torneo parado
Que cras quando el llegasse
que nos fallase lidiando
Ally movio Ruy diaz
5 entre las tiendas delos françesses
Expoloneo el cauallo τ feryan
los pies enla tierra yua temblando
Enlas puertas de paris fue
ferir conla mano.
10 Apessar de françesses
fue passar commo de cabo
Parosse antel papa muy quedo
estido.
Que es esso françesses τ papa
15 Romano
Syempre oy dezir que doze pares
avia en françia lidiadores
llamad los sy quesieren lidiar
Comjgo caualguen muy priuado
20 ffablo el rrey de françia non es guissado
Non ay delos doçe pares
que lidiasse sy non conel rrey don ferrnando

Allí finca la tienda   de Ruy Díaz el Castellano.
1015 En el tendal, don Ruy Díaz   cavalga apriessa en [e]l su cavallo,
el escudo ante pechos,   el pendón en la mano.
"Oít", dixo, "los noveçientos,   veredes lo que fago,
si non diesse con la mano en las puertas de París,   non sería folgado.
¡Si podiesse mezclar batalla,   el torneo parado,
1020 que cras quando el [rey] llegasse,   que nos fallase lidiando!"
Allí movió Ruy Díaz,   [..................................]
entre las tiendas de los françesses   expoloneó el cavallo,
e ferían los pies   [et] la tierra iva temblando.
En las puertas de París   fue ferir con la mano,
1025 a pessar de françesses   fue passar como de cabo.
Parosse ant'el papa   muy quedo estido:
"¿Qué es esso, françesses   e papa romano?
Siempre oí dezir que Doze Pares   avía en Françia, lidiadores, ¡llamadlos!
Si quesieren lidiar comigo,   cavalguen muy privado.
1030 Fabló el rey de Françia: "Non es guissado,
non ay de los Doçe Pares que lidiasse,   si non con el rey don Fernando.

1015. Ms: enl su cauallo | baujeca. El nombre del caballo es un agregado del copista, quien probablemente esté incorporando una indicación marginal. Así opina Montgomery: "The name 'Babieca' breaks the rhyme and overextends the line; it was supplied thoughtlessly by an ignorant or careless pedant, perhaps first as a marginal note" (1984–85: 6). Elimino, pues, *bauieca*, como hace MP. JV propone un reordenamiento de palabras que involucra el verso anterior (*Ally finca la tienda en el tendal Rruy Díaz el Castellano; / don Rruy Díaz cavalga apriessa en Bavieca su cavallo*); pero además de no poder explicar las transposiciones que llevaron al texto conservado, su conjetura cambia el sentido del verso.
1018. La extensión del 1er. hem. nos da indicios de una anomalía. Armistead (1966: 538–39) supone que se trata de dos versos, con pérdida del 1er. hem. del segundo verso e inversión de los hemistiquios del primero (sobre esto, cf. v. 1024). Propone editar: *si en las puertas de Paris non diesse con la mano / **mientra mi vida durasse** non seria folgado*. JV acoge la enmienda (sin decir que pertenece a Armistead) pero reconstruye *en toda la mi vida*. Sin embargo, no creo que esta enmienda respete el sentido del período condicional, con lo cual prefiero mantener el texto del Ms, conciente de su carácter problemático.
1020. Ms: Que cras cuando el llegase. Agrego *rey*, como todos los editores.
1021. Falta el 2º hem. del verso en el Ms. MP y JV suplen *el buen Castellano*. Me limito a señalar la laguna, como hace CA.
1023. Ms: los pies enla tierra yua temblando. Corrijo *en* en *et*, como MP y JV. CA sigue el Ms, pero es absurdo decir que Rodrigo (o el caballo) 'iba temblando'.
1026. Verso anómalo en cuanto al asonante. MP corrige *estido* en *estando*. JV enmienda *estido muy quedado*. Mantengo el texto porque no hay suficiente base para una enmienda segura.
1028. La extensión del verso es anómala y la estructura del 2º hem. revela un texto deturpado. Samuel Armistead (1966: 539) supone aquí también dos versos, con pérdida del 2º hem. del primer verso, y propone editar: *siempre oi dezir **e assi me lo han contado** / que Doze Pares avia en Françia lidiadores, llamadlos*. JV sostiene la misma hipótesis (sin reconocer que pertenece a Armistead) y varía la enmienda: *a mi me lo contaron*. Al no haber fundamento más firme para una enmienda, prefiero mantener el texto y señalar aquí su carácter problemático.

Apartat desque venjere el rrey de
españa don fernando
25 Et (τ) lidiare conel de grado
Ally dixo Ruy diaz el buen castellano
Rey vos τ los doze pares
de mj seres buscado.
ya se va rruy diaz alos sus
30 vassallos dan çeuada de dia
los sus vassallos son armados
todos la tierra fasta el sol rrayado
assomaron los poderes del buen
Rey don fernando.
35 A Reçebir los sale Ruy diaz
Et tomo al rrey por la mano
Adelante dixo señor el buen rrey
don fernando.
El mas honrrado señor
40 que en españa fue nado
ya querrian auer en graçia
los que vos llaman tributario}
{CB2.
1 Agora sanare del dolor
que andaua coytado
Tan seguro andat por aqui
commo sy oviesedes entrado
5 yo lidiare con estos estad quedado
Ally dixo el rey Ruy diaz
el castellano.
Commo tu ordenares mjs reynos
en tanto sere folgado.
10 Ally finco Ruy diaz la tienda
del buen Rey don fernando
Conlas suyas cuerdas mezcladas
aderredor delos castellanos
abuelta con estremadanos
15 la costanera aragonesses navarros
Con leonesses con asturyanos
por mantener la çaga portogalesses con galizianos
Quando esto vio el papa rromano
20 Dixo oyt me Rey de françia
el emperador(s) alemano
Semeja que el rey de españa
es aquj llegado.

Apartat desque veniere   el rey de España don Fernando
[........................]   et lidiaré con él de grado".
Allí dixo Ruy Díaz,   el buen castellano:
1035 "Rey, vós e los Doze Pares   de mí serés buscado".
Ya se va Ruy Díaz   a los sus vassallos.
Dan çevada de día,   los sus vassallos son armados.
Todos [...] la tierra   fasta el sol rayado.

[VI. 12. Ruy Díaz y el rey Fernando en la corte de París]

Assomaron los poderes   del buen rey don Fernando,
1040 a reçebirlos sale Ruy Díaz   et tomó al rey por la mano:
"Adelante", dixo, "señor,   el buen rey don Fernando,
el más honrado señor   que en España fue nado.
Ya querrían aver en graçia   los que vos llaman tributario.
Agora sanaré   del dolor que andava coitado.
1045 Tan seguro andat por aquí   como si oviésedes entrado,
yo lidiaré con estos,   [vós] estad quedado".
Allí dixo el rey: "Ruy Díaz el Castellano,
como tú ordenares mis reinos   en tanto seré folgado".
Allí fincó Ruy Díaz la tienda   del buen rey don Fernando
1050 con las suyas, cuerdas mezcladas,   aderredor [d'él] los castellanos
[........................]   abuelta con estremadanos
la costanera, aragonesses, navarros,   con leonesses [et] con asturianos,
por mantener la çaga,   portogalesses con galizianos.
Quando esto vio   el papa romano,
1055 dixo: "Oítme, rey de Françia,   el emperador alemano.
Semeja que el rey de España   es aquí llegado;

1033. Falta el 1er. hem. en el Ms. JV suple *et si él quesiere*. Me limito a señalar la laguna, como hacen MP y CA.
1038. Ms: todos la tierra fasta el sol rrayado. La incongruencia del 1er. hem. puede deberse a pérdida de una palabra, o bien después de *todos*, o bien después de *tierra* (y en este caso habría un error de copia en *todos* por *toda*). MP y JV suplen *todos* **corren** *la tierra*. Me limito a señalar la falta, como hace CA.
1046. Ms: yo lidiare con estos estad quedado. Agrego el pronombre *vos* en el 2º hem., como hacen MP y JV. CA sigue el Ms.
1050. Ms: aderredor delos castellanos. Corrijo *de* en *d'el*, como MP y CA. JV propone *aderredor **dellos**, castellanos*.
1051. Falta el 1er. hem. en el Ms. MP suple *éstos tienen la delantera*. JV suple *estos lievan l. d.* Me limito a señalar la laguna, como hace CA.
1052. Ms: Con leonesses con asturyanos. Agrego *et* como todos los editores desde MP.

Non viene con mengua decorazon
25 mas commo Rey esforçado
Agora podredes aver derecho
sy podieremos tomarlo
Quanto aver saco de españa
todo lo ha despenssado
30 Agora ganare del tregua
por quatro años es chico el plazo
despues darle hemos guerra
Et tomar le hemos el reynado
dixieron los rreys Señor
35 enbiat por el priuado.
Apriessa enbia por el rrey
el papa Romano
Quando esto oyo el rrey don ferrnando
Armose el Et los fijos dalgo
40 en seños cauallos caualgan
Etntre el rey Et el castellaño
Amos lanças enlas manos}
[fol. 201r]
{CB2.
1 Mano por mano fablando.
a consejandole Ruy diaz
a gujssa de buen fidalgo
Señor en aquesta fabla
5 sed uos bien acordado
ellos fablan muy manso
Et vos fablat muy brauo
Ellos son muy leydos
Et andar vos han enganando
10 Señor pedildes batalla
para cras enel aluor quebrando
El papa quando lo vio venjr
en ante fue acordado
oyt me dixo el buen emperador
15 alemano.
Aqueste rey de españa
semejame mucho onrrado
Ponet ay vna silla apar de vos
t cobrilda con este paño
20 Quando vieredes que descaualga
leuantad vos muy priuado
Et prendet lo por las manos
Et cabe de vos possaldo

non viene con mengua de corazón,   mas como rey esforçado.
Agora podredes aver derecho,   si podiéremos tomarlo;
quanto aver sacó de España,   todo lo ha despenssado.
1060 Agora ganaré d'él tregua   por quatro años, ¡es chico el plazo!
Después darle hemos guerra   et tomarle hemos el reinado".
Dixieron los reys: "Señor,   enbiat por él privado".
Apriessa enbía por el rey   el papa romano.
Quando esto oyó   el rey don Fernando,
1065 armose él   et los fijos dalgo.
En seños cavallos cavalgan   el rey et el castella[n]o,
amos lanças en las manos,   mano por mano fablando,
aconsejándole Ruy Díaz   a guissa de buen fidalgo:
"Señor, en aquesta fabla   sed vós bien acordado.
1070 Ellos fablan muy manso   et vós fablat muy bravo,
ellos son muy leídos   et andarvos han enga[ñ]ando.
Señor, pedildes batalla   para cras en el alvor quebrando".
El papa, quando lo vio venir,   en ante fue acordado:
"Oítme", dixo,   "el buen emperador alemano,
1075 aqueste rey de España   seméjame mucho onrado.
Ponet aý una silla a par de vós   e cobrilda con este paño,
quando viéredes que descavalga,   levantadvos muy privado,
et prendetlo por las manos   et cabe de vós possaldo,

1066. Ms: Etntre el rey Et el castellaño. Elimino *Etntre* (evidente deturpación) y corrijo *castellano*. Los editores conservan *entre*.
1071. Ms: enganando.

　　　　Que sea en par de vos
25　　que me semeja guissado.
　　　　Ally se erzian los poderes
　　　　de Roma al buen rrey don fernando
　　　　Non sabia qual era el rey
　　　　njn qual era el castellano
30　　Sy non quando descaualgo
　　　　el rrey al papa besso la mano.
　　　　Et leuantosse el emperador
　　　　Et Reçebio los muy de buen grado
　　　　Et toman se por las manos
35　　al estrado van possar
　　　　Alos pies del rey se va possar
　　　　rruy diaz el castellano
　　　　Ally fablo el papa
　　　　comenzo a preguntarlo
40　　Digas me Ruy diaz de españa
　　　　Sy adyos ayas pagado
　　　　Sy quieres ser emperador de espa-
　　　　ña. dar te he la corona de grado}
　　　　{CB2.
1　　　Ally fablo Ruy diaz
　　　　ante que el rey don fernando
　　　　Deuos dios malas graçias
　　　　ay papa Romano
5　　　Que por lo porganar venjmo^s
　　　　que non por lo ganado
　　　　Ca los çinco Reynos de españa
　　　　Syn vos lo bessan la mano
　　　　viene por conquerir el emperyo
10　　de alemanja
　　　　que de derecho ha de heredar lo
　　　　Assentosse enla silla.
　　　　por ende sea dios loado
　　　　Vere que le dan avantaja
15　　dela qual sera ossado.
　　　　Conde alemano quelde la corona
　　　　Et el blago.
　　　　En tanto seleuanto el buen Rey
　　　　don fernando.
20　　Atreguas venjmos
　　　　Que non por fazer daño
　　　　vos adeliñat mj señor
　　　　Ruy diaz el castellano

       que sea en par de vós,   que me semeja guissado".
1080 Allí se erzían los poderes de Roma   al buen rey don Fernando,
       non sabía[n] quál era el rey   nin quál era el Castellano,
       sinon quando descavalgó el rey   [et] al papa bessó la mano,
       et levantosse el emperador   et reçebiolos muy de buen grado,
       et tómanse por las manos,   van possar al estrado,
1085 a los pies del rey se va possar   Ruy Díaz el Castellano.
       Allí fabló el papa,   comenzó a preguntarlo:
       "Dígasme, [rey] de España,   si a Dios ayas pagado,
       si quieres ser emperador de España,   darte he la corona de grado".
       Allí fabló Ruy Díaz   ante que el rey don Fernando:
1090 "Devos Dios malas graçias,   ay, papa romano,
       que por lo por ganar venimos,   que non por lo ganado,
       ca los çinco reinos de España   sin vós [le] bessan la mano.
       Viene por conquerir el emperio de Alemania   que de derecho ha de heredarlo.
       Assentosse en la silla,   por ende sea Dios loado,
1095 veré que le dan avantaja   de la qual será ossado,
       conde alemano que·l dé   la corona et el blago".
       En tanto se levantó   el buen rey don Fernando:
       "A treguas venimos,   que non por fazer daño.
       Vos adeliñat, mi señor   Ruy Díaz el Castellano".

1081. Ms: Non sabia.
1082. Ms: el rrey al papa besso la mano. Agrego *et* después de *rrey*, como todos los editores desde MP.
1084. Ms: al estrado van possar. Invierto el orden de palabras para restituir la asonancia, como MP y JV. CA sigue el Ms, pero señala en nota esta solución.
1087. Ms: Digas me Ruy diaz de españa. Corrijo la lección evidentemente errónea *Ruy diaz* en *rrey*, como hacen todos los editores desde MP.
1092. Ms: lo bessan.
1093. Verso muy problemático, de extensión anómala, quizás porque *de Alemania* sea incorporación al texto de una glosa marginal (tal es la hipótesis de Montgomery 1984–85: 10). Pero no hay suficiente base para enmendar el texto.

Estonçe rruy diaz
25 A priessa se fue leuantado
Oyt me dixo Rey de françia
E enperador alemano
Oyt me patriarcha τ papa romano.
Enbiastes me pedir tributario
30 Traer vos lo ha el buen Rey don
fernando.
Cras vos entregara en buena
lid enel campo. los marcos
quel pedistes.
35 Vos Rey de françia de mj
seredes buscado
Vere sy vos acorreran los doçe
pares. o algun frances loçano
Emplaçados fincan
40 para otro dia enel campo.
alegre se va el buen Rey don ferrnando.
Ala su tienda lieua a Ruy diaz
que non quiere dexarlo.}
[fol. 201v] {CB2.
1 Ally dixo el rey a Ruy diaz
ffijo eres de diego laynez
Et njeto de layn caluo
Cabdiella bien los Reynos
5 desque cantare el gallo
Essas oras dixo Ruy diaz
que me plaze de grado
Cabdillare las azes
ante del aluor quebrado
10 Commo esten las azes
paradas. en ante del sol rrayado.
A priessa dan çeuada
Et piensan de caualgar
las azes son acabdilladas
15 quando el aluor quiere quebrar
Mandaua Ruy diaz alos
castellanos al buen rey don
fernando guardar
Va Ruy diaz conlos.dccccos.
20 la delantera fue tomar
Armadas son las azes
Et el pregon apregonado
lla vna τ las dos ala terçera

1100 Estonçe Ruy Díaz   apriessa se fue levantado:
     "Oítme", dixo, "Rey de Françia   e enperador alemano,
     oítme patriarca   e papa romano:
     [............................]   enbiástesme pedir tributario.
     Traervos lo ha   el buen rey don Fernando,
1105 cras vos entregará   en buena lid en el campo
     los marcos que·l pedistes   [...........................].
     Vós, rey de Françia,   de mí seredes buscado.
     Veré si vos acorrerán los Doçe Pares   o algún françés loçano".
     Emplaçados fincan   para otro día en el campo.
1110 Alegre se va   el buen rey don Fernando,
     a la su tienda lieva a Ruy Díaz,   que non quiere dexarlo.
     Allí dixo el rey   a Ruy Díaz [. . .]:
     "Fijo eres de Diego Laínez   et nieto de Laín Calvo.
     Cabdiella bien los reinos   desque cantare el gallo".
1115 Essas oras dixo Ruy Díaz: "Que me plaze de grado;
     cabdillaré las azes   ante del alvor quebrado,
     como estén las azes paradas   en ante del sol rayado".

[VI. 13. Treguas por el nacimiento del hijo del rey Fernando]

[28]

Apriessa dan çevada   et piensan de cavalgar,
las azes son acabdilladas   quando el alvor quiere quebrar,
1120 mandava Ruy Díaz a los castellanos   al buen rey don Fernando guardar.
Va Ruy Díaz con los [noveçientos],   la delantera fue tomar.

[29]

Armadas son las azes   et el pregón apregonado
la una e las dos,   a la terçera llegando.

1103. Falta el 1er. hem. en el Ms. MP suple *por esas vuestras cartas*. JV suple *por aquestas vuestras cartas*. Me limito a señalar la laguna, como hace CA.
1106. Ms: Cras vos entregara en buena | lid enel campo. los marcos | quel pedistes. Se reconocen aquí dos versos; del segundo verso falta el 2° hem. Así lo señalo en el texto. MP edita un solo verso: *cras vos entregará los marcos en buena lid en el campo*. CA también omite *quel pedistes*, pero respeta el orden de palabras: *cras vos entregará en buena lid en campo los marcos*. JV edita dos versos y suple la laguna del segundo verso: *los marcos quel pedistes **non vos serán negados***. Evidentemente, lo problemático de estas líneas no se reduce a la omisión de un hemistiquio, pero no hay base firme para ir más allá de la indicación de la laguna.
1112. Falta el final del verso en el Ms. MP suple todo el 2° hem. (*el honrado Castellano*). JV sólo el final (*a Ruy Díaz **el Castellano***). CA sólo indica la laguna, que abarcaría el 2° hem. Prefiero señalar una laguna parcial, pues considero que el 2° hem. comienza con *a Ruy Díaz*.

llegando.
25 la ynfanta de saboya
fija del conde saboyano
yazia de parto enla tienda
del buen Rey don fernando
Ally pario vn fijo varon
30 El papa fue tomarlo
Ante que el Rey lo sopiesse
fue el ynfante xpistiano
Padrino fue el rey de françia
Et el enperador alemano.
35 padrino fue vn patriarcha
Et vn cardenal onrrado
Enlas manos del papa
el ynfante fue xpistiano
Ally llego el buen rey don fernando
40 Quando lo vio el papa passo el
ynfante a vn estrado.}
{CB2.
1 Començo depredicar
Muy grandes bozes dando
Cata diz rey de españa
commo eres bien aventurado
5 Con tan grand onrra.
Dios que fijo te ha dado
Miraglo fue de xpistus
El señor apoderado
Que non quisso que se perdiesse xpistia-
10 njsmo. desde Roma fasta santiago
Por amor deste ynfante
que dios te ovo dado.
Da nos tregua sy quiera por
vn año
15 Ally dixo Ruy diaz
sol non sea pensado
Saluo sy es entrega
Enpero mas queremos aplazarlo
Et tal plazo nos dedes
20 que podamos entregarlo
O morra este emperador
ol daremos Reynado apartado
Dixo el rey don fernando
do uos quatro años de plazo

La infanta de Saboya, fija del conde saboyano,
1125 yazía de parto en la tienda del buen rey don Fernando.
Allí parió un fijo varón, el papa fue tomarlo.
Ante que el rey lo sopiesse fue el infante cristiano,
padrino fue el rey de Françia et el enperador alemano,
padrino fue un patriarca et un cardenal onrado.
1130 En las manos del papa el infante fue cristiano.
Allí llegó el buen rey don Fernando,
quando lo vio el papa, passó el infante a un estrado,
començó de predicar muy grandes bozes dando:
"Cata", diz, "rey de España, cómo eres bienaventurado
1135 con tan grand onra Dios, que fijo te ha dado.
Miraglo fue de Cristus, el Señor apoderado,
que non quisso que se perdiesse cristianismo desde Roma fasta Santiago.
Por amor d'este infante que Dios te ovo dado,
danos tregua siquiera por un año".
1140 Allí dixo Ruy Díaz: "Sol non sea pensado,
salvo si es entrega". "Enpero más queremos aplazarlo,
et tal plazo nos dedes que podamos entregarlo:
o morrá este emperador, o·l daremos reinado apartado".
Dixo el rey don Fernando: "Dovos quatro años de plazo".

25 Dixo el rey de françia
Et el emperador alemano
por amor deste ynfante
que es nuestro afijado.
Otros quatro anos vos
30 pedimos de plazo
Dixo el rey don fernando
Sea vos otorgado.
E por amor del patriarcha
do vos otros. quatro años
35 E por amor del cardenal.}

1145 Dixo el rey de Françia   et el emperador alemano:
      "Por amor d'este infante   que es nuestro afijado,
      otros quatro a[ñ]os   vos pedimos de plazo".
      Dixo el rey Fernando: "Séavos otorgado.
      E por amor del patriarca   dovos otros quatro años,
1150 et por amor del cardenal   [..............................]

1147. Ms: anos.
1150. El texto se interrumpe en mitad del verso. El 2º hem. debió de hacer referencia al otorgamiento de más años de tregua (*dovos otros tantos*).

GESTA PRIMITIVA DE LAS MOCEDADES DE RODRIGO

Reconstrucción conjetural

[I. Introducción histórica]
[I. 1. Orígenes de Castilla y de los linajes de Rodrigo y del rey Fernando]

1. E remaneçió la tierra sin señor quando morió el rey Pelayo. Este rey Pelayo avía una fija de ganançia, e fue cassada con el conde don Suero de Casso. Et fizo en ella el conde don Suero un fijo que dixieron don Alfonso. E a este don Alfon fizieron rey de León.
2. E los castellanos bevían en premia, e avían guerra con Navarra e con Aragón e con los moros de Sant Estevan de Gormaz e de León e de Sepúlveda. E era Olmedo de moros e dende adelante la tierra frontera que avía Castilla: Bilforado e Grañón. Et de la otra parte era Navarra frontera de León e de Carrión e de Saldaña.
3. Et porque los castellanos ivan a cortes al rey de León con fijas e mugieres, por esta razón fizieron en Castilla dos alcaldes. E quando fuesse el uno a la corte, qu'el otro manparasse la tierra. ¿Quáles fueron estos alcaldes? El uno fue Nuño Rassura e el otro, Laín Calvo. ¿Et por qué dixieron a Nuño Rassura este nombre? Porque cogió de Castilla señas eminas de pan e fizo voto a Santiago que les ayudasse contra los moros. E el conde fue aqueste Nuño Rassura de Sant Pedro de Arlança.
4. E este Nuño Rasura ovo un fijo que·l dixieron Gonçalo Núñez. Et porque era malo e traviesso quíssolo el padre matar. E fuesse para el rey moro Guiben, señor de Madrid. E falló allá a doña Aldara Sánchez, fija del rey don Sancho Ramírez de Navarra, que andava mala mugier con los moros. E pedióla por mugier, que acá non ge la darién, e cassó con ella e tráxola a Castilla. E fizo en ella tres fijos. E los mayores non valieron nada; et el menor fue el conde Fernand Gonçález, que mantovo a Castilla muy grant tiempo.

[I. 2. El conde Fernán González]

5. Et ovo de aver contienda con el rey don Sancho Ordóñez de Navarra. Et este rey don Sancho Ordóñez fizo vistas con el conde Fernand Gonçález en un lugar que diçen Vañárez. E yendo el conde seguro,

prisso·l el rey en engaño. Et llevolo presso a Tudela de Navarra. Et yaziendo el conde presso sacolo doña Costança, hermana del rey don Sancho Ordóñez.

6. Et yaziendo el conde en los fierros, tomolo la infanta a sus cuestas et dio con él en un monte. Et encontraron a un açipreste de aý, de Tudela de Navarra, et dixo que si la infanta non le fiziesse amor de su cuerpo, que los descobrería. Et la infanta fue abraçarlo. Et teniéndole la infanta abraçado, llegó el conde con sus fierros et matolo con el su cochillo mismo del açipreste. Et tendiendo la infanta los ojos vio venir grandes poderes.

[1]

1 Dixo al conde: "Muertos somos, ¡mal pecado!,
ca haevos aquí los poderes   del rey don Sancho mi hermano".
Et el conde tendió los ojos   e fue los poderes devissando,
et conoçió los poderes   e fue muy ledo e muy pagado,
5 e dixo a la infanta: "Esta es Castilla   que me suele bessar la mano".
Et la infanta paró las cuestas.   Et cavalgó muy privado,
en la mula del açipreste   el conde [...].
Et de pie iva la infanta.   Et salió del monte privado.
E quando lo vieron los castellanos,   todos se maravillaron,
10 mas no·l bessaron la mano   nin señor no·l llamaron,
ca avían fecho omenaje   a una piedra que traxieran en el carro,
que traían por señor   fasta que al conde fallaron.
Et tornaron la piedra   a senblança del [...]
al Monte de Oca,   al logar donde la sacaron,
15 e todos al conde   por señor le bessaron la mano.
Este conde Fernand Gonçález,   después que en Castilla fue alçado,
mató al rey don Sancho   en la Era Degollada, con su mano.
Et non quería obedeçer el conde   a moro nin cristiano.
Et enbio·l dezir al rey de León,   fijo de don Suero de Casso
20 –don Alfonso avía por nombre–.   El rey enbió al conde enplazarlo
ue·l veniesse a vistas   e fue el conde muy pagado.
Cavalgó el conde   como omne tan lozano
e a los treinta días contados   fue el conde al plazo.
El plazo fue en Saldaña   et començole el *rey*[1] a preguntarlo:
25 "Et yo maravillado me fago,   conde, cómo sodes ossado
de non me venir a mis cortes   nin me bessar la mano,
ca siempre fue Castilla   de León tributario,
ca León es regno   et Castilla es condado".

[1] La adición es sugerencia de B.

Essas oras dixo el conde: "Mucho andades en vano,
30 vos estades sobre buena mula gruessa   e yo sobre buen cavallo;
porque vos yo sofrí   me fago mucho maravillado
en aver señor Castilla   e pedirle vos tributario".
Essas oras dixo el rey: "En las cortes será juzgado
si obedeçer me devedes,   si non, fincat vos en salvo".
35 Essas oras dixo el conde: "Lleguemos ý privado".
En León son las cortes: llegó el conde lozano.
Un cavallo lleva preçiado   e un azor en la mano,
et conprógelo el rey   por aver monedado.
En treinta e çinco mil maravedís   fue el cavallo e el azor apreçiado.
40 A gallarín gelo vendió el conde   que gelo pagasse a día de plazo.
Largos plazos passaron   que non fue el conde pagado;
nin quirié ir a las cortes   a menos de entregarlo.
Con fijos e con mugieres   van a las cortes castellanos[2]
El conde Fernán González   dixo al rey atanto:
45 "Rey, non verné a vuestras cortes   a menos de ser pagado
del aver que me devedes   de mi azor e de mi cavallo".
Quando contaron el aver,   el rey non podía pagarlo:
tanto creçió el gallarín   que lo non pagaría el regnado.
Venieron abenençia   el rey e el conde lozano
50 que quitasse a Castilla: el conde fue mucho pagado,
plogo·l al conde   quando oyó este mandado.
Assí sacó a Castilla   el buen conde don Fernando,
aviendo guerra   con moros e con cristianos
a toda parte   de todo su condado.

[I. 3. Sucesores de Fernán González]

55 Avía el conde un fijo   que Garçi Fernández fue llamado,
si el padre fue buen guerrero,   el fijo fue atamaño.
Con fija de Almereque de Narbona   el conde Garçi Fernández fue cassado
et con ella fizo un fijo   que dixieron el conde don Sancho.
Quando a los siete años   los infantes de Salas mataron,
60 morió el conde Garçi Fernández,   cortés infançón castellano.
E mandó a castellanos   el buen conde don Sancho,
e dexóles buenos previlejos   et buenos fueros con su mano.
Et fue reçebir fija del rey de León,   *nieta* del conde don Suero de Casso,
et en ella fizo un fijo   que·l dixieron por nombre Sancho.

---

[2] TC: van a las cortes de León castellanos. Omito *de León* según sugerencia de Montgomery (1984–85: 10, n. 25).

65 Atanto salió de cazador *en el* monte   que·l non cogía el poblado,
     pusso·l por nonbre el padre Sancho Avarca,   por amor de devisarlo.

[I. 4. Sancho Avarca, primer rey de Castilla]

     Desque vio el padre que era de edat,   a Burgos fue llegado,
     a los treinta días conplidos   ayúntanse ý los castellanos,
     desque los vio el conde,   en pie fue levantado:
70   "Oítme, castellanos,   a buen tiempo só llegado
     por vos fazer más merçed   que nunca vos fizo omne nado.
     Fernand Gonçález mi avuelo   sacóvos de tributario,
     Garçi Fernández mi padre[3]   [............................]
     e yo divos fueros e previlejos   confirmados con mi mano.
75   De condado que es Castilla,   fágovosla reinado,
     fagamos mío fijo Sancho Avarca rey,   si vedes que es guissado.
     Nieto es del rey de León,   non ha que·l diga ome nado
     que non sea rey de Castilla,   ninguno non será ossado,
     si non, aquél quien lo dixiesse,   bien sabría vedarlo".
80   Mucho plogo a castellanos   quando oyeron este mandado.
     A Sancho Avarca bessan las manos   et "¡real, real!" llamando
     por Castilla dan los pregones   por tan buen rey que alçaron.

[2]

     Este fue el primero rey   que castellanos ovieron.
     Con grand onra e grand prez   grandes alegrías fezieron.

[3]

85   El buen rey Sancho Avarca   comenzó de reinar
     e mandó fazer señas   tendidas en cada logar.
     Con fija del rey de Françia   se ovo a despossar,
     et diógela de grado,   non le fezieron al,
     et la infanta dizen doña Isabel   e esta fue reina de prestar.
90   El rey Sancho Avarca fue por ella   ca tiempo avía de cassar
     a los puertos de Aspa se la traxieron   [............................]
     et él del rey de Françia   allí fue la a tomar.
     Grandes alegrías han en España   quando el rey con la reina vieron tornar,
94   et mayor los castellanos,   quando la mano le fueron bessar.

---

[3] En el comienzo de los vv. 72 y 73 omito *el conde*, según sugerencia de Montgomery (1984–85: 8).

[I. 5. Sancho Avarca, rey de León. Rebelión de los castellanos]

[4]

136 El rey en plazentería   fincó alegre e pagado.
      Llegáronle mandados   de su avuelo, que era finado.[4]
138 Tres fijas, et non fijo varón,   le fincaron,[5]
142 Et fincaron en el rey Sancho Avarca   todos los reinos en su mano.
202 Porqu' el rey era rey de León   desmanparó a castellanos,
      e vedes por quál razón: porque era León cabeza de los reinados.
      Alçósele Castilla   e duró bien diez e siete años.
205 Alçáronsele los otros linajes   d'onde venían los fijos dalgo.
      ¿D'ónde son estos linajes?   Del otro alcalde Laín Calvo.
      ¿D'ónde fue este Laín Calvo?   Natural de Monte de Oca [. . .]
      e vino a Sant Pedro de Cardeña   a poblar este Laín Calvo,
      con quatro fijos   que llegaron a buen estado,
210 con seisçientos cavalleros   a Castilla manpararon.
      Aviendo guerra con Navarra,   Ruy Laínez, el mayor, pobló a Faro.
      Laín Laínez, ese ovo   a Mendoça e *Treviño* poblado,
      aviendo guerra con moros   donde reçebieron grand daño,
      siendo Sant Estevan[6] de moros   e León del otro cabo,
215 Atienza e Çigüença,   con que bivién castellanos en trabajo,
      Sepúlveda e Olmedo   de un moro pagano.
      A pessar de aquestos todos,   un fijo de Laín Calvo
      a que·l dizen Peñaflor,   con qual es Peñafiel llamado.
      Aviendo guerra con leonesses[7]   el menor de Laín Calvo
220 que·l dixieron Diego Laínez,   este ovo a Saldaña por frontera [. . .].

[I. 6. Fernando, rey de Castilla y señor de toda España]

Grand tiempo passado   ovo a morir el rey Sancho
estando la tierra   en este trabajo.
Tres fijos dexó el rey   el día que fue finado:
con Alfonso el mayor,   leonesses se alzaron,
225 e don Garçía, el mediano,   a Navarra fue alçado

---

[4] TC: de su avuelo, el rey de León, que era finado. Omito *el rey de León* según sugerencia de Montgomery (1984–85: 10, n. 25).

[5] Suprimo los vv. 139–141 porque la digresión genealógica es innecesaria en términos del relato épico y resulta claramente antipoética.

[6] TC: siendo Sant Estevan de Gormaz de moros. Omito *de Gormaz* según sugerencia de Webber (1980: 205).

[7] TC: Aviendo guerra con el rey de León e con leonesses. Omito *con el rey de León* según sugerencia de Montgomery (1984–85: 9).

a don Fernando, el menor, por señor le tomaron;
la mano le bessaron castellanos, como fijos de Laín Calvo.
[..................................] dio guerra a sus hermanos:
vençidos fueron leonesses et reçebieron grand daño,
230 a los fitos de Mansilla, do estavan los mojones fincados,
mató don Fernando a don Alfonso su hermano,
luego se le dieron leoneses e Galizia fasta Santiago.
Tornó dar guerra a Navarra como de cabo,
et mató en Atapuerca a don Garçía su hermano.
235 Diósele luego Navarra et Aragón del otro cabo.
Desde allí se llamó señor de España fasta en Santiago.
Preguntó por Navarra si avía quién heredarlo:
fabló la infanta doña Sancha, fija del rey don Sancho

[..............................] e el governador de Navarra
240 et fabló el infante don Ramiro, mas non era de velada,

mas por quanto era fijo d'este rey don Sancho,
et que non se enagenasse el reino, diógelo don Fernando.
Assí assosegó su tierra, a Çamora fue llegado,
mandando por sus reinos [..............................]
245 que veniessen a sus cortes a los treinta días contados.
Allí vinién leonesses, con galizianos e con asturianos,
et venieron aragonesses abueltas con navarros,
los postrimeros fueron castellanos e estremadaños,
e los fijos de Laín Calvo todos quatro hermanos.
250 Allí se levantó el rey, a los quatro fijos de Laín Calvo
tomolos por las manos, consigo los pusso en el estrado:
"Oítme, cavalleros, muy buenos fijos dalgo
del más onrado alcalde que en Castilla fue nado:
Dístesme a Castilla e bessástesme la mano,
255 convusco conquerí los reinos de España fasta Santiago.
Vos sodes ançianos e yo del mundo non sé tanto,
mi cuerpo e mi poder métolo en vuestras manos,
que vós me consejedes sin arte e sin engaño.
Rey soy de Castilla e de León assí fago,
260 sabedes que León es cabeza de todos los reinados,
et por esso vos ruego e a vós pregunto tanto:
quál seña me mandades fazer atal faré de grado,
ca en quanto yo valga non vos saldré de mandado".
Dixieron los castellanos: "En buen punto fuestes nado,
265 mandat fazer un castillo de oro e un león indio gritando".
Mucho plogo al rey quando los reinos se pagaron,
bien ordenó el rey su tierra como rey mucho acabado,

otorgó todos los fueros   que el rey su padre avía dado,
269   otorgó los previlejos   de su avuelo el conde don Sancho.

[II. Rodrigo y Jimena]
[II. 1. Guerra entre Vivar y Gormaz]

280   Asosegada estava la tierra,   que non avié guerra de ningún cabo.
El conde don Gómez de Gormaz   a Diego Laínez fizo daño,
feriole los pastores   et robole el ganado.
A Bivar llegó Diego Laínez,   al apellido fue llegado,
él enbiolos reçebir a sus hermanos   e cavalga muy privado,
285   fueron correr a Gormaz   quando el sol era rayado,
quemáronle el arraval   e comenzáronle el andamio,
et trae los vassallos   et quanto tienen en las manos,
et trae los ganados   quantos andan por el campo,
et tráele por dessonra   las lavanderas que al agua están lavando.
290   Tras ellos salió el conde   con çient cavalleros fijos dalgo,
rebtando a grandes bozes   a fijo de Laín Calvo:
"Dexat mis lavanderas,   fijo del alcalde çibdadano,
c'a mí non me atenderedes   atantos por tantos".
[.................................]   por quanto él está escalentado.
295   Redró Ruy Laínez,   señor que era de Faro:
"Çiento por çiento vos seremos   de buena miente e al plazo".
Otórganse los omenajes   que fuessen ý al dia de plazo,
tórnanle de las lavanderas   e de los vassallos
[.................................]   mas non le dieron el ganado,
300   ca se lo querién tener   por lo que el conde avía llevado.

[II. 2. Rodrigo mata al conde don Gómez de Gormaz]

A los nueve días contados   cavalgan muy privado
302   Rodrigo, fijo de don Diego,   et nieto de Laín Calvo,

[5]

304   doze años avía por cuenta   e aún los treze non son,
305   nunca se viera en lit,   ya quebrávale el corazón,
cuéntasse en los çien lidiadores,   que quisso el padre o que non
et los primeros golpes   suyos e del conde don Gómez son.

[6]

Paradas están las hazes   e comienzan a lidiar:
Rodrigo mató al conde,   ca non lo pudo tardar.

310 Venidos son los çiento   e pienssan de lidiar,
    enpos ellos salió Rodrigo   que los non da vagar,
    prisso a dos fijos del conde   a todo su mal pessar,
    a Fernán Gómez e Alfonso Gómez   et tráxolos a Bivar.

[II. 3. Jimena pide la liberación de sus hermanos]

    Tres fijas avía el conde,   cada una por cassar:
315 *Elvira Gómez et Aldonza Gómez* [......................]
    et a la otra Ximena Gómez,   la menor [. . .].
    Quando sopieron que eran pressos los hermanos   et que era muerto el padre,
    paños visten brunitados   et velos a toda parte,
    —estonçe la avían por duelo,   agora por gozo la traen—
320 salen de Gormaz   e vanse para Bivar.
    Violas venir don Diego   et a reçebirlas sale:
    "¿D'ónde son aquestas freiras   que algo me vienen demandar?"
    "Dezir vos hemos, señor,   que non avemos por qué vos lo negar,
    fijas somos del conde don Gómez   e vós le mandastes matar,
325 prissístesnos los hermanos   et tenédeslos acá,
    et nós mugieres somos   que non ay quién nos anpare".
    Essas oras dixo don Diego: "Non devedes a mí culpar,
    peditlos a Rodrigo   si vos los quesiere dar,
    prométolo yo a Cristus,   a mí non me puede pessar".
330 Aquesto oyó Rodrigo,   comenzó de fablar:
    "Mal fezistes, señor,   de vos negar la verdat,
    que yo seré vuestro fijo,   et seré de mi madre.
    Parat mientes al mundo,   señor, por caridat,
    non han culpa las fijas   por lo que fizo el padre,
335 datles a sus hermanos   que muy menester los han,
    contra estas dueñas   mesura devedes catar".
    Allí dixo don Diego: "Fijo, mandátgelos dar".
    Sueltan los hermanos,   a las dueñas los dan.
    Quando ellos se vieron fuera   en salvo comenzaron de fablar:
340 quinze días possieron de plazo   a Rodrigo e a su padre:
    "Que los vengamos quemar de noche   en las cassas de Bivar".
    Fabló Ximena Gómez,   la menor [. . .]:
    "Mesura, hermanos,   por amor de caridat.[8]
    Irme he para Çamora   al rey don Fernando querellar,
345 et más fincaredes en salvo,   et el derecho vos dará".

---

[8] TC: "Mesura", dixo, "hermanos. Omito el *verbum dicendi* intercalado en el discurso directo por tratarse de un rasgo culto, procedimiento ajeno al estilo juglaresco del poeta primitivo. Utilizo el mismo criterio en los siguientes lugares: vv. 360, 377, 396, 472, 896, 1007, 1017, 1041 y 1101.

[II. 4. Las quejas de Jimena ante el rey Fernando]

Allí cavalgó Ximena Gómez,　tres donçellas con ella van,
et otros escuderos　que la avían de guardar.
Llegava a Zamora　do la corte del rey está,
llorando de los ojos　e pediendo·l piedat:
350　"Rey, dueña só lazrada　e áveme piedat.
Orfanilla finqué pequeña　de la condessa mi madre,
fijo de Diego Laínez　fízome mucho mal,
príssome mis hermanos　e matome a mi padre.
A vós que sodes rey　véngome a querellar.
355　Señor, por merçed,　derecho me mandat dar".
Mucho pessó al rey　et començó de fablar:
"En grant coita son mis reinos,　Castilla alçárseme ha,
et si se me alçan castellanos,　fazer me han mucho mal".
Quando lo oyó Ximena Gómez　las manos le fue bessar:
360　"Merçed, señor,　non lo tengades a mal,
mostrarvos he assosegar a Castilla　e a los reinos otro tal,
datme a Rodrigo por marido,　aquél que mató a mi padre".

[7]

Quando aquesto oyó el conde don Ossorio,　amo del rey don Fernando,
tomó el rey por las manos　e aparte iva sacarlo:
365　"Señor, ¿qué vos semeja　qué don vos ha demandado?
Mucho lo devedes agradeçer　al Padre apoderado.
Señor, enbiat por Rodrigo　e por su padre privado".

[II. 5. Rodrigo es desposado con Jimena]

Apriessa fazen las cartas,　que non quieren tardarlo,
danlas al mensajero,　al camino es entrado.
370　Quando llegó a Bivar,　don Diego estava folgando.
"Omíllome a vós, señor,　ca vos trayo buen mandado:
enbía por vós e por vuestro fijo　el buen rey don Fernando.
Vedes aquí sus cartas　firmadas que vos trayo,
que si Dios quesiere,　será aína Rodrigo ençimado".
375　Don Diego cató las cartas　et ovo la color mudado,
sospechó que por la muerte del conde　quería el rey matarlo.

[8]

"Oítme, mi fijo,　mientes catedes acae,
témome de aquestas cartas　que andan con falsedat,

et d'esto los reys   muy malas costumbres han.
380 Al rey que vós servides,   servirlo muy sin arte,
assí vós aguardat d'él   como de enemigo mortal.
Fijo, passat vós para Faro,   do vuestro tío Ruy Laínez está,
et yo iré a la corte   do el buen rey está,
et si por aventura   el rey me matare,
385 vós e vuestros tíos   poder me hedes vengar".
Allí dixo Rodrigo: "Et esso non sería la verdat;
por lo que vós passaredes,   por esso quiero yo passar.
Maguer sodes mi padre,   quiérovos yo aconsejar:
treçientos cavalleros   todos convusco los llevat,
390 a la entrada de Çamora,   señor, a mí los dat".
Essa ora dixo don Diego: "Pues pensemos de andar".
Métense a los caminos,   para Çamora van.
A la entrada de Çamora,   allá do Duero cay,
árманse los trezientos   e Rodrigo otro tale.
395 Desque los vio Rodrigo armados,   començó de fablar:
"Oítme, amigos   e vasallos de mi padre:[9]
aguardat vuestro señor   sin engaño e sin arte.
Si viéredes que el alguazil lo quisiere prender,   mucho apriessa lo matat,
tan negro día aya el rey   como los otros que aý están.
400 Non vos pueden dezir traidores   por vós al rey matar
que non somos sus vasallos   nin Dios non lo mande,
que más traidor sería el rey   si a mi padre matasse
por yo matar mi enemigo   en buena lid en campo.

[9]

Irado va contra la corte,   do está el buen rey don Fernando.
405 Todos dizen: "Ahé,   el que mató al conde lozano".
Quando Rodrigo bolvió los ojos   todos ivan derramando,
avién muy grant pavor d'él   e muy grande espanto.
Allegó don Diego Laínez   al rey bessarle la mano.
Quando esto vio Rodrigo,   non le quisso bessar la mano.
[............................   ....]
410 Rodrigo fincó los inojos   por le bessar la mano,
el espada traía luenga,   el rey fue mal espantado,
a grandes bozes dixo: "¡Tiratme allá esse pecado!".
Dixo estonçe don Rodrigo: "Querría más un clavo
que vós seades mi señor   nin yo vuestro vassallo.

---

[9] TC: parientes e vasallos de mi padre. Omito *parientes* según sugerencia de Webber (1980: 205).

415 Porque vos la bessó mi padre   soy yo mal amanzellado".
Essas oras dixo el rey   al conde don Ossorio su amo:
"Dadme vós acá essa donçella;   despossaremos este lozano".
Aún non lo creyó don Diego,   tanto estava espantado.
Salió la donçella   et tráela el conde por la mano.
420 Ella tendió los ojos   et a Rodrigo comenzó de catarlo:
"Señor, muchas merçedes,   ca éste es el conde que yo demando".
Allí despossavan a doña Ximena   con Rodrigo el Castellano.
Rodrigo respondió muy sañudo   contra el rey castellano:
"Señor, vós me despossastes   más a mi pessar que de grado,
425 mas prométolo a Cristus   que vos non besse la mano
nin me vea con ella   en yermo nin en poblado
fasta que venza çinco lides   en buena lid en canpo".
Quando esto oyó el rey   fízose maravillado.
"Non es éste omne,   mas figura ha de pecado".
430 Dixo el conde don Ossorio: "Mostrarvos lo he privado:
quando los moros corrieren a Castilla,   non le acorra omne nado.
Veremos si lo dize de veras   o si lo dize bafando".
Allí espedieron padre e fijo,   al camino fueron entrados.
Fuesse para Bivar,   por morar ý el verano.

[II. 6. Victoria sobre el moro Burgos de Ayllón]

435 Corrió el moro Burgos   de Ayllón muy lozano,
et el arrayaz Bulcor   de Sepúlveda muy honrado,
e su hermano Tosios, el arrayaz de Olmedo,   muy rico e mucho abondado.
Entre todos eran   çinco mil moros a cavallo,
et fueron correr a Castilla   et llegaron a Bilforado,
440 et quemaron a Redezilla   et a Grañón de cabo a cabo.
A Rodrigo llegó el apellido   quando en siesta estava adormidado.
Defendió que ninguno non despertasse a su padre, sol non fuesse ossado.
Métense a las armas   e cavalgan muy privado,
trezientos cavalleros del padre   vanlo aguardando
445 et otras gentes de Castilla   que se le ivan llegando.
Et los moros venién robando la tierra   e faziendo mucho daño,
traían grant poder   con robo de ganado
et cristianos captivos,   ¡mal pecado!
A la Nava del Grillo,   do es Lerma llamado,
450 allí los alcançó Rodrigo,   seguiolos en alcançe,
lidió con los algareros,   que non con los que llevavan el ganado,
et a los unos mató   et a los otros fue arramando.
Por el campo de Gomiel   a Yoda llegaron,
do ivan los poderes   con el robo tamaño.
455 Allí lidió Rodrigo con ellos   buena lid en el campo;

        un día e una noche   fasta otro día mediado
        estudo en pesso la batalla   e el torneo mesclado.
        Rodrigo vençió la batalla   ¡Dios sea loado!
        Fasta Peña Falcón,   do es Peñafiel llamado,
460   las aguas de Duero   ívanlas enturbiando.
        Allí bolvieron un torneo   contra Fuentedueña llegando.
        Mató Rodrigo a los dos arrayazes   e prisso al moro Burgos loçano
        et traxo los paganos   contra Tudela de Duero, e el ganado,
        captivos e captivas   tráxolos el Castellano.
465   En Çamora llegaron los mandados   do era el buen rey don Fernando.
        El rey quando lo sopo   fue ledo e pagado.
        ¡Ay, Dios, qué grande alegría   fazía el rey castellano!
        Cavalgó el buen rey,   con él muchos condes [...]
        e cavalleros   et otros omnes fijos dalgo,
470   fuese para Tudela de Duero,   do paçía el ganado.
        Rodrigo, quando·l vio venir,   reçebiolo muy privado:
        "Cata, buen rey, qué te trayo,   maguera non só tu vassallo.
        De çinco lides que te prometí   el día que tú me oviste desposado,
        vençido he la una,   yo cataré por las quatro".
475   Essas oras dixo el buen rey: "Por todo seas perdonado,
        en tal que me des el quinto   de quanto aquí has ganado".
        Estonçe dixo Rodrigo: "Solamente non sea pensado,
        que yo lo daré a los mesquinos,   que assaz lo han lazrado.
        Lo suyo daré a los diezmos,   que non quiero su pecado,
480   de lo mío daré soldadas   a aquellos que me aguardaron".
        Essas oras dixo el buen rey: "Dame a esse moro lozano".
        Estonçe dixo Rodrigo: "Solamente non sea pensado,
        que non vos lo daré   por quanto yo valgo,
        que fidalgo a fidalgo, quando·l prende,   non deve dessonrarlo.
485   De más non vos daré el quinto,   sinon de aver monedado,
        que darlo he a mis vassallos,   que assaz me lo han lazerado".
        Despediéronse del rey   e bessáronle la mano.
        Trezientos cavalleros fueron por cuenta   los que allí fueron juntados.
        Quando esto vio Rodrigo,   a los moros se tornó privado:
490   "Oítmelo, rey moro Burgos   de Ayllón muy lozano:
        yo non prendería rey   nin a mí non sería dado,
        mas roguevos que veniésedes conmigo,   vós fezísteslo de grado.
        Itvos salvo e seguro   para vuestro reinado,
        que en toda la mi vida non ayades miedo   de rey moro nin de cristiano.
495   Quanto avían los arrayazes que yo maté,   vós heredatlo
        si vos quesieren abrir las villas,   si non, embiatme mandado,
        yo faré que vos abran   amidos que non de grado".
        Quando esto vio el moro Burgos   de Ayllón muy lozano,
        fincó los inojos delante Rodrigo   e bessole la mano, de boca fablando:

500 "A ti digo el mi señor,   yo só el tu vassallo,
et dote de mi aver el quinto   e tus parias en cada año".
Alegre se va el moro,   alegre se tornó el Castellano.
Parias le enbió el rey moro   de Ayllón muy lozano,
que para en quatro años   fuesse rico e abondado.

[III. El duelo por Calahorra]
[III. 1. Desafío del conde Martín González]

505 Sópolo don Martín Gonçález,   cavalgó muy privado
et fuesse para el rey: "Señor, péssete del tu daño,
507 Calahorra e Tudela   [.................................]
507b forçada te la ha   el buen rey don Fernando.[10]
Señor, dame tus cartas   e iré desafiarlo,
yo seré tu justador,   conbaterlo he privado".
510 Essas horas dixo el rey: "Séate otorgado".
Las cartas dan al conde,   al camino es entrado,
allegava a Çamora,   al buen rey don Fernando.
Entró por la corte,   al buen rey bessó la mano:
"Oítme, rey de grand poder,   un poco sea escuchado,
515 mensagero con cartas   non deve tomar mal nin reçebir daño,
enbíavos desafiar el rey de Aragón,   a vos e a todo vuestro reinado.
Vedes aquí sus cartas,   yo vos trayo el mandado.
[..........................   ....]
Si non, datme un justador   de todo vuestro reinado,
yo lidiaré por el rey de Aragón,   que só su vassallo".
520 Quando esto oyó el rey,   en pie fue levantado,
"Pessar devía a Dios   et a todo su reinado
de tal cossa començar rey   que devía ser su vassallo.
¿Quién gelo consejó   e cómo fue dello ossado?
¿Quál sería de mis reinos,   amigo o pariente o vassallo,
525 que por mí quessiese lidiar   este rieto [. . .]?"
Rodrigo a los tres días   a Çamora ha llegado;
vio estar al rey muy triste,   ante él fue parado,
sonrisándose iva   e de la boca fablando:
"Rey que manda a Castilla e a León   non deve ser desconortado.
530 Rey, ¿quién vos fizo pessar   o cómo fue d'ello ossado?
De presso o de muerto   non vos saldrá de la mano".
Essas horas dixo el rey: "Seas bien aventurado,
a Dios mucho agradesco   por ver que eres aquí llegado.

---

[10] Divido el verso en dos, con un hem. faltante, según propuesta de Armistead (1966: 530, n. 3).

A ti digo la mi coita donde soy coitado:
535 enbiome desafiar el rey de Aragón e nunca gelo ove buscado,
enbiome dezir que·l diesse a Calahorra amidos o de grado,
o que·l diesse un justador de todo el mi regnado.
Querelleme en mi corte a todos los fijos dalgo,
[...........................] non me respondió omne nado.
540 Respóndele tú, Rodrigo, mi pariente e mi vasallo,
fijo eres de Diego Laínez e nieto de Laín Calvo".
Essas horas dixo Rodrigo: "Señor, pláçeme de grado.
Atal plazo nos dedes que pueda ser tornado,
que quiero ir en romería al padrón de Santiago
545 et a Santa María de Rocamador, si Dios quesiere guissarlo".
Essas horas dixo el rey: "En treinta dias avrás afarto".
El conde con grand bi[...] en pie fue levantado,
"Rey, en treinta días mucho es grand plazo,
que más me quería ver con Rodrigo: que quien me diesse un condado".
550 Estonçe dixo Rodrigo: "Conde, ¿por qué vós quexades tanto?,
que a quien diablos han de tomar chica es posiesta de mayo".
Essas horas dixo el rey: "Ve tu vía, bienaventurado".

[III. 2. Romería de Rodrigo y encuentro con San Lázaro]

553 A los caminos entró Rodrigo, passó a Malgrado,[11]
555 e passo por Astorga et llegó a Monte Iraglo.
Complió su romería por Sant Salvador fue tornado.
A doña Theresa Núñez apriessa ovo preguntado:[12]
"Señora, ¿quántos días ha passados que yo fue en romería a Santiago?
"Oy passan veinte e seis días, cras serán los veinte e siete llegados".
560 Quando esto oyó Rodrigo fue mal amanzellado,
"Cavalgat, mis cavalleros, e non querades tardarlo,
vayámosnos servir al buen rey don Fernando,
que tres días ha, non más, para complirse el plazo".
A los caminos entró Rodrigo con treçientos fijosdalgo.
565 Al vado de Cascajar, a do Duero fue apartado
–fuerte día fazía de frío a la posiesta en llegando–,
a la orilla del vado estava un pecador de malato,

---

[11] Suprimo el v. 554 ("de qual dizen Benabente, segunt dize en el romançe") porque se trata de una especie de cita de una fuente tradicional probablemente debida al autor de la *Refundición*.

[12] TC: Complió su romería por Sant Salvador de Oviedo fue tornado / A la condessa doña Theresa Núñez. apriessa ovo preguntado. Omito *de Oviedo* y *la condessa*, de acuerdo con la propuesta de Montgomery (1984–85: 9), mucho mejor que la de Armistead (1966: 531–32).

a todos pediendo piedat   que le passasen el vado.
Los cavalleros todos escopían   et ívanse d'él arredrando.
570 Rodrigo ovo d'él duelo   et tomolo por la mano,
so una capa verde aguadera   passolo por el vado,
en un mulo andador   que su padre le avía dado,
e fuesse para Grejalva,   do es Çerrato llamado.
So unas piedras cavadas   que eran çerca el poblado,
575 so la capa verde aguadera   alvergó el Castellano e el malato,
e en siendo dormiendo,   a la oreja le fabló el gafo:
"¿Dormides Rodrigo de Bivar?   Tiempo has de ser acordado:
mensagero só de Cristus   que non soy malato,
Sant Lazaro só,   a ti me ovo Dios enbiado,
580 que te dé un resollo en las espaldas   que en calentura seas entrado,
que quando esta calentura ovieres,   que te sea menbrado,
quantas cossas comenzares,   arrematarlas has con tu mano".
Dio·l un resollo en las espaldas   que a los pechos le ha passado.
Rodrigo despertó   e fue muy mal espantado,
585 cató en derredor de sí   et non pudo fallar el gafo;
menbrole d'aquel sueño   et cavalgó muy privado,
fuesse para Calahorra   de día et de noche andando.

[III. 3. Rodrigo vence la lid]

Ý era el rey don Ramiro,   ý era el rey don Fernando;
venido era el día del plaço   et non assomava el Castellano.
590 En priessa se vio el rey   e a Diego Laínez ovo buscado:
"Diego Laínez, vós lidiat   este rieto [...]
por salvar a vuestro fijo   que a vós era dado".
Dixo Diego Laínez: "Señor, plázeme de grado".
Ármanle mucho apriessa   el cuerpo e el cavallo.
595 Quando quisso cavalgar,   assomó el Castellano.
A reçebirle sale el rey   con muchos fijos dalgo.
Dixo a Rodrigo: "Adelante,   ¿por qué tardades tanto?"[13]
Estonçe dixo Rodrigo: "Señor, non sea culpado,
ca aún fasta el sol puesto   es todo el día mi plazo.
600 Lidiaré en esse cavallo de mi padre,   que el mío viene muy cansado".
Dixo Diego Laínez: "Fijo, plázeme de grado".
602 El rey con grant plazer   parosse a armarlo.[14]

---

[13] TC: "Adelante", dixo a Rodrigo. Invierto el orden de palabras para evitar que el *verbum dicendi* quede en el medio del discurso directo, por las mismas razones aducidas en n. 8. Sigo el mismo criterio en el v. 1074.

[14] Suprimo el v. 603 ("Dixo Rodrigo: 'Señor, non sea culpado'"), que es repetición fuera de lugar del v. 598, probablemente debida al autor de la *Refundición*, que había cometido un error semejante en los vv. 114 y 143.

604	Cavalgar quería Rodrigo, non quería tardarlo;
605	non le venía la calentura que le avía dicho el malato.
	Dixo al rey: "Señor, dadme una sopa en vino [. . .]".
	Quando quisso tomar la sopa, la calentura ovo llegado,
	en logar de tomar la sopa tomó la rienda del cavallo,
	enderezó el pendón et el escudo ovo enbrazado,
610	e fuese para allí do estava el navarro.
	El navarro llamó "¡Aragón!" et "¡Castilla!" el Castellano,
	ívanse dar seños golpes, los cavallos encostaron.
	Dixo el conde navarro: "¡Qué cavallo traes, Castellano!"
	Dixo Rodrigo de Bivar: "¿Quieres trocarlo?
615	Cámbialo comigo, si el tuyo es más flaco".
	Allí dixo el conde: "Non me sería dado".
	Partiéronles el sol et los fieles como de cabo,
	ívanse dar seños golpes e erro·l el conde navarro,
	non lo erró Rodrigo de Bivar [..........................]
620	un golpe le fue dar que le abatió del cavallo,
	en ante que el conde se levantase, deçendió a degollarlo.
	Desta guissa ganó a Calahorra Rodrigo el Castellano,
	[................................] por el buen rey don Fernando.

[IV. Los reyes moros y los condes rebeldes contra Rodrigo]
[IV. 1. El complot de moros y condes, descubierto por el moro Burgos]

	[................................ ....]
	[................................] el día de Santa Cruz de Mayo,
625	[................................] que Atiença avía por reinado,
	Jesías de Guadalajara,[15] que a África ovo poblado,
	aquel moro Jessías, mucho honrado madriano.
	E sópolo el rey moro Burgos de Ayllón muy lozano,
	et vínose para Castilla de día et de noche andando,
630	[..............................] a Bivar enbió el mandado.
	Et quando lo sopo Rodrigo, cavalgó muy privado,
	entre día e noche a Çamora es llegado.

[IV. 2. Romería del rey Fernando a Santiago]

	Al rey se omilló e no·l bessó la mano.
	"Rey, mucho me plaze porque non só tu vassallo.
635	Rey, fasta que non te armasses non devías tener reinado,
	ca non esperas palmada de moro nin de cristiano,

---

[15] Omito *El rey moro*, según sugerencia de Montgomery (1984–85: 10, n. 25).

mas ve velar   al padrón de Santiago,
quando oyeres la missa,   ármate con tu mano.
Et tú te çiñe la espada   e tú deçiñe como de cabo,
640 e tú te sey el padrino   et tú te sey el afijado,
et llámate cavallero   del padrón de Santiago,
e serías tú mi señor   et mandarías el tu reinado".
Essas horas dixo el rey,   en tanto fue acordado:
"Non ha cossa que non faga[16]   por te non salir de mandado".
645 Metiéronse a los caminos,   passó·l Rodrigo a Malgrado,
647 passolo a Astorga   et metiolo a Monte Iraglo.
De allí se tornó Rodrigo,   que le apresurava el mandado,
que se aguissavan paganos   para correr el reinado.

[IV. 3. Batalla de Rodrigo contra los reyes moros]

650 De noche llegó a Bivar,[17]   dava su apellido [...]
que non lo entendiessen   los que vendían el reinado.
A Sant Estevan   fue Diego Laínez llegado
e don Ruy Laínez   [...] de Alfaro,
e don Laín Laínez   que ovo a Treviño conprado,
655 e Fernand Laínez   de Sant Estevan muy lozano.
El alvor quería quebrar,   et aún el día non era claro,
quando assomavan   los çinco reys moros por el llano,
por la defesa de Sant Estevan   a Duero non son llegados.
Allí aderezó Rodrigo,   sus gentes acaudellando,
660 buelven la batalla,   llegar querrán al quarto,
muchas gentes se perdieron,   de moros e de cristianos;
¡malos pecados! y morieron   quatro fijos de Laín Calvo,
muchos buenos cavalleros en derredor   Rodrigo los ovo encontrados,
desque vio el padre e los tíos muertos,   ovo la color mudado.
665 Quisieran arramar los cristianos,   Rodrigo ovo el escudo enbraçado,
por tornar los cristianos,   del padre non ovo cuidado.
667 Allí fue mezclada la batalla   et el torneo abivado.[18]

672 Cansados fueron de lidiar   et fartos de tornear.
Tres días estido en pesso   la fazienda de Rodrigo de Bivar.

---

[16] TC: Non ha cossa, Rodrigo, que non faga. Omito el vocativo *Rodrigo*, según sugerencia de Montgomery (1984–85: 10, n. 25).

[17] TC: De noche llegó Rodrigo a Bivar. Omito *Rodrigo*, redundante, acorde con la perspectiva de Montgomery (1984–85).

[18] Suprimo los vv. 668–671, que parecen corresponder a una estrofa de cuadernavía, probable contribución del autor culto, según se discute en el Estudio introductorio, de acuerdo con la hipótesis de Raymond Willis (1972).

A pocas que lo non tomaron entrega,　armado estando,
675　esto le aconsejó　por el buen rey don Fernando,
quando los condes　vendieron el reinado.
La batalla vençió Rodrigo,　por ende sea Dios loado.
Mató al rey Garay de Atiença,[19]　e al rey de Çigüenza su hermano,
et mató al de Guadalajara,　et prisso al Madriano,
680　et al Talaverano　et a otros moros afartos,
ca muy bien le ayudó el rey moro　Burgos de Ayllón loçano,
[..............................]　que era su vassallo.
Et traxieron los dos reys moros　para el pueblo çamorano.

[IV. 4. Rodrigo apresa a los condes rebeldes]

Tornosse Rodrigo para Castilla,　tan sañudo e tan irado,
685　toda la tierra tembrava　con el Castellano.
Fue destroir a Redezilla　e quemar a Bilforado,
687　conbatieron a Grañón,　[.................................]
687b　e prisso al conde don Garçi Fernández　con su mano.[20]
or Villafranca de Montes d'Oca　le llevava apressionado,
e violo el conde Ximeno Sánchez　de Burueva, su hermano,
690　e quando lo vio Rodrigo,　luego le salió al alcançe;
ençerrolo en Siete Barrios,　que es Birviesca llamado.
En Santa María la Antigua　se ençerró el conde lozano,
conbatiolo Rodrigo,　amidos que non de grado,
ovo de ronper la iglesia　et entró en ella privado,
695　sacolo por las barvas al conde　de tras el altar con su mano,
E dixo·l: "Sal acá, alevoso,　e ve vender a cristianos
a moros, et matar　a tu señor honrado".
Dos condes lleva pressos,[21]　a Carrión fue llegado.
Quando lo sopieron los condes de Castilla,　todos se alegraron,
700　et fezieron la jura en las manos　e omenaje le otorgaron
que a treinta días contados　fuessen ant'el rey don Fernando.
Con los pressos fue Rodrigo　al pueblo çamorano,
et metiolos en pressión con los moros　e cavalgó privado,
et sale a reçebir a los caminos　al buen rey don Fernando,
705　et encontrolo entre Çamora e Benavente,　do es Moreruela poblado,
desde allí fasta Çamora　fuégelo contando.

---

[19] TC: Mató al rey Garay, moro de Atiença. Omito *moro* según sugerencia de Montgomery (1984–85: 10, n. 25).

[20] Divido el verso en dos, con un hem. faltante, según la propuesta de Armistead (1966: 532–33).

[21] TC: Dos condes lleva pressos Rodrigo. Omito *Rodrigo* según sugerencia de Montgomery (1984–85: 10, n. 25).

[IV. 5. Juicio de los condes traidores en Zamora]

    El rey, quando lo oyó,   enbió por todos sus reinados:
    portogalesses et galizianos,   leonesses et asturianos,
    et Estremadura   con castellanos.
710 Et allí mandó el rey   tan aína judgarlos,
    condes que tal cossa fazían   qué muerte mereçían.
    Judgaron portogalesses   abueltas con galizianos,
    dieron por juizio   que fuesen despeñados.
    Iudgaron leonesses   a bueltas con asturianos,
715 dieron por juizio   que fuessen arrastrados.
    Judgaron castellanos   abuelta con estremadanos,
717 et dieron por juizio   que fuessen quemados.

[V. La campaña de Francia]
[V. 1. El emperador, el rey de Francia y el Papa reclaman tributo a España]

732 En esta querella   llegó otro mandado.
    Cartas del rey de Françia   e del emperador alemano,
    cartas del patriarca   e del papa romano,
735 que diesse tributo España   desde Aspa fasta en Santiago.
    El rey que en España visquiese   siempre se llamasse tributario,
    diese fuero e tributo   cada año.
    Çinco son los reinados de España,   así vinié afirmado,
    que diessen quinze donçellas vírgines   en cada año,
740 [....................]   e fuessen fijas dalgo,
    e diez cavallos,   los mejores del reinado,
    et treinta marcos de plata   que despensasen los fijos dalgo,
    et azores mudados et tres falcones,   los mejores de los reinados,
    este tributo   que diesse cada año
745 en quanto fuessen   bivos cristianos.
    Quando esto oyó   el buen rey don Fernando,
    batiendo va amas las palmas,   las azes quebrantando:
    "¡Pecador sin ventura,   a qué tienpo só llegado!
    Quantos en España visquieron   nunca se llamaron tributarios,
750 a mí venme niño e sin sesso   et vanme soberviando,
    más me valdría la muerte   que la vida que yo fago.
    Agora enbiaré por mis vassallos   que me semeja guissado,
    et consejarme he con ellos   si seré tributario".

[V. 2. El rey Fernando reúne el consejo]

    Allí embió por Rodrigo   et por todos los fijosdalgo,
755 enbiara atreguar los condes,   que non temiessen de daño.

Llegó con ellos Rodrigo   al pueblo çamorano,
et tomolos por las manos e llevolos ant'el rey don Fernando:
"Señor, perdona aquestos condes,   sin arte e sin engaño".
"Yo los perdono   sin arte e sin engaño
760 por non te salir,   Rodrigo, de mandado,
que los çinco reys d'España   quiero que anden por tu mano,
ca França e Alemaña   fázenme tributario,
et el papa de Roma,   que debía vedarlo,
vedes aquí su previlegio   con su sello colgado".
765 Estonçe dixo Rodrigo: "Por ende sea Dios loado,
ca vos enbían pedir don,   vós devedes otorgarlo.
Aún non vos enbían pedir tributo,   mas enbían vos dar algo.
Mostrarvos he yo   aqueste aver ganarlo:
apellidat vuestros regnos   desde Aspa fasta en Santiago,
770 sobre lo suyo lo ayamos,   lo nuestro esté quedado,
si non llego fasta París,   non devía ser nado".

[V. 3. Loor del rey don Fernando]

[10]

Por esta razón dixieron   [...................]:
El buen rey don Fernando   par fue de emperador.
Mandó a Castilla Vieja   et mandó León,
775 et mandó a las Esturias   fasta en Sant Salvador.
Mandó a Galiçia,   onde los cavalleros son,
mandó a Portogal,   essa tierra jenzor,
et ganó a Cohinbra de moros,   pobló a Montemayor,
pobló a Soria,   frontera de Aragón,
780 e corrió a Sevilla   tres veçes en una sazón,
a dárgela ovieron moros,   que quesieron o que non,
et ganó a Sant Isidro   et adúxolo a León.
Ovo a Navarra en comienda   et vínole obedeçer Aragón.[22]
A pessar de françesses   los puertos de Aspa passó,
785 a pessar de reys   e de emperadores,
a pessar de romanos,   dentro en París entró
con gentes honradas   que de España sacó:

---

[22] TC: e vínole obedeçer el rey de Aragón. Omito *el rey de* según sugerencia de Montgomery (1984–85: 10, n. 25).

[V. 4. Enumeración de las huestes del rey Fernando]

  el conde don Ossorio, el amo que·l crió,
  et el conde don Martín Gómez, un portogalés de pro,
790 et el conde don Nuño Núñez, que a Simancas mandó,
  y el conde don Ordoño de Campos el mejor,
  et el conde don Fruela, que a Salas mandó,
  et el conde don Álvar Rodríguez, que a las Asturias mandó,
  y el conde don Galín Laínez, el bueno de Carrión,
795 y el conde don Essar, señor de Monçón,
  y el conde don Rodrigo, de Cabra señor,
  e el conde don Bellar, escogiera el mejor,
  et el conde don Ximón Sánchez, de Burueva señor,
  et el conde don Garçía de Cabra, de todos el mejor,
800 et el conde Garçí Fernández, el Bueno, Crespo de Grañón,
  Almerique de Narbona, qual dizen don Quirón.
  Con ellos va Rodrigo, de todos el mejor.
  Los çinco reys de España todos juntados son,
  passavan allende Duero, passavan allende Arlanzón.

[V. 5. Entrada en Francia y reunión del ejército enemigo]

[11]

[.......................... ....]
805 E siete semanas por cuenta estido el rey don Fernando
  atendiendo batalla en una lid en canpo.

[12]

  Apellidose Françia con gentes enderredor,
  apellidose Lonbardía así como el agua corre,
  apellidose Pavía e otras gentes [. . .]
810 apellidose Alemaña con el emperador,
  Pulla e Calabra et Sezilla la mayor,
  et toda tierra de Roma con quantas gentes son,
  et Armenia et Persia la mayor
  et Frandes e Rochella e toda tierra de *Ultramontes*,
815 et el palazín de Blaya, Saboya la mayor.

[V. 6. Arenga del rey Fernando]

[13]

    Quales atavetradores   del buen rey don Fernando,
    el conde don Fruela   et el conde don Ximón Sánchez
    vieron venir grandes poderes   del conde saboyano,
    con mil e nueveçientos   cavalleros a cavallo.
820 Veniéronse contra el rey   de Castilla llamando:
    "¡A las armas, cavalleros,   el buen rey don Fernando!
    A Ruédano passemos   ante que prendamos daño,
    que atantos son françesses   como yervas del canpo".
    Essas horas dixo el rey   "Non es lo que yo demando;
825 grandes tiempos ha passado   que yo salí de mis reinados,
    quantos *averes*[23] d'ella saqué,   todos son despensados.
    El día que yo cobdiçiava   ya se me va allegando
    de verme en lid en campo   con quien me llama tributario.
    Varones, ¿qué me fizo rey? La mesura de vós, fijosdalgo.[24]
830 Llamástesme señor   et bessástesme la mano.

[14]

    Yo un omne só señero,   como uno de vós,
    quanto es del mi cuerpo   non puede más que otro omne,
    mas do yo metier las manos,   ¡vós sacaldas, por Dios!
    que grand pressión espera España   mientra el mundo fuere.
835 Que vos non llamen tributarios   en ninguna sazón,
    ca vos orarían mal sieglo   quantos por naçer son".
    A ninguna destas querellas   ninguno non le respondió.

[V. 7. Rodrigo, alférez del rey Fernando]

[15]

    El rey con la malenconía   por el corazón quería quebrar.
    Demandó por Rodrigo,   el que naçió en Bivar.

---

[23] Suplo *averes* siguiendo la propuesta de Armistead (1966: 530, n. 3).
[24] TC: Varones, ¿qué me fizo rey, señor de España? La mesura de vosotros, fijosdalgo. Omito *señor de España* y enmiendo *vosotros* en *vos* siguiendo la propuesta de Montgomery (1984–85: 11).

[16]

840 Recudiole Rodrigo, le bessó la mano:
"¿Qué vos plaze, señor, el buen rey don Fernando?,
si conde o rico omne vos salió de mandado,
muerto o presso metervos lo he en vuestra mano".
Essas oras dixo el rey: "Seyas bien aventurado,
845 mas sey alferze de mi seña, siempre te lo avré en grado,
et si me Dios torna a España siempre te faré algo".
Allí dixo Rodrigo: "Señor, non me sería dado,
do está tanto omne rico[25] et tanto poderosso fidalgo
a quien perteneçe seña de señor tan honrado,
850 et yo só escudero e non cavallero armado.

[17]

Mas besso vuestras manos et pídovos un don,
que los primeros golpes yo con mis manos los tome,
et abrirvos he los caminos por do entredes vós".
Essas horas dixo el rey: "Otórgotelo yo".

[18]

855 Essas oras Rodrigo atan apriessa fue armado.
Con trezientos cavalleros que·l bessavan la mano,
contra el conde de Saboya salió tan irado.
Rodrigo nunca oviera seña nin pendón devissado;
ronpiendo va un manto que era de sirgo, la peña le tiró privado
860 apriessa esto de punta a la meter [. . .]
la espada que traía al cuello tirola tan privado,
quinze ramos faze la seña vergüença avía de la dar a los cavalleros.
[.....................] Et bolvió los ojos en alto:
vio estar un su sobrino, fijo de su hermano,
865 que·l dizen Pero Mudo; a él fue llegado:
"Ven acá mi sobrino, fijo eres de mi hermano,
el que fizo mi padre en una labradora quando andava cazando.
Varón, toma esta seña, faz lo que yo te mando".
Dixo Pero Bermudo: "Que me plaze de grado.
870 Conosco que só vuestro sobrino, fijo de vuestro hermano,
mas de que saliestes de España, non vos ovo menbrado,

---

[25] TC: do está tanto omne rico e tanto conde. Omito *e tanto conde* según sugerencia de Montgomery (1984–85: 10, n. 25).

a çena nin a yantar   non me oviestes conbidado,
de fanbre e de frío   só muy coitado,
non he por cobertura   sinon la del cavallo,
875 por las crietas de los pies   córreme sangre claro.
Allí dixo Rodrigo: "Calla, traidor provado;
todo omne de buen logar   que quiere sobir a buen estado
conviene que de lo suyo   sea abidado,
que atienda mal   e bien sepa el mundo passarlo".
880 Pero Mudo   tan apriessa fue armado,
reçebió la seña,   a Rodrigo bessó la mano,
et dixo: "Señor,   afruenta de Dios te fago,
vey la seña   sin arte e sin engaño,
que en tal logar vos la pondré   antes del sol çerrado,
885 do nunca entró seña   de moro nin de cristiano".
Allí dixo Rodrigo: "Esso es lo que yo te mando,
agora te conosco   que eres fijo de mi hermano".

[V. 8. Batalla con el conde de Saboya]

Con trezientos cavalleros   iva la seña guardando,
violo el conde de Saboya,   en tanto fue espantado,
890 et dixo a los cavalleros: "Cavalgat muy privado;
sabedme de aquel español,   si viene de la tierra echado,
si fuere conde o rico omne,   véngame bessar la mano,
si fuere omne de buen logar,   tome mío mayoradgo".
Tan apriessa los latinos   a Rodrigo son llegados,
895 et fízose maravillado   quando ge lo contaron:
"Tornatvos, latinos,   al conde con mi mandado,
et dezilde que non só rico   nin poderoso fidalgo,
mas só un escudero,   non cavallero armado,
fijo de un mercadero,   nieto de un çibdadano.
900 Mi padre moró en rúa   et siempre vendió su paño;
fincáronme dos pieças   el día que fue finado,
et como él vendió lo suyo,   venderé yo lo mío de grado,
ca quien gelo conprava   mucho·l costava caro.
Pero dezilde al conde   que de mi cuerpo atanto,
905 que de muerto o presso   non me saldría de la mano".
El conde quando esto oyó   fue mucho sañudo e irado:
"Español, fi de enemiga,   ya nos viene menazando,
todos los otros mueran,   aquél sea pressionado,
e llevátmelo a Saboya   muy atadas las manos,
910 colgarlo he de los cabellos   del castillo privado.
Mandaré a mis rapazes   tan sin duelo [. . .]
que en el mediodía diga   que es noche çerrada".

Caudillan las azes   et lidian tan de grado,
"¡Saboya!" llamó el conde   e "¡Castilla!" el Castellano.

[19]

915 Veredes lidiar a profía   et tan firme se dar,
atantos pendones obrados   alçar e abaxar,
atantas lanças quebradas   por el primero quebrar,
atantos cavalleros caer   et non se levantar,
atanto cavallo sin dueño   por el campo andar.
920 En medio de la mayor priessa   Rodrigo fue entrar,
encontrosse con el conde   un golpe le fue dar,
derribolo del cavallo,   non le quisso matar:

[20]

"Presso sodes, don conde,   el onrado Saboyano.
D'esta guissa vende paño   aqueste çibdadano,
925 assí los vendió mi padre   fasta que fue finado,
quien ge los comprava,   assí les costava caro".
Essas horas dixo el conde: "Messura, español onrado,
que omne que así lidia   non devía ser villano.
O eres hermano o primo   del buen rey don Fernando.
930 ¿Cómo dizen el tu nonbre,   si a Dios ayas pagado?"
Allí dixo Rodrigo: "Non te será negado:
Rodrigo me llaman   aquestos quantos aquí trayo,
fijo só de Diego Laínez   et nieto de Laín Calvo".
Essas oras dixo el conde: "¡Ay, mesquino desaventurado!
935 Cuidé que lidiava con omne,   e lidié con un pecado,
que dentro poco ha   que fueste nonbrado,
que non te atiende rey moro   nin cristiano en el campo,
ca de muerto o de presso   non te saldría de la mano.
Oílo contar al rey de Françia   et al papa romano,
940 que nunca te prendiesse   omne nado.
Dime de qué guissa   podría yo [. . .]
salir de tu pressión   que non fuesse dessonrado.
Cassarte ía con una mi fija   que yo más amo
e non he otra fija nin otro fijo   que herede el condado".
945 Allí dixo Rodrigo: "Pues enbía por ella muy privado.
Si yo d'ella me pagare,   que cabe se fará el mercado".
Ya van por la infanta   a poder de cavallo,
tráenla guarnida   en una silla muy blanca,
de oro el freno,   non mejor obrado,
950 vestida va la infanta   de un baldoque preçiado,

cabellos por las espaldas   como de un oro colado,
ojos prietos como la mora,   el cuerpo bien tajado,
non ha rey nin emperador   que d'ella non fuese pagado.
uando la vio Rodrigo,   tomola por la mano,
955   et dixo: "Conde, it   a buena ventura muy privado,
que non cassaría con ella   por quanto yo valgo,
ca non me perteneçe   fija de conde nin de condado.
[. . .] es por cassar   el rey don Fernando,
a él me la quiero dar   si faga mayoralgo.
960   Conde, por quanto de los ojos vedes   non vos coja más en el campo".

[V. 9. Rodrigo entrega la Saboyana al rey Fernando]

Dávala Rodrigo a los suyos,   llévanla passo,
él acogiesse para el rey   al galope del cavallo.
Dixo: "Albriçias, señor,   que vos trayo buen mandado.
En mil e noveçientos cavalleros   fize muy grand daño,
965   prisse al conde de Saboya   por la barba sin su grado.
Diome por sí su fija   et yo para vos la quiero,
et besso vos las manos   que me fagades algo".
Essas oras dixo el rey: "Solo non sea penssado,
ca por conquerir reinos vine acá,   ca non por fijas dalgo,
970   ca si nós las quesiéramos,   en España falláramos afarto".
Essas oras dixo Rodrigo: "Señor, fazedlo privado,
enbarraganad a França,   si a Dios ayades pagado.
Suya será la dessonra,   irlos hemos denostando,
assí bolveremos con ellos   la lid en el campo".

[V. 10. Rodrigo se convierte en Ruy Díaz, señor de 900 caballeros]

975   Essas oras fue el rey   ledo e pagado:
"Pues en mil e noveçientos   fezistes grand daño,[26]
¿de los tuyos quántos te fincaron,   si a Dios ayas pagado?".
Allí dixo Rodrigo: "Non vos será negado:
llevé trezientos cavalleros   et traxe quarenta e quatro".
980   Quando esto oyó el rey,   tomolo por la mano,
al real de castellanos   amos a dos entraron,
el rey enbió a dos a dos   los cavalleros de mando,
fasta que apartó noveçientos   que a Rodrigo bessassen la mano.
Dixieron los noveçientos: "Pero Dios sea loado,

---

[26] TC: et dixo: "Rodrigo, pues es en mil e noveçientos fezistes grand daño. Omito *et dixo: Rodrigo*, pues tanto el *verbum dicendi* como el vocativo son marcas redundantes atribuibles a la transmisión manuscrita.

985	con tan onrado señor que nós bessemos la mano".
	De Rodrigo que avía nombre Ruy Díaz le llamaron.
	Cavalgan estos noveçientos a la infanta tomaron,
	entran en la tienda del buen rey don Fernando,
	con ella fue el rey muy ledo e pagado.

[V. 11. Ruy Díaz llega hasta las puertas de París]

990	Allí dixo Rodrigo al buen rey don Fernando:
	"Cavalguen vuestros reinos et non sean en tardarlo.
	Yo iré en la delantera con estos noveçientos que yo trayo.
	Señor, lleguemos a París, que así lo avré otorgado,
	ca aý es el rey de Françia et el emperador alemano,
995	ý es el patriarca et el papa romano, que nos están esperando
	a que les diéssemos el tributo, et nós queremos gelo dar privado,
	que fasta que me vea con ellos, non sería folgado".

	Entran en las armas, comienças de cavalgar.
	La delantera lleva Rodrigo de Bivar.

1000	Cavalgan en la mañana al alvorada ante el buen rey don Fernando.
	los poderes juntavan, ya eran fuera de París assentados
	en tantas tiendas, en tantos ricos estrados.
	Allí llegó Rodrigo con tresçientos cavalleros [...].
	Allí se reptan françesses abueltas con alemanos,
1005	riétanse los françesses con tantos de los romanos.
	Allí fabló el conde de Saboya muy grandes bozes dando:
	"¡Quedo, los reinos, non vos vades coitando!
	Aquel español que allí vedes en todo es diablo.
	El diablo le dio tantos poderes que assí viene aconpañado.
1010	Con mil que trae mal me ha desbaratado,
	en mil e noveçientos fízome grand daño,
	príssome por la barba amidos e non de grado,
	allá me tiene una fija donde soy muy cuitado".
	Allí finca la tienda de Ruy Díaz el Castellano.
1015	En el tendal, don Ruy Díaz cavalga apriessa en el su cavallo,
	el escudo ante pechos, el pendón en la mano:
	"Oítme, los noveçientos, veredes lo que fago,
1018	si en las puertas de París non diesse con la mano,
1018b	*en toda la mi* vida non sería folgado.[27]

---

[27] TC: Si non diesse con la mano en las puertas de París, non sería folgado. Desdoblo el verso en dos, cambio el orden de palabras y suplo un hem. faltante a fin de solucionar la

¡Si podiesse mezclar batalla,   el torneo parado,
1020   que cras quando el rey llegasse,   que nos fallasse lidiando!"
       Allí movió Ruy Díaz,   [..............................]
       entre las tiendas de los françesses   expoloneó el cavallo,
       e ferían los pies   et la tierra iva temblando.
       En las puertas de París   fue ferir con la mano,
1025   a pessar de françesses   fue passar como de cabo.
       Parosse ant'el papa   muy quedo estido:
       "¿Qué es esso, françesses   e papa romano?
1028   Siempre oí dezir   [..............................]
1028b que Doze Pares avía en Françia,   lidiadores, ¡llamadlos!
       Si quesieren lidiar comigo,   cavalguen muy privado.
1030   Fabló el rey de Françia: "Non es guissado,
       non ay de los Doçe Pares que lidiasse,   si non con el rey don Fernando.
       Apartat desque veniere   el rey de España don Fernando
       [..............................]   et lidiaré con él de grado".
       Allí dixo Ruy Díaz,   el buen Castellano:
1035   "Rey, vós e los Doze Pares   de mí serés buscado".
       Ya se va Ruy Díaz   a los sus vassallos.
       Dan çevada de día,   los sus vassallos son armados.
       Todos [...] la tierra   fasta el sol rayado.

[V. 12. Ruy Díaz y el rey Fernando en la corte de París]

       Assomaron los poderes   del buen rey don Fernando,
1040   a reçebirlos sale Ruy Díaz   et tomó al rey por la mano:
       "Adelante, señor,   el buen rey don Fernando,
       el más honrado señor   que en España fue nado.
       Ya querrían aver en graçia   los que vos llaman tributario.
       Agora sanaré   del dolor que andava coitado.
1045   Tan seguro andat por aquí   como si oviésedes entrado,
       yo lidiaré con estos,   vós estad quedado".
       Allí dixo el rey: "Ruy Díaz el Castellano,
       como tú ordenares mis reinos   en tanto seré folgado".
       Allí fincó Ruy Díaz la tienda   del buen rey don Fernando
1050   con las suyas, cuerdas mezcladas,   aderredor d'él los castellanos
       [..............................]   abuelta con estremadanos
       la costanera, aragonesses, navarros,   con leonesses e con asturianos,
       por mantener la çaga,   portogalesses con galizianos.
       Quando esto vio   el papa romano,

anomalía de la excesiva extensión del 1er. hemistiquio. Sigo en esto la enmienda propuesta por JV.

1055 dixo: "Oítme, rey de Françia,   el emperador alemano.
    Semeja que el rey de España   es aquí llegado;
    non viene con mengua de corazón,   mas como rey esforçado.
    Agora podredes aver derecho,   si podiéremos tomarlo;
    quanto aver sacó de España,   todo lo ha despenssado.
1060 Agora ganaré d'él tregua   por quatro años, ¡es chico el plazo!
    Después darle hemos guerra   et tomarle hemos el reinado".
    Dixieron los reys: "Señor,   enbiat por él privado".
    Apriessa enbía por el rey   el papa romano.
    Quando esto oyó   el *buen* rey don Fernando,
1065 armose él   et los fijos dalgo.
    En seños cavallos cavalgan   el rey et el Castellano,
    amos lanças en las manos,   mano por mano fablando,
    aconsejándole Ruy Díaz   a guissa de buen fidalgo:
    "Señor, en aquesta fabla   sed vós bien acordado.
1070 Ellos fablan muy manso   et vós fablat muy bravo,
    ellos son muy leídos   et andarvos han engañando.
    Señor, pedildes batalla   para cras en el alvor quebrando".
    El papa, quando lo vio venir,   en ante fue acordado.
    Dixo: "Oítme,   el buen emperador alemano,
1075 aqueste rey de España   seméjame mucho onrado.
    Ponet aý una silla a par de vos   e cobrilda con este paño,
    quando viéredes que descavalga,   levantadvos muy privado,
    et prendetlo por las manos   et cabe de vós possaldo,
    que sea en par de vós,   que me semeja guissado".
1080 Allí se erzían los poderes de Roma   al buen rey don Fernando,
    non sabían quál era el rey   nin quál era el Castellano,
    sinon quando descavalgó el rey   et al papa bessó la mano,
    et levantosse el emperador   et reçebiolos muy de buen grado,
    et tómanse por las manos,   van possar al estrado,
1085 a los pies del rey se va possar   Ruy Díaz el Castellano.
    Allí fabló el papa,   comenzó a preguntarlo:
    "Dígasme, rey de España,   si a Dios ayas pagado,
    si quieres ser emperador de España,   darte he la corona de grado".
    Allí fabló Ruy Díaz   ante que el rey don Fernando:
1090 "Devos Dios malas graçias,   ay, papa romano,
    que por lo por ganar venimos,   que non por lo ganado,
    ca los çinco reinos de España   sin vos le bessan la mano.
    Viene por conquerir el emperio[28]   que de derecho ha de heredarlo.
    Assentosse en la silla,   por ende sea Dios loado,

---

[28] TC: Viene por conquerir el emperio de Alemania. Omito *de Alemania* según sugerencia de Montgomery (1984–85: 10).

1095 veré que le dan avantaja   de la qual será ossado,
conde alemano que·l dé   la corona et el blago".
En tanto se levantó   el buen rey don Fernando:
"A treguas venimos,   que non por fazer daño.
Vos adeliñat, mi señor   Ruy Díaz el Castellano".
1100 Estonçe Ruy Díaz   apriessa se fue levantado:
"Oítme, Rey de Françia   e enperador alemano,
oítme patriarca   e papa romano:
[............................]   enbiástesme pedir tributario.
Traervos lo ha   el buen rey don Fernando,
1105 cras vos entregará   en buena lid en el campo
los marcos que·l pedistes   [........................].
Vós, rey de Françia,   de mí seredes buscado.
Veré si vos acorrerán los Doçe Pares   o algún françés loçano".
Emplaçados fincan para otro día en el campo.
1110 Alegre se va   el buen rey don Fernando,
a la su tienda lleva,   que non quiere dexarlo.
Allí dixo el rey   a Ruy Díaz [. . .]:
"Fijo eres de Diego Laínez   et nieto de Laín Calvo.
Cabdiella bien los reinos   desque cantare el gallo".
1115 Essas oras dixo Ruy Díaz: "Que me plaze de grado;
cabdillaré las azes   ante del alvor quebrado,
como estén las azes paradas   en ante del sol rayado".

[V. 13. Treguas por el nacimiento del hijo del rey Fernando]

[21]

Apriessa dan çevada   et piensan de cavalgar,
las azes son acabdilladas   quando el alvor quiere quebrar,
1120 mandava Ruy Díaz a los castellanos   al buen rey don Fernando guardar.
Va Ruy Díaz con los noveçientos,   la delantera fue tomar.

[22]

Armadas son las azes   et el pregón apregonado
la una e las dos,   a la terçera llegando.
La infanta de Saboya,   fija del conde saboyano,
1125 yazía de parto en la tienda   del buen rey don Fernando.
Allí parió un fijo varón,   el papa fue tomarlo.
Ante que el rey lo sopiesse   fue el infante cristiano,
padrino fue el rey de Françia   et el enperador alemano,
padrino fue un patriarca   et un cardenal onrado.
1130 En las manos del papa   el infante fue cristiano.

Allí llegó el buen rey don Fernando,
quando lo vio el papa, passó el infante a un estrado,
començó de predicar muy grandes bozes dando:
"Cata", diz, "rey de España, cómo eres bienaventurado
1135 con tan grand onra Dios, que fijo te ha dado.
Miraglo fue de Cristus, el Señor apoderado,
que non quisso que se perdiesse cristianismo desde Roma fasta Santiago.
Por amor d'este infante que Dios te ovo dado,
danos tregua siquiera por un año".
1140 Allí dixo Ruy Díaz: "Sol non sea pensado,
salvo si es entrega". "Enpero más queremos aplazarlo,
et tal plazo nos dedes que podamos entregarlo:
o morrá este emperador, o·l daremos reinado apartado".
Dixo el rey don Fernando: "Dovos quatro años de plazo".
1145 Dixo el rey de Françia et el emperador alemano:
"Por amor d'este infante que es nuestro afijado,
otros quatro años vos pedimos de plazo".
Dixo el rey Fernando: "Séavos otorgado.
E por amor del patriarca dovos otros quatro años,
1150 et por amor del cardenal *dovos otros tantos*.

TABLA DE EPISODIOS DE LA
REFUNDICIÓN DE LAS MOCEDADES DE RODRIGO

I. Introducción histórica § 1–v. 279

1. Orígenes de Castilla y de los linajes de Rodrigo y el rey Fernando. § 1–§ 4
2. El conde Fernán González. § 5–v. 54
3. Sucesores de Fernán González. vv. 55–66
4. Sancho Avarca, primer rey de Castilla. vv. 67–94
5. Creación del obispado de Palencia. 1. Tumba de San Antolín. vv. 95–135
6. Sancho Avarca, rey de León. vv. 136–142
7. Creación del obispado de Palencia. 2. Miro, el primer obispo. vv. 143–201
8. Rebelión de los castellanos contra Sancho Avarca. vv. 202–220
9. Fernando, rey de Castilla y señor de toda España. vv. 221–269
10. Creación del obispado de Palencia. 3. Bernardo, segundo obispo. vv. 270–279

II. Rodrigo y Jimena vv. 280–504

1. Guerra entre Vivar y Gormaz. vv. 280–300
2. Rodrigo mata al conde don Gómez de Gormaz. vv. 301–313
3. Jimena pide la liberación de sus hermanos. vv. 314–345
4. Las quejas de Jimena ante el rey Fernando. vv. 346–367
5. Rodrigo es desposado con Jimena. vv. 368–434
6. Victoria sobre el moro Burgos de Ayllón. vv. 435–504

III. El duelo por Calahorra vv. 505–623

1. Desafío del conde Martín González. vv. 505–552
2. Romería de Rodrigo y encuentro con San Lázaro. vv. 553–587
3. Rodrigo vence la lid. vv. 588–623

IV. Los reyes moros y los condes rebeldes contra Rodrigo vv. 624–717

1. El complot de moros y condes, descubierto por el moro Burgos vv. 624–632
2. Romería del rey Fernando a Santiago. vv. 633–650
3. Batalla de Rodrigo contra los reyes moros. vv. 651–683
4. Rodrigo apresa a los condes rebeldes. vv. 684–706
5. Juicio de los condes traidores en Zamora. vv. 707–717

V. Reposición del obispado de Palencia vv. **718–731**

VI. La campaña de Francia vv. **732–1150**

1. El emperador, el rey de Francia y el Papa reclaman tributo a España. vv. 732–753
2. El rey Fernando reúne el consejo. vv. 754–771
3. Loor del rey don Fernando. vv. 772–787
4. Enumeración de las huestes del rey Fernando. vv. 788–804
5. Entrada en Francia y reunión del ejército enemigo. vv. 805–815
6. Arenga del rey Fernando. vv. 816–837
7. Rodrigo, alférez del rey Fernando. vv. 838–887
8. Batalla con el conde de Saboya. vv. 888–960
9. Rodrigo entrega la Saboyana al rey Fernando. vv. 961–974
10. Rodrigo se convierte en Ruy Díaz, señor de 900 caballeros. vv. 975–989
11. Ruy Díaz llega hasta las puertas de París. vv. 990–1038
12. Ruy Díaz y el rey Fernando en la corte de París. vv. 1039–1117
13. Treguas por el nacimiento del hijo del rey Fernando. vv. 1118–1150

NOTAS HISTÓRICO-LITERARIAS

§ 1–v. 279. La inclusión de esta extensa Introducción histórica, que ocupa el 30% del poema conservado, ha dado origen a un animado debate. Por un lado, se discute si su origen es juglaresco, letrado o mixto. Por otro lado, se intenta comprender tanto su función global en la economía del relato, como la coherencia con esa función que podría tener su contenido, plagado de disparates históricos. Han tratado todas o algunas de estas cuestiones Menéndez Pidal (1945), Armistead (1963–64 y 2000), Deyermond (1969), Victorio (1982), Serrano Asenjo (1996) y Martin (1992). Por mi parte, y como argumentara en el Estudio introductorio, me inclino por considerar que esta Introducción formaba parte de la *Gesta* primitiva, motivada por el deseo de desvirtuar la leyenda sobre la bastardía del héroe y de fundar la independencia de Castilla en la actitud de rebeldía frente a León. Lo inusitado del recurso en el modo compositivo tradicional juglaresco se explicaría por la mixtura de juglaría y clerecía que sería propia de la fase tardía del género épico castellano.

§ 1. A pesar de la gran inicial con que comienza el texto en el Ms y que da la apariencia de ser el verdadero inicio de la obra, debemos concluir que falta aquí la apertura del texto, en la que probablemente se hiciera mención a la "tematización del canto" (es decir, la explicitación de la voluntad de relatar los orígenes de Castilla y las hazañas del héroe joven y, quizás, en el caso de la *Refundición*, los orígenes del obispado de Palencia) para luego comenzar el relato con el rey Pelayo después de la Pérdida de España.

§ 2. La situación política y los límites geográficos de Castilla que aquí se mencionan no buscan, a mi entender, la precisión documental sino que tratan de evocar los humildes comienzos de la Castilla primitiva como un pequeño territorio al norte del Duero (inspirándose en un pasaje similar del *PFG* sin dudas también presente en el *Cantar* juglaresco). San Esteban de Gormaz fue de moros hasta la repoblación cristiana cumplida por los condes castellanos bajo el reinado de García I de León, en 912, pero León ya había sido repoblada por Ordoño I en 856 y Sepúlveda, al sur del Duero, en el NE de la Prov. de Segovia, fue repoblada por el conde Fernán González en 940, aprovechando la situación favorable posterior a la victoria de Simancas sobre Abderramán III. Por último, Olmedo, en la Prov. de Valladolid, fue de moros hasta su conquista por Alfonso VI antes de 1085 y posterior repoblación en 1093. Si todo esto era de moros según el poema, nos estaríamos ubicando en la primera mitad del s. IX. Pero entonces no concuerdan demasiado bien los topónimos elegidos como indicadores de los términos de la región castellana. Bilforado, la actual Belorado, en la Prov. de Burgos, y Grañón, en la Prov. de Logroño, en el límite con la de Burgos, poseen verosimilitud como límite oriental de Castilla, del mismo modo que Carrión (la actual Carrión de los Condes, en el norte de la Prov. de Palencia) y Saldaña (al norte de Carrión) marcan el límite occidental. Pero creo que las menciones de San Esteban de Gormaz, Carrión y Grañón son sin duda reminiscencias del *PMC*, producto de la búsqueda intencional de cierta resonancia de la tradición épica cidiana en el poema.

§ 3. La leyenda de los Jueces de Castilla cumple una función estructural importante en la Introducción porque provee el fundamento del doble esquema genealógico que culminará en las figuras principales del poema: Rodrigo y el rey Fernando. El análisis más completo de este motivo se encuentra en el estudio de Martin (1992). Es interesante destacar que la motivación provista por el texto alude a la necesidad de proteger hijas y mujeres cuando los castellanos debían asistir a las cortes del rey de León, lo que nos remite a dos motivos relevantes en el poema: el dilema de ir o no ir a cortes como símbolo de sumisión o rebeldía y la connotación sexual que implica el temor de la afrenta al honor masculino a través del cuerpo femenino. Sobre esta última cuestión señala Lacarra: "This early mention in the poem of women who need to be protected from potential abuse to prevent humiliation and shame, though absent in all other versions of the judges' legend, is by no means fortuitous. On the contrary it is a motif invoked from the beginning and repeated throughout the *MR*, used by the poet to demonstrate who dominates and who is dominated" (1999: 478).

La ofrenda de trigo al apóstol Santiago para propiciar la ayuda del santo contra los moros es relativamente voluminosa, pues cada *emina* equivalía en Castilla –al menos desde la época de Alfonso X– a nueve celemines toledanos; siendo el celemín la doceava parte de la fanega (= 55,501 litros), cada emina resulta tener 41,625 litros. Agradezco estos datos a Alberto Montaner.

§ 4. Tal y como señalara Deyermond (1969: 18–19), la genealogía escandalosa de Fernán González, en abierto contraste con la que se consigna en el *PFG* (estrofas 165–67, ed. Zamora Vicente), se explicaría por el afán sensacionalista del poeta, puesto que el conde es un personaje positivo en el texto. Sin embargo, no hay que perder de vista que el autor de la *Gesta* está utilizando no el poema de clerecía, sino el cantar juglaresco sobre Fernán González en una versión tardía: por lo tanto, la búsqueda de un efecto chocante en el público bien puede provenir de la fuente inspiradora de este episodio.

§ 5. El episodio de las vistas en que Fernán González termina prisionero del rey de Navarra se narra también en el *PFG*. Por cierto que las diferencias en cuanto a los personajes y el lugar de las vistas son muy claras: mientras que en nuestro poema el rey de Navarra es Sancho Ordóñez, el lugar de las vistas es Vañárez, la prisión del conde es en Tudela de Navarra y la hermana del rey navarro se llama Constança, en *PFG* se trata del rey García de Navarra, las vistas son en Cirueña, la prisión es en Castroviejo y la hermana liberadora se llama Sancha (estrofas 584–638 de la ed. Zamora Vicente). A pesar de estas divergencias, Deyermond insiste en la estrecha relación de la versión de *MR* con la del poema de clerecía (1969: 189–93). Matthew Bailey (1999c) ha argumentado convincentemente a favor de la preeminencia del poema juglaresco **Cantar de Fernán González* (hoy perdido) como fuente de este episodio, basándose en ciertos detalles de su desenlace (homenaje de los castellanos a la piedra que no desaparece con el hallazgo del conde). En otro orden de cosas, es interesante la reiteración que presenta la frase final de este período y la inicial del siguiente: idéntico comienzo ("Et yaziendo el conde") y luego la misma acción, de la que en cada caso se provee información complementaria. ¿Será la primera una intervención cronística que identifica el personaje y nos aclara su parentesco con el rey, y la segunda la prosificación de un verso épico legítimo que subraya los tintes dramáticos de la huida (el conde encadenado llevado a cuestas por la infanta a través de lugares salvajes)?

§ 6. El episodio del mal arcipreste también se encuentra en el *PFG* (estrofas 639–52); véase al respecto el comentario de Fernando de Toro-Garland (1973).

1–15. Del episodio del reencuentro de los castellanos con su caudillo se destaca el motivo del homenaje a una estatua de piedra. Como ha notado Bailey, la versión aquí narrada se singulariza por el tratamiento de este motivo: "En el *PFG* no se hace ninguna mención de la necesidad de seguir honrando a la piedra después del encuentro con el conde [. . .]. Esta prolongación del deber vasallático de los castellanos hacia la piedra debe ser un aspecto complementario de la inspiración pagana que permea en todo el episodio, detalle que por algún motivo olvida el *PFG*" (1999c: 96–97). Georges Martin provee la explicación ideológica más satisfactoria al señalar que el pasaje expresa simbólicamente la primacía de la dependencia vasallática personal y contractual sobre el señorío natural: "C'est le geste rituel du vassal –c'est la dépendance librement contractée, non la 'nature'– qui fait le seigneur" (1992: 505).

16–17. La muerte de un rey de Navarra a manos de Fernán González en la batalla de la Era Degollada se narra también en el *PFG* (estrofas 308–27, ed. Zamora Vicente), aunque, nuevamente, difiere el nombre (no Sancho

Ordóñez sino Sancho) y la ubicación cronológica (en *PFG* el episodio es muy anterior a la prisión del conde y protagonizado por otro rey). El episodio es, obviamente, legendario: no hubo tal batalla de la Era Degollada; a lo sumo pudo haber ocurrido un enfrentamiento entre navarros y castellanos en el valle del Valpirri h. 958, pero el combate de ninguna manera derivó en la muerte del infante (y no rey) don Sancho, pues éste sucedió a su padre García I de Navarra en 970.

18-35. Como se argumenta en el Estudio introductorio, este episodio de las vistas con el rey de León es de vital importancia para entender la muy peculiar estructura del poema. Aquí se desarrolla la primera escena fundamental de afirmación de la rebeldía. Bailey (1999c) ha estudiado con detalle este pasaje, ausente del texto conservado del *PFG*, y señala que aparece en nuestro poema, en la *CG1344* y en el romance tradicional *Castellanos y leoneses*; pero lejos de ser un episodio incluido tardíamente (s. XIV) a la leyenda del conde Fernán González, provendría del *Cantar* juglaresco en el que se basó el poeta arlantino de mediados del s. XIII. En rigor, de esa versión épica juglaresca derivarían, con reelaboraciones idiosincráticas, tanto *CG1344* como el romance tradicional y *MR* (véanse al respecto Victorio 1972: 788, Clavero 1994: 48-63 y Vaquero 1994: 151-53). Desde el punto de vista narrativo, puede agregarse que un elemento a considerar, que enlaza esta situación con la de la campaña de Francia, es la exigencia de tributo (vv. 27 y 32): en este momento el condado de Castilla y más adelante toda España se afirmarán en su soberanía mediante el rechazo de tal exigencia.

36-54. La leyenda de Fernán González consiguiendo la independencia de Castilla por el precio de un caballo y de un azor ha sido muy estudiada. Menéndez Pidal (1956) ha esgrimido este episodio como uno de sus argumentos principales para sostener la hipótesis del origen germánico de la épica española, aunque el caso ha sido convincentemente rebatido por Harvey (1976) y Harvey y Hook (1982) y ahora asoma como más probable la hipótesis de un origen hispano-árabe, según Marcos Marín (1986). La relevancia del episodio en relación con el poema en que está inserto radica en su función de desenlace de la situación de rebeldía planteada en el pasaje anterior.

55-66. Este pasaje de corte genealógico sobre los descendientes de Fernán González posee elementos poéticos innegables: la comparación de la virtud guerrera de padre e hijo (v. 56), la mención de los infantes de Salas (v. 59), la alabanza de Garçí Fernández (v. 60), la mención de los fueros y privilegios otorgados por el conde don Sancho (v. 62). Las inexactitudes de esta genealogía culminan con el reemplazo del infante García por un ficticio Sancho Abarca (ya que no tiene nada que ver con el histórico Sancho II Abarca, que reinó en Navarra entre 970 y 994), probablemente inspirado en la figura del rey Sancho III el Mayor de Navarra. Georges Martin (2002) interpreta la asignación del sobrenombre (vv. 65–66) de acuerdo con la lección del Ms ("pussol por nonbre el padre Sancho Avorta por amor de destroyr") poniéndola en relación con la genealogía escandalosa de Fernán González. Según su hipótesis, en nuestro poema "los segundones, bastardos, semi-villanos y villanos, en resumidas cuentas los seres cuyos orígenes están marcados por una inferioridad o incluso una infamia, pululan y están valorados" (256); por lo tanto, acepta que habría una intención denigratoria en el conde don Sancho con respecto a su hijo. Aunque la serie de correspondencias aducidas no deja de ser atractiva, esa intencionalidad es, en este caso, argumentalmente inconsistente con la voluntad del conde de convertir a su hijo en rey.

67–84. La proclamación de Sancho Abarca como primer rey de Castilla, realizada en cortes y a partir de una iniciativa de su padre el conde Sancho, pone de manifiesto el trasfondo ideológico señorial del poema y su fuerte impronta castellana. No hay aquí la menor alusión a las decisiones regias tomadas por una dinastía navarra que llevarán al establecimiento de un rey en Castilla.

85–86. El poema convierte en acciones simultáneas el regimiento del reino y la confección de señas (es decir, estandartes) levantados en todo el territorio. En comunicación privada, Alberto Montaner, conocido experto en emblemática –entre muchas otras cosas–, me confirma que aún no se conoce el significado exacto de la acción y su posible relación con costumbres de la época; sólo se sabe que en tiempos posteriores está documentada la costumbre de "alzar pendón" en las principales localidades del reino al proclamarse un nuevo monarca, de lo que esta referencia del poema podría ser un antecedente. Sea como fuere, en esta referencia podría encontrarse una clave para entender el sentido de la preocupación por cuestiones heráldicas en el poema.

87–94. El relato del casamiento del flamante rey con una infanta francesa estaría indicando la importancia crucial que los acuerdos matrimoniales tienen en nuestro poema. Por un lado, es obvia derivación de la impronta genealógica de la trama. Por otro lado, confirma el lugar preeminente del matrimonio en la ideología señorial como instrumento político y social. Desde el casamiento de la hija natural del rey Pelayo con el conde don Suero de Casso hasta la unión extramarital del rey Fernando con la hija del conde de Saboya, se nos cuenta sobre uniones que resultan medios eficaces para restaurar el señorío en la tierra, subir en estado, lograr reconocimiento de su estado, reparar un agravio, devolver una afrenta, detener una guerra. También vale la pena señalar que en este caso se nos está diciendo que el rey Fernando estaría emparentado con la casa regia de Francia a través de su madre. Por cierto que este detalle se olvida por completo cuando el poema toma un giro decididamente antifrancés en su episodio final.

95–135. Este primer episodio relacionado con Palencia, primera muestra de la labor refundidora-interpoladora del poeta pro-palentino, pone en claro las estrategias de legitimación narrativa utilizadas para cumplir la puesta en relación del obispado con el héroe: el contexto de inserción (relato de los orígenes del reino), la sanción divina positiva mediante un hecho providencial (el descubrimiento de la tumba de San Antolín), el traspaso de la propiedad a manos del rey.

106–23. Deyermond (1969: 83–92) ha estudiado la leyenda del descubrimiento de la tumba de San Antolín con detenimiento. Señala que, aunque pertenece a un tipo de relatos (descubrimientos legendarios) común en la tradición eclesiástica y en el folklore, no se narra aquí la versión que podríamos llamar "oficial" de la leyenda, protagonizada no por Sancho Abarca sino por Sancho III el Mayor, rey de Navarra, y que tiene elementos milagrosos más llamativos (el rey intenta cazar un jabalí y el brazo se le paraliza en castigo por violar el santuario). Esta versión oficial ya se narra en *De rebus Hispaniae*, del arzobispo Rodrigo Ximénez de Rada (1243), luego traducida e incluida en la *EE* alfonsí, mientras que la historia de la mula hundiéndose en una cueva subterránea sólo aparece en *MR*. Deyermond propone como la explicación más aceptable de esta divergencia que el poeta-clérigo intentó racionalizar una leyenda que no sólo era extravagante sino también demasiado cercana a otras leyendas fundacionales de centros religiosos. En vista de la extravagancia que abunda en toda la obra, que el poeta haya querido evitar justamente aquí un relato extravagante resulta un argumento discutible; mucho más probable es que se trate de un influjo del *PFG*, tanto en el relato del hundimiento de la mula como en la intención de alejarse de la historia fundacional de San Pedro de Arlanza (Deyermond 1969: 92).

129. "Danse las verdades" = 'intercambian garantías y seguridades', expresión jurídica del acuerdo entre el rey y el conde don Pedro.

130–35. Primera referencia a cuestiones de heráldica, que tiene una significativa importancia en el poema como índice revelador de la ideología señorial caballeresca que subyace en gran parte del texto. Alberto Montaner me confirma que la descripción de las nuevas armas del conde don Pedro corresponde a las verdaderas armas de Aguilar de Campoo, aunque sólo a partir de 1345 aprox., cuando don Tello, hijo bastardo de Alfonso XI, habría adoptado el *águila india* en su condición de señor de Aguilar. Este dato indicaría una fecha de composición de la *Refundición* no anterior a mediados del siglo XIV, lo que vuelve a abrir la incógnita en cuanto a la datación de la obra. Sobre detalles técnicos de la emblemática aquí referida, puede verse Montaner 2002b: 302, n. 41; sobre los nuevos argumentos para retrasar la datación, véase Montaner 2002a: 138, n. 67.

135. "desque él erzió condado" = 'desde que éste se convirtió en condado'.

136–42. El cambio de estatuto regio de Sancho Abarca, fruto de una herencia indirecta y no de la conquista, hará cambiar la consideración positiva del personaje. Por cierto que esta transformación queda oculta por las interpolaciones palentinas y los muy sospechosos comentarios genealógicos que ilustran los motivos que colocan la corona de León en la cabeza del rey castellano.

143–201. En este segundo episodio palentino se ponen en práctica nuevas estrategias de legitimación: el traslado de la primacía eclesiástica de Toledo a Palencia (fantástica historia de la huída del arzobispo toledano ante la invasión de los moros), la donación regia plasmada en un documento en el que figuran los límites geográficos del obispado y por último, la confirmación papal y la aceptación regia con valor permanente. Deyermond (1969: 92–105) realiza un detenido estudio del episodio centrado en los aspectos históricos de la fundación del obispado de Palencia contrastados con los datos de la versión poética.

202–20. Este breve episodio de la rebelión castellana contra Sancho Abarca solamente funciona como marco de la genealogía de los linajes hidalgos de Castilla, descendientes del segundo juez Laín Calvo. El paralelismo con el pasaje de los descendientes de Nuño Rasura se subraya con la apelación al inusitado recurso de las preguntas y respuestas (v. § 3) y con la referencia a un monasterio ligado a una figura heroica: Nuño Rasura–San Pedro de Arlanza (Fernán González)/Laín Calvo–San Pedro de Cardeña (Ruy Díaz de Vivar).

221–69. La importancia de este episodio radica en el contraste que se produce entre las figuras de Sancho Abarca y de Fernando. Aquél, que recibiera el señorío de León por herencia, no sabrá cómo gobernar en paz sus reinos y terminará desamparando a los castellanos. Éste, que conquista o somete a obediencia todos los reinos de España, demuestra capacidad de gobierno al convocar a cortes y someter al criterio de sus súbditos castellanos el modo de preservar la paz. El nuevo equilibrio que terminará con la primacía leonesa se plasma en las nuevas armas del rey, donde coinciden con idéntico valor el castillo de oro y el león indio. El personaje del rey Fernando no podría estar delineado por mejores trazos: guerrero victorioso, magnánimo con los vencidos, atento al consejo de sus nobles para bien gobernar, respetuoso de fueros y privilegios. Aunque una declaración de humildad frente a los hijos de Laín Calvo parece remitir a la imagen del rey-niño ("Vos sodes ançianos, e yo del mundo non sé tanto", v. 256), lo cierto es que en este episodio Fernando encarna la figura del rey ideal de acuerdo con la ideología nobiliaria.

223–27. El reparto de los reinos de Sancho Abarca es lejana reminiscencia del reparto de los reinos de Sancho el Mayor de Navarra. Pero no coinciden nombres ni ordenación de los hermanos: según *MR*, Alfonso el mayor queda como rey de León, García el mediano es alzado como rey de Navarra y Fernando el menor es recibido como rey de Castilla; según la historia, Sancho el Mayor dio Navarra a su hijo mayor, García III Sánchez, Fernando el mediano recibió el condado de Castilla con las tierras entre el Cea y el Pisuerga, Gonzalo el menor recibió Sobrarbe y Ribagorza, al tiempo que un bastardo, Ramiro, fue conde de Aragón y se adelantó a los demás en la adopción de título de rey. Georges Martin ve aquí otra confirmación de la supremacía del sistema castellano de legitimación política (dependencia libremente aceptada), tan diverso del de los demás reinos hispánicos: "à la mort de Sanche Abarca [. . .] Léonais et Navarrais semblent proclamer leur roi selon le vieux rite wisigothique et asturien: par élévation; les Castillans pratiquent en revanche l'hommage, dans sa double sémiologie, langagière (Ferdinand est 'pris pour *seigneur*') et gestuelle (on lui baise la main)" (1992: 505).

229–32. El relato de la derrota y muerte del supuesto hermano de Fernando, Alfonso rey de León, en Mansilla (identificable, según Victorio, con Mansilla de las Mulas, cerca de León y en el camino de Santiago), sería un eco ficticio de la derrota y muerte de Vermudo III, rey de León, a principios de septiembre de 1037, en Tamarón, batalla ganada por Fernando con ayuda de su hermano García de Navarra, según la *Historia Silense*.

233–35. En este caso el relato se atiene a la historia: la batalla entre García y Fernando tuvo lugar en Atapuerca, 20 Km al este de Burgos, el 1º de septiembre de 1054.

237–42. Como ya señalara Alan Deyermond (1969: 176n), es posible que en estos versos se encuentre el reflejo de un cantar de gesta sobre los hijos de Sancho el Mayor. Se han encontrado rastros de este probable cantar perdido en la *Chronica Najerensis* y en el *Liber regum* (véase el comentario y la bibliografía indicada en Deyermond 1995: 130–32). En la novedosa interpretación de Diego Catalán: "La gesta de *Los hijos de Sancho el Mayor* versa [. . .] sobre un problema de derecho, dramáticamente desenvuelto mediante el planteamiento de conflictos de "honra" y mediante la descripción de costumbres fundadas en la aplicación práctica del derecho germánico. Su punto de vista histórico es castellano-céntrico: Tras referir la trasmisión del condado castellano, por vía de hembra, desde el linaje de Fernan González al de Sancho el Mayor, legitimada por el proceso de la venganza del asesinato del infante asumida por el marido de su hermana, un 'segundo cantar' desarrollaba la acusación de adulterio a la condesa-reina por parte de su hijo mayor legítimo, don García, y un 'tercer cantar' la defensa de la acusada por el hijo bastardo del rey, el infante don Ramiro, que prueba en combate judicial la mentira de la acusación; la gesta, en su conclusión, dejaría ver las consecuencias de ese proceso legal en la sucesión de Sancho el Mayor: la maldición de la condesa-reina a don García da lugar a que el hijo mayor legítimo quede excluido de la línea sucesoria del condado castellano, y, de otra parte, la adopción de Ramiro por la reina de quien fue defensor (mediante la ceremonia de simular un parto haciendo al caballero salir de entre las vestiduras 'maternas') da, a su vez, lugar a que la mujer legítima de Sancho el Mayor haga heredero en sus arras, esto es en el reino de Aragón, a su 'alnado', a ese hijo bastardo de su marido" (2000a: 140). Más allá de este posible contacto épico (basado sólo en el personaje de Ramiro y no en las circunstancias o en los hechos narrados), importa señalar que tenemos aquí un hijo menor (un segundón) alcanzando el dominio de toda la España cristiana (los cinco reinos, que más adelante se aludirán, son, pues, Galicia, León, Castilla, Navarra y Aragón) y un bastardo accediendo al trono para asegurar el reino de Navarra (y de Aragón): dos indicios más de la importancia de la cuestión de la legitimidad dinástica para esta ideología señorial, que ha analizado muy bien Georges Martin (1992: 515–17 y 2002). Por cierto que, históricamente, quien hereda Navarra es Sancho Garcés IV (1054–1076), hijo del rey García (y por tanto, sobrino del rey Fernando).

246–49. La convocatoria a cortes y la respuesta obediente de los distintos reinos se inspira en los versos del *PMC* cuando Alfonso convoca a las cortes de Toledo (v. Estudio introductorio, p. lv). La misma enumeración aparece en el juicio a los condes traidores (vv. 707–09) y en la disposición del ejército invasor de Francia (vv. 1051–53).

252–63. Las palabras del rey Fernando son un fragmento de discurso épico genuino en el cual se celebra la perfecta armonía entre los representantes del estamento guerrero y el rey. Thomas Montgomery (1982–83) comenta brevemente este pasaje en correlación con la arenga del rey Fernando a su hueste durante la campaña de Francia, confirma la inequívoca tradicionalidad juglaresca del fragmento pero concluye que el poderoso exordio no se condice con la banalidad del pedido final, con lo cual no estaría tan bien motivado como el fragmento de los vv. 827–36. Pero que el discurso concluya en la demanda de consejo para elegir una seña no me parece un cierre inapropiado, sobre todo si se tiene en cuenta su importancia simbólica como solución definitiva al problema de la preeminencia de León.

264–65. Nueva aparición de la cuestión heráldica (y de hecho, primera dentro de la *Gesta* primitiva, aunque puede haber una alusión ya en el v. 86), que ocupa un lugar relevante en la significación del poema, aún por investigarse. Por cierto que las armas de Castilla y León no se establecieron en esos tiempos ni de ese modo; la señal o emblema del león la habría adoptado Alfonso VII, pero no se desarrolló hasta finales del siglo XII. La forma cuartelada del escudo de armas del reino de Castilla y León no apareció hasta que Fernando III recibió la corona de León en 1230 y se produjo la definitiva unión de los reinos. También aquí agradezco a Alberto Montaner la confirmación de los datos.

270–79. En la inserción de este nuevo episodio palentino, el poeta ha elegido un contexto apropiado: en la *Gesta* acaba de relatarse la confirmación de fueros y privilegios por el nuevo rey de Castilla y León, de modo que es el lugar ideal para que el rey confirme las libertades otorgadas al obispado por su padre Sancho Abarca. Se hace coincidir esto con la sucesión del fallecido obispo Miro, que recae en el caballero descubridor de la tumba de San Antolín luego convertido en monje ermitaño. Como la crítica ha establecido, no es posible ubicar con seguridad la microtoponimia relacionada con los límites originales de la diócesis de Palencia de acuerdo con el poema. Las variantes que aparecen en los dos pasajes en que se formulan los deslindes deben hacernos pensar en que, probablemente, no haya aquí intención de transcribir fielmente un documento, sino de dar sólo la impresión del discurso propio de estos documentos. Tales variantes son:

vv. 168–70	vv. 274–78
Huerta del Campo = Oter Redondo	Huerta del Topo = Quintanilla
cuestas del Atalaya	Castiel Redondo = Magaz
y de los Cascajares del Bravo	Cuesta de los Cascajares = Santo Thomé
cuestas de Val Roçiado	cuestas de Val Royado = Val de Pero

280–504. Sobre la base de lo argumentado en el Estudio introductorio a propósito de la estructura de *MR* y contra la opinión corriente de la crítica, considero que este episodio abarca hasta que el rey moro Burgos se declara vasallo de Rodrigo. Sólo allí concluye el asombroso encadenamiento de acciones y reacciones que comienza con el ataque del conde don Gómez de Gormaz a la tierra de Diego Laínez. La crítica ha preferido ver la culminación de este episodio en el voto de las cinco lides pronunciado por Rodrigo, motivo éste al que se le ha otorgado un valor estructural máximo. No repetiré aquí mis objeciones a esta hipótesis; digamos solamente que el conflicto o la tensión que se genera en la escena de los esponsales, precedida por la escena de las quejas de doña Jimena, ha acaparado el interés de la crítica, sea por su conexión con el romancero tradicional, sea por el atractivo del tipo de conflicto, sea por la larga fortuna del tema en las letras españolas y europeas de los siglos siguientes. Además de los abundantes comentarios de la crítica decimonónica y de Ramón Menéndez Pidal (1945), se han ocupado en especial de la historia de Jimena y Rodrigo: Bénichou (1953–54), Montgomery (1986–87a y 1998), Montaner (1992), Ratcliffe (1992), Chicote (1996), Armistead (1999) y Lacarra (1999).

280–300. El episodio que da inicio al relato propiamente dicho de las mocedades de Rodrigo desarrolla una habitual pelea entre clanes. El ataque inicial (e injusto por inmotivado, de acuerdo con el poema) es superado por el contraataque de los Laínez, que agrega la deshonra del rapto de las lavanderas. Como ha señalado Lacarra (1999: 478–79), las mujeres son los medios por los cuales los varones dominantes buscan humillar a sus rivales; la vergonzosa condición resultante obliga a los hombres a una rápida reacción para evitar la deshonra permanente. El rapto deja en claro la intención de deshonrar al rival y lleva a una inevitable escalada en el conflicto. Esta escalada de violencia culmina en el insulto, que apunta a rebajar socialmente el linaje del oponente. Lacarra, basándose en Miller (1990), recuerda que "there is a great sensibility toward insult in societies where the very social existence depends on having honor. That is why it 'is well within the range of insult that equals might level at each other in the game of honor' (Miller 1990: 34) words like *böndr* (peasant)" (1999: 479–80). Los contrastes sociales están muy marcados en los vv. 290–95: por un lado, el conde y sus cien caballeros hidalgos, por el otro, el hijo de Laín Calvo, a quien el conde rebaja a "fijo del alcalde çibdadano". Pero contesta Ruy Laínez, que en tanto señor de Faro desmiente su imputado bajo linaje.

286. Quemar el arrabal y comenzar el andamio supone un asalto en regla al castillo de los de Gormaz, no demasiado coherente con lo que parece más bien una incursión punitiva ("fueron correr a Gormaz"). Probablemente el verso sólo quiera indicar con una frase formulaica la violencia de la respuesta de los Laínez a la agresión del conde don Gómez.

301–13. La primera aparición de Rodrigo va precedida de la mención de su ascendencia paterna y materna (si no es que esta última sea obra de un glosador o del copista de P), importante como impugnación de la supuesta bastardía del héroe y como indicio de la impronta genealógica de todo el relato. También la indicación de su edad, marca de la excepcionalidad del héroe, y de su desobediencia al padre ya nos pintan las características dominantes de Rodrigo. La hazaña cumplida, que con la muerte del conde y la captura de sus hijos da fin a la disputa entre los clanes, será de hecho el comienzo de la peripecia del héroe y la inauguración de un nuevo conflicto que involucrará al rey y a Jimena Gómez. Llama la atención la extrema brevedad del relato de la lid campal, despachado en seis versos, que dará la pauta para todo el poema. Este ritmo sintético de la narración provoca la impresión de que se trata del resumen de un cantar de gesta. Muy probablemente esté indicando un cambio en las expectativas del público, que gustaría más de los efectismos verbales que de las descripciones minuciosas de los lances guerreros.

305. John Gornall (1994–95: 70 y 1997: 114) interpreta "quebrávale el corazón" como temor de Rodrigo ante su primera batalla, pero en realidad debe interpretarse el giro como que Rodrigo está desbordado por las ansias de pelear.

314–45. La aparición de Jimena Gómez se cumple mediante el motivo folclórico de la menor de tres hermanas, aunando la estirpe tradicional del dibujo del personaje, del que se resalta su mocedad en tanto hija menor, con la impronta genealógica que supone su ubicación en la descendencia del conde don Gómez de Gormaz. Desde el punto de vista del género (*gender*) es digno de notar que la figura femenina adquiere voz y capacidad de acción durante el lapso en que no depende de ninguna figura masculina: en el pasaje del padre al esposo se produce un paréntesis forzado por la situación argumental y en ese lapso Jimena habla (y actúa a través de su discurso): reclama la libertad de sus hermanos, los disuade de la venganza violenta, propone un modo alternativo de lograr justicia, se querella ante el rey Fernando, le aconseja sobre la manera de hacer justicia y conservar la paz del reino proponiendo un modo inesperado de reparación, confirma su decisión de casarse con Rodrigo. Una vez cumplido el enlace y ya bajo la dependencia de una nueva figura masculina, Jimena calla y desaparece de la escena sin que vuelva a hacerse la menor mención a su persona (al menos en el texto conservado, pero es mi convicción que tampoco se agregaban más menciones en los textos completos de la *Gesta* ni de la *Refundición*).

316–20. Enteradas de la muerte del padre, las tres hijas visten de luto. El comentario del poeta alude sin duda al inesperado desenlace de la historia de Jimena: de la pérdida del padre al casamiento, del velorio a la fiesta de esponsales; pero lo hace de un modo enigmático, pues en lugar de oponer 'entonces' y 'después' como corresponde a dos instancias del pasado del relato, opone *estonçe* y *agora*, remitiendo a un indefinible presente de la enunciación que queda fuera del tiempo de la historia narrada; asimismo la falta de concordancia del pronombre objeto *la* con los paños y los velos indica la posibilidad de que se trate de un verso romancístico (métricamente imperfecto) injertado en el poema. También podría indicar una pequeña laguna: el o los versos faltantes desarrollarían el comentario anticipatorio sobre la base del préstamo del *PMC* (v. 381) que ya indicara en el Estudio introductorio (p. liv).

323–26. El reclamo de las hijas del conde es colectivo; no hay indicación alguna de que Jimena sea la voz cantante, como sí se encontrará más adelante en el v. 342. Pero ocurre que en esta secuencia el foco del relato está puesto en Rodrigo, como se evidencia en los versos siguientes. Importa aquí la apelación de las mujeres a su condición femenina y a la consiguiente necesidad de amparo masculino. Sin embargo, como se verá pronto, los hermanos no cumplirán esta función por su conducta errónea (deseo de continuar la guerra a pesar de la deuda moral contraída por su magnánima liberación), lo que permitirá a Jimena hacer uso de una libertad inesperada.

331-36. La intervención censuradora de Rodrigo motivada por la respuesta de su padre no resulta del todo lógica. Don Diego sólo indica que el reclamo debe dirigirse a Rodrigo, lo cual es pertinente porque él ha capturado a los hermanos. La censura de Rodrigo, con la elíptica alusión a ser hijo de tal padre y de tal madre, es una manifestación de rebeldía ante la figura paterna y una inversión de la relación padre-hijo. En efecto, es Rodrigo quien llama la atención a su padre para que entienda cómo es la vida real y comprenda la angustiosa situación de unas mujeres sin culpa, atribuyendo a su padre una falta de criterio o de reflexión propia de un adolescente. La referencia a la mesura corona este parlamento y completa el carácter paradójico de la situación: un héroe desmesurado habla en su réplica sin medida de tener mesura (en este caso, 'piedad' o 'misericordia') con las mujeres. El término reaparece en boca de Jimena (v. 342) para reclamar un comportamiento mesurado a sus hermanos. No deja de ser llamativo que en la configuración de estos personajes centrales, moldeados según una lógica del exceso, el poeta les atribuya la mesura, aunque sea momentáneamente. Señala al respecto Israel Burshatin: "It is their commonly held *mesura* and youth that link Ximena and Rodrigo, and they both occupy the equivalent actantial categories of subject-hero and subject-heroine. When Ximena asks the king to make Rodrigo her husband, she is asking to join the character who most closely resembles her in *mesura* and youth. It is remarkable that at this point in the narrative *mesura* is more readily combined with youth than with the accumulated wisdom of old age. The *mesura* of the twelve-year-old warrior and of the youngest daughter thus generates narrative sequences of contractual stability (betrothal) and heroic trials" (1980: 116-17). Sobre el sentido de "mesura" en el panorama ideológico castellano, véase Ferro (1999). Gornall (1994-95: 73 y 1997) encuentra un paralelo de este comportamiento de Rodrigo en el del personaje Bertran, de *Le Charroi de Nimes*: ambos amonestan a sus mayores y superiores, Rodrigo a su padre, luego al rey con motivo del quinto del botín, y Bertran a su tío Guillaume por no respetar al emperador Luis. Así, el *puer senex* se adaptaría a un modelo de *puerilia* épica, donde el alto tono moral de los jóvenes apunta a una "exigence de l'absolue", según la fórmula de Jeanne Lods (1960: 60) que cita Gornall.

346-67. Las quejas de Jimena constituyen uno de los pasajes más famosos del poema, sobre todo a través de los romances tradicionales, en los que suele mezclarse el motivo de las quejas de doña Lambra. Como señala Montaner, la fortuna y pervivencia del tema se deben a "las posibilidades de desarrollo dramático de la escena, tanto por el componente patético propio de las peticiones de la joven huérfana como por el modo de conjugar el deseo de venganza de la hija de la víctima con sus pretensiones matrimoniales" (1992: 475). Sin embargo, habría que decir que el amplio *corpus* de recreaciones del tema ha llevado el análisis hacia una consideración comparatística global, valiosa en sí misma, pero de utilidad limitada para interpretar los versos concretos de nuestro poema. Sobre todo ha perturbado una lectura más atinada la consideración del relato de la *CC* como testimonio más cercano de la *Gesta,* cuando se trata de una reelaboración cronística que ha suavizado las aristas más conflictivas de la historia (exigencia de justicia de Jimena, rechazo del matrimonio por parte de Rodrigo). También habría que acotar las comparaciones con los romances *Día era de los reyes*, *En Burgos está el buen rey* y *Cada día que amanece* a aquellos elementos que pueden derivarse de los versos del poema (lo que implica descartar el conjunto de problemas que acarrea el fenómeno del cruce de las quejas de Jimena con las quejas de doña Lambra, irrelevantes en nuestro caso).

348. Zamora como asiento permanente de la corte del rey Fernando sólo puede explicarse como cristalización de un elemento épico de fuerte significación tradicional. En efecto, de todos los lugares que configuran el escenario de las hazañas heroicas del ciclo del Cid, Zamora se destaca como el único que ha llegado a constituirse en tema central de un cantar de gesta. El cerco de Zamora ha ligado fuertemente en el imaginario popular la condición heroica y la ciudad de doña Urraca, de allí que la constante mención de Zamora como corte regia sea un modo de aludir a la trágica disputa que terminará en la muerte del rey Sancho II. No tiene sentido conjeturar que esto podría dar indicio de la procedencia del poeta: no hay aquí referencia alguna al más mínimo detalle de la ciudad que pueda sostener esa hipótesis.

362. El inesperado reclamo de Jimena no puede reducirse a una variante normal del matrimonio compensatorio, como gran parte de la crítica pretende. La situación es a todas luces inusitada, y ese carácter ha llevado al cronista de la *CC* a tergiversar la historia cambiando la conducta y las palabras de los personajes principales. La reacción del conde don Osorio ya indica una evaluación de la conducta de Jimena que luego el romancero acentuará: la contradicción imposible de racionalizar que está implícita en el deseo de casarse con el asesino de su padre. Aunque el comentario del ayo del rey privilegia la celebración del modo providencial en que su señor ha zafado de tan delicada alternativa, en la interrogación retórica del v. 365 está presente el asombro por la paradójica solicitud de Jimena.

368-434. El momento central de esta secuencia lo constituye la situación paradigmática del enfrentamiento entre Rodrigo y el rey Fernando, es decir, entre una figura de rebeldía y una figura de autoridad. Jimena juega aquí el muy importante papel de propiciadora de este enfrentamiento, lo que implica subrayar una vez más que el conflicto entre Rodrigo y Jimena (conflicto de deseos o de voluntades en cuanto al casamiento) es secundario en relación con el conflicto de poder entre Rodrigo y el rey. De la misma opinión es Georges Martin, que al comentar el voto de Rodrigo, señala: "L'allégeance vassalique est donc le premier enjeu du serment des cinq victoires, et la scène politique se trouve portée devant la scène conjugale" (1992: 506). Esto implica arrinconar la hipótesis de Lacarra de que Jimena "assumes the role of a gendered male and puts Rodrigo's masculinity in danger of being injured rather than honored" (1999: 485). La secuencia se organiza en dos espacios: primero Vivar, con las reacciones que provocan las cartas del rey y los preparativos de la comitiva, segundo Zamora, con el entredicho del besamanos y luego el desposorio, que culmina con el voto de las cinco lides. El regreso a Vivar señala el fin de la secuencia. La fortuna romancística de esta secuencia es otro indicio de su relevancia.

379. En esta alusión a las malas costumbres de los reyes se aprecia una clara huella del contexto histórico de emergencia del poema. La crítica ha querido identificar casos concretos de actitudes traicioneras (o supuestamente traicioneras) del rey para con miembros de la nobleza en tiempos de Alfonso XI y de Pedro I. Pero teniendo en cuenta la fecha que acepto para la composición de la *Gesta*, lo más probable es que resuene en la memoria del poeta y de su público la honda repercusión del magnicidio de Alfaro, en que el rey Sancho IV mató al conde don Lope Díaz de Haro (junio de 1288).

380-81. El consejo de Don Diego a su hijo, que implica una digresión con respecto al problema que tienen entre manos, apunta a una suerte de "regimiento de nobles" para tratar con los reyes y pone en evidencia la naturalidad con que se acepta que esta relación (monarquía–nobleza) está gobernada por el recelo. Otro aspecto en el que el poema reproduce la crisis socio-política de su tiempo.

382-403. La estrategia propuesta por don Diego, la contrapuesta de Rodrigo y sus instrucciones a los trescientos caballeros que lo acompañan aluden a las prácticas político-guerreras habituales en esa suerte de conflictividad endémica entre el rey y los nobles, o entre los propios nobles, que se da con especial virulencia en el período que va desde la conjuración de Lerma (1272) hasta el regicidio de Montiel (1369) y que llena los folios de las crónicas nobiliarias y de las crónicas reales. Por un lado, la movilidad permanente para estar fuera del alcance del rey; por otro, la amenaza de represalia y la justificación (pseudo)jurídica de los propios actos de agresión:

todo en una especie de agotador juego de las escondidas, del que hombres como don Juan Manuel fueron destacados expertos.

408–10. El conflicto en torno del besamanos como aceptación del vasallaje está oscurecido en el poema por una laguna, aunque lo más probable es que, de acuerdo con el testimonio secundario del romance *Cabalga Diego Laínez*, allí se narre el cambio de actitud de Rodrigo por petición de su padre. No es necesario subrayar la densidad del motivo del besamanos en el poema: por un lado, allí se juega el conflicto político entre la figura de rebeldía y la figura de autoridad; por otro lado, representa la faceta social en el pasaje de la mocedad a la vida adulta, como parte del mito de la iniciación del héroe que alimenta todo poema épico de *enfances*. Con todo, la expresión 'besar la mano', tan repetida que convierte al relato en un constante besuqueo, no puede decirse que esté cristalizada en su sentido político de gesto vasallático. También aparece en el sentido de petición y de saludo (como en el caso de Jimena en el v. 359), algo que algunos críticos no han tenido suficientemente en cuenta.

411. La mención de la "espada luenga" no creo que se deba a que el joven Rodrigo cargue con armas que le quedan grandes, como argumenta Gornall (1994–95: 72), sino que se refiere al hecho de que Rodrigo asiste a la corte armado (por lo tanto, en pie de guerra), lo que es un escándalo justificadamente rechazado por el rey. Sí tiene razón en criticar a quienes interpretan (como Victorio 1982: 37) que Rodrigo saca la espada o se le sale de la vaina al acercarse a besar la mano del rey; es lo que se cuenta en el romance *Cabalga Diego Laínez* pero no hay tal cosa en nuestro poema.

416–17. No hay otro modo de interpretar este casamiento forzado que como un acto autoritario del rey. Eukene Lacarra fue la primera en señalar que Fernando no consulta a Rodrigo sobre la reparación matrimonial: "Fernando [. . .] fails to consult with Diego Laynez and his son Rodrigo, so that instead of reaching an accord agreeable to all parties, he imposes it on them" (1999: 485). Tampoco se trata, a mi entender, de que al decir "cassaremos este lozano" el rey simplemente quiera casar a Rodrigo para librarse de él (Montaner 1992: 481) o de que busque disminuir su "lozanía" mediante el agotamiento sexual que conllevaría el deber conyugal (Deyermond 1969: 178–79) o que todo remita –argumentalmente– a un recurso para controlar la furia del héroe (Montgomery 1986–87: 546–47) en el marco del mito de iniciación. En efecto, en cuanto a la interpretación de Deyermond no hay manera de entender el adjetivo *lozano*, absolutamente vacío en el texto como recurso formulaico cristalizado, en un sentido de vigor sexual o masculino; en cuanto a la hipótesis de Montgomery, no hay manera de hacer encajar a Jimena en el modelo de la "mujer impúdica"; en cuanto al comentario de Montaner, no se ve la eficacia posible de alejar al héroe temido mediante un casamiento. Como planteo en el Estudio introductorio, lo que está en juego aquí es la supremacía del principio de autoridad o del principio de rebeldía, y en esa búsqueda se entiende la actitud del rey.

421. Georges Martin ve en esta alusión a Rodrigo como "conde" una tierna burla de Jimena hacia el joven ambicioso que ella visualiza en el héroe (1992: 508 y 2002: 263). En el contexto ideológico en que Martin sitúa la carrera del héroe, su interpretación de este verso es convincente. Pero no debemos olvidar la vaguedad casi chapucera con que a veces el poeta adscribe categorías nobiliarias (cf. v. 60, en que Garçí Fernández es llamado "infanzón") y la aguda conciencia de poeta y público de que se estaba hablando de un personaje del que "Oy los reyes d'España sos parientes son" (*PMC*, v. 3724).

435–504. Como ha sido señalado por la crítica, el personaje del rey moro Burgos de Ayllón está construido según el modelo del moro Abengalvón del *PMC*. En este caso, su condición de vasallo del héroe está explicada narrativamente, lo que no ocurre en el *PMC*, pero luego su función de ayudante (dando el alerta del complot de los cinco reyes moros y de los condes traidores) es correlativa de la función del moro Abengalvón durante el largo episodio de la afrenta de Corpes. Esta secuencia culmina el episodio de Rodrigo y Jimena, pues aquí se demuestra que el héroe hizo el juramento de las cinco lides "de veras" y no "bafando" como suponía el conde don Osorio. Por lo tanto, es en esta secuencia –sobre todo con la negativa a compartir el botín con el rey– que el héroe queda finalmente vencedor imponiendo su actitud rebelde a la autoridad del rey Fernando.

436–40. Es notable que, pese a tener una introducción histórica tan extensa, el relato de las mocedades, como el de los orígenes de Castilla, parece transcurrir en un solo plano temporal. Esa vaga contemporaneidad de tan diversas generaciones se apoya también en la recurrencia de los topónimos. En este pasaje se nos está diciendo que los límites de Castilla siguen siendo los mismos que había a la muerte del rey Pelayo. Esto me lleva a concluir que con estos topónimos recurrentes no se busca más que ofrecer vagas referencias espaciales que connoten la idea de pasado lejano. Por cierto que la recurrencia llega a la cristalización extrema, provocando el absurdo de que tanto los moros ("llegaron a Bilforado, / et quemaron a Redezilla e a Grañón de cabo a cabo") como el propio Rodrigo ("Fue destroir a Redezilla e quemar a Bilforado, / combatieron a Grañón", vv. 686–87) atacan y devastan los mismos lugares de una región que aparenta ser la más castigada de toda España.

441–42. El ataque que comienza mientras el héroe duerme la siesta es un motivo épico tradicional, que en este caso quizás pueda provenir del *Mainete*

(Carlos duerme la siesta mientras su gente está peleando contra el moro Bramante). La decisión de ir a pelear sin despertar a su padre se correlaciona con la participación en la lid campal de ciento contra ciento contra la voluntad paterna: todo remite al nivel indicial, pues el héroe joven se define también por esta fricción constante con la autoridad del padre.

505–623. Este tercer episodio del poema plantea una radical inconsecuencia con el episodio anterior: la relación entre Rodrigo y el rey Fernando es armónica y de hecho, el héroe se conduce como fiel vasallo de su señor. Esto es muy claro en los hechos, pero también se hace evidente en las palabras, tan importantes en el poema: cuando Fernando lo llama "mi pariente e mi vasallo" no hay réplica ni rechazo de parte de Rodrigo. Tenemos, pues, aquí un héroe ejemplar de acuerdo con los valores vigentes en las fases previas de la poesía épica castellana: Rodrigo es un guerrero leal y piadoso. Esto quizás se deba a que el conflicto no es interno: se trata de Castilla frente a Aragón. Esta situación desplaza la agresividad fuera del reino y, sobre todo, fuera de las relaciones entre el héroe y su rey. Lo mismo sucederá en el episodio de la campaña de Francia. Probablemente éste sea el único episodio con un trasfondo histórico (o al menos relacionado con una leyenda histórica muy antigua). Tanto en el *Carmen Campidoctoris* (vv. 25–26) como en la *Historia Roderici* (§ 5) se alude a un combate singular con un caballero navarro (y el *Carmen* precisa que tuvo lugar siendo Rodrigo *adolescens*). La *Historia Roderici* y los textos romances posteriores que abrevan en ella y agregan otros datos (*Linage de Rodric Díaz, Liber regum Toletanus, Libro de las generaciones, Versión crítica de la Estoria de España, Versión retóricamente amplificada de 1289 de la Estoria de España*) nos hablan, pues, de un combate librado por un joven Rodrigo contra un caballero navarro llamado Ximeno Garcez de Torrellas. El carácter de ese combate y su exacta ubicación cronológica son cuestiones inciertas: las expansiones historiográficas romances agregan que se trata de un duelo para dirimir la posesión del castillo de Pazuengos y otros castillos en la frontera entre Castilla y Navarra. La reelaboración de esta historia en nuestro poema cambia la identidad del campeón navarro y todas las circunstancias del duelo judicial (véase sobre este tema el comentario y la bibliografía indicada en Montaner y Escobar 2001: 17–26). El episodio se organiza en torno de dos grandes secuencias: el duelo y el encuentro con el leproso-San Lázaro, relacionadas con las dos virtudes heroicas aquí celebradas (la capacidad guerrera y la piedad religiosa).

505–52. Esta primera secuencia, que comienza en la corte del rey de Aragón y luego se ubica en Zamora, tiene la peculiaridad de geminar el momento del desafío, pues el relato se repite en boca del rey Fernando. El paralelismo con el episodio de la campaña de Francia es muy estrecho:

(a)   Cartas de demanda llegan a la corte cuando Rodrigo está ausente. (vv. 511–19 = vv. 732–45)

(b) Lamento de impotencia del rey Fernando. (vv. 520–25 = vv. 746–53)
(c) Llegada de Rodrigo. (vv. 526–31 = vv. 756–58)
(d) El rey cuenta a Rodrigo el problema. (vv. 532–41 = vv. 759–64)
(e) Rodrigo se hace cargo de la situación. (vv. 542–45 = vv. 765–71)

505. La probable laguna previa a este verso debería narrar el modo en que Fernando se apodera de la ciudad de Calahorra (y de la ciudad de Tudela, aunque esta mención es sospechosa, toda vez que no vuelve a ser nombrada en el resto del episodio). El problema no deja de ser intrigante; lo único que se puede decir es que para avanzar en nuestro conocimiento del ejemplar que sirvió de modelo y de la manera de copiarlo que permite inferir el estado del texto en P, habrá que responder la pregunta de por qué las lagunas se concentran en los comienzos y finales de los episodios.

543–45. La peregrinación a Santiago de Compostela como requerimiento previo al combate singular subraya el carácter ritual y la naturaleza sacra de todo el episodio (el combate como ordalía, la ayuda divina al héroe, el encuentro de la violencia y de lo sagrado –que analiza muy bien Israel Burshatin 1980: 139–45). Como señala Juan Victorio "el camino de Santiago es la toponimia más citada en el poema. En el texto se nos habla de tres romerías, todas ellas teniendo a Zamora como punto de partida" (1982: 47). También aclara que la mención de Santa María de Rocamador hace pensar en el famoso lugar de peregrinación francés, pero que en realidad aludiría a "una ermita existente en Palencia, fundada por Rodrigo, según una leyenda, junto a un hospital para leprosos" (1982: xlv-xlvi). El dato (del que Victorio no da pistas documentales) es significativo para la relación entre la *Gesta* y la *Refundición*: podría pensarse que el poeta clérigo de Palencia estaría aprovechando un relato que ya tendría conexiones (más bien casuales) entre el héroe y la región palentina.

551. Se trata de una frase proverbial que permite al poeta subrayar la ironía y suficiencia con que Rodrigo replica a la velada acusación de cobardía que implica la protesta de Martín González. El sentido es que 'para el que pronto va a morir e ir al infierno, el plazo más largo le parece breve'; el plazo más largo es evocado en la alusión a la "posiesta de mayo", es decir, a las tardes más largas de la primavera. La frase fue registrada por Eleanor O'Kane (1959: 102), aunque no ofrece otros paralelos españoles. Tampoco los encontró mi colega Hugo O. Bizzarri, especialista en refranero y literatura sentenciosa.

553–87. La secuencia del encuentro con el leproso-San Lázaro ha sido bastante estudiada (véase al respecto el análisis y la bibliografía citada en Montaner 2002). En términos del discurso narrativo habría que decir que la ayuda al leproso y la consiguiente recompensa del santo constituyen una *prueba calificante* (de acuerdo con la clasificación de Greimas 1972), es decir, aquella cuya superación permite al héroe obtener un objeto mágico, un talismán, un instrumento o un arma, necesario para superar la prueba principal (que en este caso es el duelo).

553–54. La alusión al *romançe*, que luego se repite en los vv. 645–46, ha dado pie a diversas interpretaciones. Raymond Willis, que supone que la *Crónica rimada* es una reelaboración de un cantar juglaresco primitivo que comenzaría en el actual v. 280 ("Asosegada estava la tierra..."), encuentra en estos versos la evidencia de que "the refashioner referred explicitly on the two occasions [to this poem] when there is mention of the town of Benavente, between Zamora and Astorga, on the southern road to Compostela: each time he says, *segunt dize el romançe*, [...] typical of the historian" (1972: 594). Pero Victorio sostiene que Malgrado "es el nombre romance de la villa zamorana de *Benavente*" (1982: 48), por lo que la palabra *romançe* designaría no la fuente poética sino la 'lengua romance' (es el sentido de los versos, según induzco, 'pasó a Malgrado, que es como llaman a Benavente en lengua romance'). Finalmente, Mercedes Vaquero, estudiando el **Cantar de Bernardo del Carpio* como ejemplo de épica de revuelta, encuentra que al rebelarse este héroe contra el rey, se le unen los pobladores de Benavente, Toro, Zamora y El Carpio (lo que remitiría a una revuelta histórica de la región de Tierra de Campos y la Extremadura a fines del s. XII y princ. del XIII). Entre sus hallazgos sobre esta cuestión, Vaquero señala que "[b]efore 1164 the village of Benavente was called Malgrat, and had a tradition of popular revolt during the reign of Fernando II" (1994: 160). Teniendo en cuenta estos elementos, podría ser que el *romançe* aludido fuera el **Cantar de Bernardo del Carpio*, que tal vez recogiera este detalle del cambio de nombre. Como se sabe, Deyermond descarta la posibilidad de que el autor de la *Refundición* conociera este cantar de gesta (1969: 183), pero podría ser que hubiera huellas en la *Gesta*, ya que el motivo de la convocatoria a cortes, que se da en el episodio de Rodrigo y Jimena, también se da en el **Bernardo del Carpio* y en el romance derivado *Con cartas y mensajeros*.

557–63. Hay que reconocer, como hizo Gornall (1997), que es bastante extraño que Rodrigo deba consultar a su madre sobre el cumplimiento del plazo y no sea capaz de llevar la cuenta solo, pero no me parece que deba incluirse entre los recursos del poeta para retratar al héroe como niño ("It is as though he is not old enough to count", 1997: 111). En todo caso, es un recurso (extravagante, sin duda) para dar relevancia al motivo épico del plazo a punto de cumplirse. Eso es otra reminiscencia cidiana, en este caso de los nueve días de plazo que tiene el héroe maduro para abandonar Castilla; como señala Burshatin, "[t]he *MR* reverses the trajectory's direction, and his haste is to return to court within the *plazo*" (1980: 141, n. 11).

580-83. Sobre el *resollo*, Alberto Montaner (2002a) ofrece la interpretación más completa y erudita. En cuanto a la *calentura*, luego de la interpretación de Menéndez Pidal –"poetización feliz del escalofrío que siente el guerrero al acercarse el momento de la lucha; señal fisiológica del entusiasmo bélico" (1945: 97)–, que se corresponde mejor con lo que se cuenta en el v. 305 de nuestro poema, quizás haya sido Burshatin el primero en señalar que esta calentura "resembles the *ferg* or frenzy of the young hero of the Ulster legend, Cúchulainn, as described in Dumézil [1969], pp. 17, 121–125" (1980: 140, n. 10). Esta línea de indagación fue explorada por Armistead (1987 y 2000: 69–77 y 165–73), Montgomery (1986–87a) y exhaustivamente comentada por Montaner (2002a).

588-623. El relato de la lid tiene los típicos recursos del héroe que llega a último momento cuando otro está a punto de reemplazarlo y de la tardanza en manifestarse el atributo mágico (aquí, milagroso) que asegurará su victoria (quizás más propios de la narración caballeresca que de la poesía heroica). El contraste entre la *sopa* y la *rienda* que finalmente toma Rodrigo, una vez manifestada la *calentura*, implica entre otras cosas que el héroe descarta la ayuda material del rey y acepta la ayuda sobrenatural, lo que marca el punto más alto de armonía entre la fuerza heroica y el designio divino. Burshatin comenta: "Instead of the *sopa*, the divinely originated *calentura* guides Rodrigo properly into the military achievements [. . .] whose semic value underlies the epic objects, *rienda*, *pendón*, *escudo*, and the deictic *allí* describing the locality of the principal tests" (1980: 144–45). Como señalara en el Estudio introductorio, llama la atención la brevedad del relato específico del combate singular (apenas cuatro versos).

603. Esta réplica de Rodrigo es evidente repetición del v. 598 y parece fuera de lugar; probablemente se trate de un error del copista.

624-717. Este episodio es bastante complejo, pues posee dos núcleos narrativos (la batalla con los reyes moros y el apresamiento y juicio de los condes traidores) y despliega una nueva variante en la complicada relación entre Rodrigo y el rey Fernando. En este caso, quien debe pasar un rito de iniciación propio de sus mocedades es el rey: la romería a Santiago y la auto-investidura como caballero. Este rey que se declara "niño y sin seso" en el último episodio, por momentos parece estar pasando (con infinita menor gloria que su contrapartida) por las experiencias del ingreso a la madurez propias de todo poema de *enfances*. Aunque la fragmentariedad episódica impide que el texto pueda leerse acabadamente como un poema de las mocedades de Rodrigo y del rey Fernando, en algunos episodios éste parece ser el tema principal del relato. A mitad de camino entre la agresividad del episodio de Rodrigo y Jimena y la completa armonía del episodio de Calahorra, la relación es, en este caso, ríspida debido a la actitud altanera de

Rodrigo –quien sin embargo termina cumpliendo con su servicio al rey– y a la actitud débil y obediente de Fernando –quien sin embargo consigue afianzar su poder ante moros y castellanos gracias a la ayuda del héroe.

624. Es intrigante la referencia temporal exacta, pues en general se trata de alusiones vagas, quizás cargadas de un sentido simbólico muy general.

633–49. En esta secuencia, la actitud de Rodrigo con el rey es en parte similar a la que ha tenido con su padre en la secuencia de la batalla contra Burgos de Ayllón: así como había dejado que su padre siguiera durmiendo la siesta para encargarse solo del problema, así también aquí no le advierte al rey del complot y de la inminente invasión (según podemos comprobar en los vv. 704–06), lo manda en romería a Santiago y se hace cargo de la defensa del reino. El itinerario es el mismo que siguió Rodrigo en su romería: estos paralelismos –que a veces parecen repetición lisa y llana de los versos anteriores– pueden entenderse como un recurso de cohesión que sirve de contrapeso al fragmentarismo narrativo y la estructuración metafórica.

637–41. Sobre las características de esta auto-investidura caballeresca, puede consultarse Rodríguez Velasco 2002. Montaner (2002a) ve aquí un eco de la auto-investidura de Alfonso XI, pero me parece que hay bastante distancia entre el armarse con la propia mano, ceñirse la espada y nombrarse su propio padrino –que es lo que aconseja Rodrigo– y la ceremonia en que el brazo articulado de una estatua de Santiago da la pescozada al rey Alfonso XI.

660. El sentido de "querrán llegar al quarto" es dudoso. Según Manuel Alvar (1981) y Juan Victorio (1982) podría ser 'quisieran llegar hasta el real de los reyes moros'. Pero podría ser que *quarto* refiera simplemente al ordinal y que el verso esté mal situado; si lo situáramos después del v. 673 podría entenderse que luego de tres días de batalla todavía querían continuar un cuarto día.

662–66. El carácter extraordinariamente sangriento de esta batalla, la más difícil para nuestro héroe de todas las que contiene el poema, no se expresa mediante los recursos épicos habituales para la descripción bélica, sino siempre en el estilo breve y sintético propio del texto. El primer recurso es la mortandad entre los cristianos, especialmente la del padre y la de los tíos de Rodrigo, quien se ve obligado a dejar a su padre en el campo para detener la huída de los cristianos y contraatacar.

668–71. El recurso culto de la *comparatio* y el sobrepujamiento sirve al poeta pro-palentino para resaltar aún más la excepcionalidad de la batalla. La referencia bíblica "fijo del Zebedeo" para hablar de Santiago –nombre que por sí solo es reconocible como grito de guerra– es gratuita en términos épicos (cf. *PMC*: "Los moros llaman –¡Mafómat!– e los cristianos, –¡Santi Yagüe!–", v. 731). Claramente cultas son también las referencias a Judas Macabeo, Archil, Nicanor y el rey Ptolomeo. En cuanto a la identificación de los personajes, Victorio sostiene que Archil Nicanor es una sola persona: un general sirio vencido y muerto por Judas el Macabeo, mientras que Willis (1972: 592–93), que interpreta el pasaje como una reminiscencia de la estrofa 1756 del *Libro de Alexandre*, identifica a *Archil* con Aquiles y a Nicanor y Tholomeo con dos de los principales generales de Alejandro Magno. Esta última hipótesis es más sólida, pues el general vencido en el Libro I de los Macabeos es Nicanor y no Archil Nicanor.

673. La referencia temporal (prolongación inusual de la batalla por tres días) es otro recurso para resaltar la excepcionalidad.

674–76. El sentido del pasaje es oscuro. La hipótesis de Victorio es la más plausible: 'Por poco no fue vencido Rodrigo, a pesar de la ayuda armada que había recibido. El que los condes vendieran el reino le predispuso en favor del rey don Fernando'. Pero el lugar está a todas luces deturpado.

684–706. La secuencia del ataque y apresamiento de los condes traidores plantea varias cuestiones: primero, las reiteraciones toponímicas que ya había mencionado (y que más allá de su pertinencia cumplen una función cohesiva); segundo, Rodrigo asume una inesperada autoridad regia al ordenar unas cortes judiciales y requerir jura y homenaje de los condes de Castilla para asegurar su asistencia; tercero, y más importante, Rodrigo comete la violación de un santuario, un delito grave que da la medida de la ira que domina al héroe, a cuyo paso "toda la tierra tembrava"; y también muestra los extremos a que llega el poeta en la configuración del héroe joven.

692–95. La gravedad del delito y sus consecuencias se hacen evidentes en la siguiente fazaña: "Esto es por fasannya: que Urraca, fija de dona Mari Peres la pelegera, baraiaua con 'la Condesa', muger que fue del fijo de Johan de Soria el ferero. Et Hurraca vino se querellar asu padre e asu tio Garcia Peres el cauallero; e mando Garcia Peres et Roy Fernandes o Ferrando, fijo de Gunçalo Andres, que fuessen acasa de Johan de Soria e que firiessen a 'la Condesa'. Et fueron e dieron salto los fijos de Johan de Soria e mataron a Ferrando, fijo de Gunçalo Andres; et desque lo ouyeron muerto metieron se todos tres en Sant Migel de la Vinna. Et vino Garçi Peres e Johan abad e Ferrant Garçia e Gunçalo Andres e sus parientes, et çercaron la yglesia. Et mandaron a Diago Ferrandes e a Diago Giralte e afijos de Johan abat e a Furtun Sanches e a otros omnes que entrassen en la yglesia e que los sacassen fuera; e quebrantaron la yglesia e sacaron los fuera e mataron los todos tres. Et pecharon adon Lope, que tenya la tierra por el rey, tresientos sueldos; et pecharon al obispo mas de çient sueldos; e ouyeron de yr a Roma todos, pies descalços, quantos entraron en la yglesia e quantos firieron en ellos, et los otros que leuaron y armas; e ayunaron muchas quaresmas, maguer que non firieron en ellos; que voluntad auyan de ferir en ellos sy pudieran. Et a Gunçalo Andres quitaron de la yda de Roma por ruego dela reyna dona Beringuela" (Sánchez 1924: 143). La aclaración de que Rodrigo viola la iglesia contra su voluntad ("amidos que non de grado") no basta para morigerar su culpa. El hecho de que saque al conde Ximeno Sánchez "por las barvas" es sin duda un intento de remitir al episodio del Cid tomando de la barba a García Ordóñez, mencionado por el Cid (y no narrado) en el *PMC* (vv. 3287–90).

707–17. En la secuencia del juicio el rey, ahora armado caballero, reasume su autoridad y los distintos pueblos compiten proponiendo castigos terribles. Se trata de un motivo épico tradicional –concretamente, habría aquí un eco del motivo presente en *Siete infantes* (Deyermond 1969: 158)–, al que se recurre para agregar énfasis a la escena del juicio, aun a costa de la coherencia argumental. En efecto, la crítica ha señalado con justicia la inconsecuencia entre las propuestas de castigo y la sentencia final (perdida en el texto por una laguna) que sólo consiste en el destierro.

718–31. El último episodio relacionado con Palencia nos ha llegado muy fragmentario: faltan unos versos iniciales en los que se contaría la intención de los hijos del conde don Pedro de recobrar Palencia y, probablemente, se darían sus nombres para luego aclarar su ascendencia en el v. 718. Los pocos versos conservados permiten, al menos, inferir una estructura del episodio que reitera el mismo molde: un damnificado acude al rey para pedir justicia y éste se declara incapaz de ayudarlo debido a las consecuencias de su intervención (episodios II y V); un mensajero trae una amenaza a la paz o a la soberanía del reino y el rey se manifiesta incapaz de hacerle frente (episodios III y VI), en todos los casos, ante la defección de los cortesanos, la iniciativa de Rodrigo permite superar el problema. La reiteración de un mismo patrón estructural es un argumento más a favor de una articulación metafórica de situaciones paradigmáticas, que es mi hipótesis central para entender la estructura del poema. Sobre la articulación de este episodio con el siguiente –sobre todo la discusión sobre la existencia o no de una laguna–, véase lo comentado en el Estudio introductorio (pp. xlii–xliii) y en el Aparato crítico a propósito de estos versos.

732–1150. El episodio final del poema bien podría ser por su extensión un segundo cantar, como quiere Armistead (1963–64 y 2000). Sin embargo, atendiendo a su peculiar estructura y teniendo en cuenta la relativa brevedad de todo el poema (aún sumándole los versos prosificados y los perdidos difícilmente alcanzara los 1500 versos en total, más o menos un cantar del *PMC*); prefiero considerarlo sólo un episodio de lo que debió de ser un cantar único. Como he explicado en el Estudio introductorio al exponer mi interpretación de la lógica narrativa del poema, luego de la escalada de acciones, réplicas y contra-réplicas que organiza la serie de secuencias de cada episodio, o sub-episodio, se produce un desplazamiento que instala un nuevo escenario conflictivo, cuya solución dará inicio una nueva escalada de acciones y réplicas. En este caso, estamos ante el fenómeno de desplazamiento más radical, pues luego de alcanzarse la solución de los conflictos internos del reino (relaciones entre el rey, el héroe, los nobles, la jerarquía eclesiástica y los cinco reinos de España) ahora el relato abre un nuevo conflicto en un escenario internacional.

732-71. Para el comentario de los paralelismos que se encuentran entre las dos primeras secuencias de este episodio y el comienzo del episodio del duelo por Calahorra, véase la nota a los vv. 505-52.

739-43. Es muy evidente el valor simbólico del tributo exigido, que resulta irrisorio en términos económicos. En principio, la afrenta que supone la entrega de quince doncellas: a la carga sexual (y a la búsqueda del efecto sensacionalista) se le agrega el detalle de la condición noble, lo que supone una doble afrenta. Es posible que, como opina Juan Victorio (1982: 64), el tributo de las doncellas sea una derivación transformada de una vieja leyenda, ya registrada en el Privilegio de los Votos de Santiago y en el *Chronicon mundi*, según la cual los reinos cristianos debían entregar cien vírgenes al caudillo Almanzor (el origen histórico de esta leyenda podría derivar de las hijas de Sancho Garcés de Navarra y de Vermudo III de León, mandadas como rehenes a Almanzor en los años 981 y 993 respectivamente); de acuerdo con el relato de Gonzalo de Berceo en su *Vida de San Millán de la Cogolla*, Fernán González habría liberado a los cristianos de este tributo ("El rei Abderraman [...] Mandó a los christianos [...] qe li diessen tres vent' dueñas en renda, / las medias de lignage, las medias chus sorrenda", coplas 369-70, ed. Dutton 1992). La intención de humillar a la nobleza se confirma con la exigencia de que los treinta marcos de plata (número simbólico por la reminiscencia de la traición de Judas) sean pagados por los hidalgos, es decir, mediante la transgresión del privilegio nobiliario de no pagar impuestos (la leyenda del "pecho de los hidalgos" difundida por la cronística nobiliaria –y que llegará al romancero– tematiza esta cuestión álgida por las mismas épocas en que se compone nuestro poema, véase al respecto Funes 2000: 21-22). Por último, caballos y azores, con lo cual los mismos animales por cuyo precio ganó Castilla su independencia se convierten aquí en cifra de un nuevo sometimiento.

754-60. La tregua y –a instancias de Rodrigo– perdón definitivo de los condes desterrados con motivo de la convocatoria a consejo de todos los hidalgos es muy significativa desde el punto de vista ideológico. En este episodio final se celebra una cierta armonía entre el rey y la nobleza basada en el principio de total injerencia noble en la toma de decisiones. Esta figura de buen rey como *primus inter pares*, incapaz de gobernar o de solucionar los problemas internos y externos por sí solo (tal como manifiesta repetidas veces: vv. 252-63, 748-53, 831-36), responde al ideal que por aquellos años la historiografía nobiliaria proyectaba en las figuras de Alfonso VIII y de Fernando III, según se las presentaba en obras tales como la **Historia nobiliaria de Castilla* (así llama Diego Catalán a un texto cronístico muy anecdótico sobre acontecimientos de estos dos reinados, no conservado independientemente pero detectable como formante de otras crónicas post-alfonsíes como la que utilizó don Juan Manuel para su *Crónica abreviada*; es mi hipótesis que esta obra se habría compuesto bajo el auspicio de la aristocracia castellana en el último cuarto del siglo XIII) y la *Crónica particular de San Fernando* (crónica particular también auspiciada por la aristocracia castellana, que se habría compuesto bajo el reinado de Fernando IV). Esto quiere decir que nuestro poema contribuyó (al menos en el estadio de la *Gesta* primitiva) a moldear esa suerte de nueva edad heroica de la nobleza, ubicada a fines del siglo XII y primera mitad del siglo XIII, al teñir con sus atributos la edad heroica tradicional, ubicada en los siglos X y XI. Volviendo al plano argumental concreto, con su fragmentarismo característico el poeta cancela el punto de conflicto entre el héroe y los nobles enemigos (heredado del modelo cidiano) y plantea una nueva relación que traslada el conflicto al plano externo. Véanse al respecto Catalán 1977: 43-46 y Funes 1998 y 2000.

772-802. Sobre el "Loor del rey don Fernando", motivo épico que ha migrado por los distintos cantares del Ciclo del Cid en alabanza de Alfonso VI, de Sancho II y, finalmente, de Fernando I, ya se ha comentado en el Estudio introductorio. Cabría agregar aquí que, en términos narrativos, la inserción del motivo en este lugar implica (como ya lo observó Burshatin 1980: 156) una anticipación de la superación de la prueba principal y, por lo tanto, una inversión de las secuencias narrativas, en la medida en que sólo al final de este episodio Fernando alcanzaría el estatuto de par de emperador. De la reseña de sus logros, tienen fundamento histórico la toma de Coimbra y Montemayor y el traslado de los restos de San Isidoro de Sevilla a León; totalmente fabulosa es la conquista de Sevilla (aunque es posible que, como opina Victorio, haya aquí un error de copia y debiera entenderse que los moros entregan el cuerpo del santo y no la ciudad donde estaba enterrado). Con respecto a la enumeración de los guerreros (788-802), se trata de un motivo épico tradicional que, en este caso, se reproduce mediante la invención de personajes ficticios sobre la base de mezclar reminiscencias cidianas (el bueno de Carrión, de Cabra señor, García de Cabra, Crespo de Grañón) y aún francesas (Almerique de Narbona) con personajes ya actuantes en el propio poema (el conde don Ossorio, el conde don Ordoño de

Campos –probablemente involucrado con el fragmentario episodio de la reposición del obispo de Palencia–, Garçí Fernández y Ximón Sánchez de Burueva –los condes traidores indultados–). No tiene sentido, pues, intentar una identificación histórica o suponer alusiones a personajes de la nobleza favorable al rey don Pedro I (según la hipótesis de Victorio). Lo que interesa especialmente es que todo el fragmento se cierra con la mención de Rodrigo, "de todos el mejor", lo que termina explicitando el mutuo reconocimiento y la mutua dependencia (Fernando será par de emperador gracias a Rodrigo; Rodrigo será caballero y señor de novecientos caballeros por reconocimiento del rey Fernando).

826-35. Un excelente análisis de este pasaje de la arenga del rey Fernando realiza Montgomery (1982-83). El cambio de asonancia en mitad del discurso, algo inusual en *MR*, indicaría quizás, según su opinión, que estos versos fueron tomados de un repertorio tradicional. Por último, la nota sombría del final (maldición eterna de la posteridad para el que fracase) revelaría a su entender un pesimismo latente que no se encuentra en el *PMC* y que podría reflejar el hecho de que el discurso épico sobrevive en una edad en la que ya no están vigentes los parámetros tradicionales de lo heroico.

841-43. Un nuevo paralelismo con el episodio del duelo por Calahorra, esta vez en la amenaza contra los que han atribulado al rey: "Rey, ¿quién vos fizo pessar o cómo fue dello ossado? De presso o de muerto non vos saldrá de la mano" (vv. 530-31). En rigor, el paralelismo es más amplio y conlleva nuevas complicaciones: así como ningún miembro de la corte se había atrevido a responder el desafío del campeón navarro, ahora ninguno del ejército español responde a la arenga del rey con el ejército francés a la vista. En principio se trata de un recurso habitual para singularizar la figura del héroe. Pero en este caso la cuestión se complica por la diferencia de rango social que el poeta insiste en resaltar: la alta nobleza (esos condes, ricos omnes y poderosos hidalgos) revela cobardía e incapacidad guerrera frente al infanzón Rodrigo, que apenas es un escudero. Georges Martin ha insistido en este punto (1992: 509-19), pero creo necesario ponerlo en su justa medida: el poeta, en la búsqueda de efectismos para realzar la excepcionalidad de su héroe, apela a las resonancias de conflictos latentes en el imaginario social de su tiempo, pero no creo que llegue a pretender la promoción ideológica de la caballería villana o de los guerreros de la baja nobleza en desmedro de los magnates castellanos, al menos no de manera programática.

858-62. La seña improvisada de Rodrigo es, por un lado, un nuevo indicio de la importancia de las cuestiones heráldicas en el poema y, por otro lado, nueva evidencia de esta configuración de Rodrigo como guerrero de orígenes humildes. En este episodio final de *MR* no hay rastros de la ilustre ascendencia paterna y materna del héroe, mención capital que precedía la entrada en escena de Rodrigo (vv. 302–03). Debo disentir de la interpretación de Gornall, para quien "Rodrigo becomes a figure of fun because of his youthful inexperience in the matter of standards" (1997: 113), por lo que intentaría levantar su seña en una espada y no en una lanza, y la mención de la vergüenza del héroe indicaría que era consciente de estar haciendo el ridículo. Insisto en que el episodio (que puede derivar de un tópico tradicional: la seña improvisada de Çorraquín Sancho, según señala Gornall) debe entenderse en el contexto de un conflicto social: todo el episodio de la campaña de Francia multiplica los signos de un ensalzamiento de burgueses e infanzones y un menoscabo de ricos hombres y aristócratas, algo que comienza con la irónica referencia de Rodrigo a que no le corresponde ser el alférez habiendo "tanto omne rico e tanto conde et tanto poderosso fijo dealgo" (v. 848).

863–87. El diálogo de Rodrigo y Pero Mudo, cuyas conexiones con pasajes del *PMC* han sido señaladas en el Estudio introductorio, es un buen ejemplo de esa nueva perspectiva ideológica que aparece en este episodio. Martin (1992: 510) señala que la carrera heroica de Rodrigo está informada por la búsqueda del ascenso social y un momento en que esto se hace evidente es en la respuesta de Rodrigo al lamento de Pero Bermúdez por su situación miserable. Burshatin comenta que "Rodrigo's advice echoes the Judeo-Spanish proverb of vigilance: 'Hombre acavidado, no muere matado' " (1980: 159, n. 25). La leyenda sobre el hermano bastardo (reacción a la leyenda de la bastardía del propio Cid) ha sido estudiada exhaustivamente por Armistead (1988).

896–905. Montgomery (1982–83) ve en este pasaje una estructura análoga a la de un romance, donde la secuencia de preguntas es seguida por la secuencia de respuestas negativas con expansiones paralelísticas de estilo pausado y sentencioso. El tono sarcástico de la réplica de Rodrigo, aquí convertido en maestro de la palabra, construye un lugar discursivo inusitado, en el que una suerte de orgullo burgués se burla sutilmente de las pretensiones aristocráticas representadas por el conde de Saboya. Especialmente significativa es la correspondencia simbólica entre la *seña* del caballero y el *paño* del mercader, entre el acto de arriesgar la vida en combate y el acto de vender caro.

934–40. La reacción del conde de Saboya al conocer la identidad de Rodrigo provoca una nueva transformación del héroe: de burgués a caballero, de caballero a demonio. Rodrigo como *pecado* recupera la naturaleza rebelde y agresiva del héroe en un nuevo contexto.

947–53. La hija del conde de Saboya es uno de los personajes femeninos más importantes, pero en este caso contrasta su pasividad y su silencio con la voz y la acción de Jimena. Funciona como término de un intercambio y como instrumento para otros fines (la libertad del conde, la deshonra de los franceses, la tregua final). La descripción resalta su hermosura y su hieratismo; la traen los saboyanos "en una silla muy blanca", la toma Rodrigo "por la mano", la da a los suyos y éstos "llévanla passo", finalmente la entran en la tienda del rey. La Saboyana es objeto pasivo en todos los sentidos de la palabra, es la ofrenda que simboliza la victoria de España sobre sus enemigos externos, en la medida en que resulta la contrapartida de las exigidas quince doncellas nobles.

971–74. La actitud de Rodrigo de entregar a la Saboyana como barragana del rey constituye una de las mayores transgresiones morales cometidas a lo largo del poema, sólo entendible por esa lógica del exceso que lo justifica todo en aras de resaltar la figura del héroe de manera sensacionalista. Aquí se estaría cumpliendo una doble réplica: así como el rey le impuso Jimena a Rodrigo, ahora Rodrigo le impone la Saboyana al rey; así como Francia buscó deshonrar a España con la exigencia de las doncellas nobles, ahora Rodrigo deshonra a los franceses en la persona de la Saboyana.

GLOSARIO

abaxar (v. 916): v. tr. Inclinar algo hacia abajo.
abenençia (v. 49): f. Acuerdo, concordia, conciliación entre partes.
abidado (v. 878): adj. Probable part. pdo. de un verbo provenzal, *abidar*, que significaría 'animar, sustentar' (según hipótesis de Victorio 1982: 75). Pero puede tratarse de un error de copia por *abivado*.
abivado (v. 667): Part. pdo. del v. tr. *abivar*. Dar nuevo vigor y vida a una cosa.
abondado (vv. 437, 504): adj. Rico, que goza de abundancia material.
abondo (v. 730): m. Abundancia, suficiencia. *Aver abondo* = 'tener suficiente'.
abuelta / abueltas (vv. 247, 712, 716, 1004, 1051): adv. Con, juntamente con.
acabdillar (v. 1119): v. tr. Acaudillar, conducir, mandar. *azes acabdilladas* = 'líneas de la hueste bien ordenadas por su capitán o caudillo'.
acorrer (vv. 109, 431, 1108): v. tr. Socorrer, ayudar, amparar.
afarto/a (v. 680): adj. Harto, sobrado, suficiente.
afarto (vv. 546, 970): adv. Harto, sobradamente, suficientemente.
afondar (vv. 108, 181): v. tr. Hundir.
afruenta (v. 882): f. Afrenta, deshonor, vergüenza. Pero en el poema (v. 882) significa 'fuerza moral, obligación moral, promesa formal' (de acuerdo con Victorio 1982: 76).
aguadero/a (vv. 571, 575): adj. Propio para el agua, hablando de prendas de vestir.
aguissar (v. 649): v. tr. Preparar.
ahevos (v. 185): adv. demostrativo *ahé* con el pronombre personal *vos* enclítico. Hé aquí.
albriçias (v. 963): Exclamación de júbilo, de origen árabe, que hacía referencia a la recompensa que usualmente se pagaba al portador de una buena noticia. Es lo que pide Rodrigo en v. 963.
alferze (v. 845): m. Alférez. Portaestandarte.
algarero (v. 451): m. Hombre de a caballo que formaba parte de una algara (tropa que hacía correrías y salía a robar la tierra del enemigo).
alguazil (v. 398): m. Encargado de la corte de ejecutar la justicia por orden del rey o del juez o jueces.
allegar (vv. 408, 512, 827): v. intr. Llegar. Acercarse.
amidos (vv. 497, 536, 693, 1012): adv. De mala gana, contra la voluntad.
andamio (v. 286): m. Adarve, camino detrás del parapeto y en lo alto de una fortificación. Pero en v. 286, probablemente *comenzáronle el andamio* = 'comenzaron a levantar las máquinas de asalto a la fortificación'.
apellidar (vv. 769, 807, 808, 809, 810): v. tr. Gritar convocando, proclamando o excitando. Convocar para una expedición de guerra.
apellido (vv. 283, 441, 650): m. Convocatoria, llamamiento de guerra. Grito de guerra.

a pocas (v. 674): adv. Por poco.
apoderado/a (vv. 158, 366, 1136): adj. Poderoso.
arramar (vv. 452, 665): v. tr. Esparcir, extinguir, dispersar. v. intr. Separarse, huir.
arrayaz (vv. 436, 437, 462, 495): m. Caudillo árabe.
atavetrador (v. 816): m. Palabra rarísima, quizás deturpación de *ataleador* 'vigía adelantado de la hueste'. Tal es el sentido del v. 816.
bafar (v. 432): v. intr. Fanfarronear o decir mentiras.
baldoque (v. 950): m. Tela de seda llamada así por la ciudad de Bagdad.
blago (v. 1096): m. Bordón o báculo. En v. 1096 se refiere al símbolo del poder religoso ligado a la figura imperial.
bolver (vv. 406, 461, 863, 974): v. tr. Dar vuelta o vueltas una cosa. *Bolver los ojos*, como en vv. 406 y 863. También 'trabar un combate o batalla', como en vv. 461 y 974.
brunitado/a (v. 318): adj. Teñido de negro.
cabdillar (v. 1116): v. Acabdillar.
caloñar (v. 729): v. tr. Castigar, pedir cuentas.
catar (vv. 114, 118, 120, 143, 336, 420, 472, 474, 1134): v. tr. Mirar, ver, observar. Considerar, pensar. Tener en cuenta, tener cuidado. Percatarse.
conquerir (vv. 177, 255, 969, 1093): v. tr. Conquistar.
costanera (v. 1052): f. Flanco de la hueste.
cras (vv. 559, 1020, 1072, 1105): adv. Mañana.
crieta (v. 875): f. Grieta.
derramar (v. 406): v. intr. Dispersarse.
descomulgado/a (v. 200): adj. Malvado, perverso, maldito.
desmanparar (v. 202): v. tr. Desamparar.
despensar (vv. 742, 826, 1059): v. tr. Gastar.
devissar (vv. 3, 858): v. tr. Dar un nombre o unas armas para caracterizar a alguien. Distinguir, señalar las armas de familia. *Cov* (465): Devisa, la seña que trae el cavallero para ser devisado y conocido entre los demás, o la que va pintada o bordada en estandarte o vandera.
emina (§ 3): f. Unidad de medida de capacidad. Equivale en Castilla a 41,625 litros.
enbarraganar (v. 972): v. tr. Convertir a alguien en barragana. *Diccionario de Autoridades*: Barragana: Antiguamente se llamaba assí la amiga, dama, o concubina que se conservaba en la casa del que estaba amancebado con ella: y para serlo era preciso fuesse libre, y no sierva, soltera, única, y que no tuviesse parentesco en grado conocido con el galán que la embarazasse casar con ella si quisiesse.
ençimar (v. 374): v. tr. Poner en alto una cosa. Elevar a alguien en rango o fortuna.
encostar (v. 612): v. tr. Acostar, inclinar.
erzer (vv. 135, 1080): v. tr. Levantar, erguir.
escalentado/a (v. 294): adj. Furioso, enardecido.
espedir (v. 433): v. tr. Despedir.
estido (vv. 673, 805, 1026): pret. indef. de *estar*. Estuvo.
fincar (vv. 34, 138, 142, 230, 345, 977, 1014, 1109): v. tr. Quedar. Fijar, plantar una cosa sujetándola al suelo. Hincar.

fiel (v. 617): m. Juez de una lid por causa de riepto.
fito (v. 230): m. Hito, mojón.
folgar (vv. 106, 370, 997, 1018, 1048): v. intr. Holgar, descansar. Estar tranquilo. Disfrutar.
freira (v. 322): f. Freila, religiosa.
gallarín (vv. 40, 48): m. Cuenta que se hace doblando el número en progresión geométrica.
gafo/a (vv. 576, 585): adj. Que padece la enfermedad de la lepra, llamada *gafedad*.
ganançia, fija de (§ 1): Hija bastarda. Según *Covarrubias*, barragana "es voz compuesta (según el Rey Don Alonso) de *Barra* Arábigo, que quiere decir fuera, y de *Gana* Latina, que vale ganancia, y todo junto vale tanto como ganancia hecha fuera de mandamiento de la Iglesia: y assí los hijos de este ayuntamiento se llamaban de ganancia."
grado, de (vv. 88, 100, 115, 128, 163, 166, 193, 262, 424, 492, 497, 536, 542, 593, 601, 693, 869, 902, 913, 1012, 1033, 1088, 1115): m. Voluntad, consentimiento. Beneplácito, gusto.
guissado/a (vv. 76, 727, 752, 1030, 1079): adj. Util o conveniente. Justo, razonable.
guissar (v. 545): v. tr. Ordenar, disponer.
jenzor (v. 777): adj. Deriva del comparativo *gentiorem*; aunque se documenta en la *Vida de Santa María Egipcíaca* ("Tanto avié el cuerpo gençor"), es probablemente un vocablo de origen provenzal. Noble.
lazerado – lazrado/a (vv. 350, 478, 486): adj. Lacerado, maltratado. Apenado.
ledo/a (vv. 4, 466, 975, 989): adj. Alegre, contento, plácido.
lozano/a (vv. 22, 36, 49, 105, 183, 405, 417, 435, 481, 490, 498, 503, 628, 655, 692): adj. Altivo, orgulloso. Alegre.
malato (vv. 567, 575, 578, 605): m. Leproso.
malenconía (v. 838): f. Melancolía, tristeza.
manparar (§ 3, v. 210): v. tr. Amparar. Defender y estorbar que alguna cosa padezca daño o detrimento.
menbrar (vv. 581, 586, 871): v. tr. Recordar.
mezclar (vv. 667, 668, 1019): v. tr. Juntar, unir e incorporar una cosa con otra. Iniciar la batalla o el torneo.
palazín (v. 815): m. Héroe épico francés asociado a Carlomagno. Usualmente se refiere a Roldán.
parar (vv. 6, 308, 333, 668, 1019): v. tr. Situar, colocar (*paradas están las azes*, v. 308). Disponer, armar, presentar (*el torneo parado*, v. 1019). Preparar. Fijarse en, considerar (*Parat mientes al mundo*, v. 333).
pensar (de) (vv. 310, 391, 1118): v. intr. Comenzar (a).
perlado (vv. 171, 272, 721, 726): m. Metátesis de *prelado*. Obispo.
poridat (v. 122): f. Secreto.
posiesta (vv. 551, 566): f. Horas de la tarde después de la siesta.
premia (§ 2): f. Apremios, opresión, aprieto.
privado (vv. 6, 8, 35, 155, 172, 284, 301, 367, 430, 443, 471, 489, 505, 509, 586, 631, 694, 703, 859, 861, 890, 910, 945, 955, 971, 996, 1029, 1062, 1077): adv. Presto, prontamente, inmediatamente.
profía (v. 915): f. Porfía. *lidiar a profía* (v. 915) = 'pelear ahincadamente'.

quedado/a (vv. 770, 1046): adj. Quieto.
rapaz (v. 911): m. Muchacho, escuderillo. *Covarrubias* (896): "El niño, por ventura por la inclinación que tiene a querer tomar todo lo que vee y tiene delante".
rebtar (v. 291): v. tr. Formular un riepto (acusación que pone un hidalgo contra otro de alevosía).
recudir (v. 840): v. tr. Responder, replicar.
redrar (v. 295): v. tr. Contestar, replicar.
remaneçer (§ 1): v. intr. Permanecer, quedar.
resollo (vv. 580, 583): m. Resuello, soplo.
sirgo (v. 859): m. Seda torcida.
soterraño (vv. 108, 111, 114, 143, 152, 180): m. Lugar debajo de tierra, cueva subterránea.
tajado/a (v. 952): adj. Cortado, delineado.
tender (vv. 3, 86, 111, 420): v. tr. Extender, echar por el suelo, desplegar. *Tender los ojos* (vv. 3, 111, 420) = 'extender la vista, fijar la mirada'.
velada (v. 240): f. Mujer legítima.

OBRAS CITADAS

Alfonso Pinto, Fátima, ed., 1999. "*Mocedades de Rodrigo*: edición", en Bailey 1999b, pp. 183–216.
Alvar, Carlos, y Manuel Alvar, ed., 1991. *Épica medieval española*. Letras Hispánicas, 330. Madrid: Cátedra.
Alvar, Manuel, ed., 1969. *Cantares de gesta medievales*. México: Porrúa.
———, ed., 1981. *Épica española medieval*. Biblioteca de Literatura y Pensamiento Hispánicos, 49. Madrid: Editora Nacional.
Amador de los Ríos, José, 1863. *Historia crítica de la literatura española*, III. Madrid: el autor. Reimpr. Madrid: Gredos, 1969.
Armistead, Samuel G., 1955. *"La Gesta de las Mocedades de Rodrigo": Reflections of a Lost Epic Poem in the "Crónica de los Reyes de Castilla" and the "Crónica General de 1344"*. Princeton University. Tesis doctoral inédita.
———, 1963–64. "The Structure of the *Refundición de las Mocedades de Rodrigo*", *Romance Philology*, 17: 338–45.
———, 1966. "Para el texto de la *Refundición de las Mocedades de Rodrigo*", *Anuario de Estudios Medievales*, 3: 529–39.
———, 1973. "Las *Mocedades de Rodrigo* según Lope García de Salazar", *Romania*, 94: 303–20.
———, 1974. "The Earliest Historiographic References to the *Mocedades de Rodrigo*", en *Estudios literarios de hispanistas norteamericanos dedicados a Helmut Hatzfeld con motivo de su 80 aniversario*, ed. Josep M. Sola-Solé et al., Barcelona: Hispam, pp. 25–34.
———, 1986–87. "*Encore les cantilènes!*: Prof. Roger Wright's *Proto-Romances*", *La Corónica*, 15: 52–66.
———, 1987. "La 'furia guerrera' en dos textos épicos castellanos", en *Studia in honorem prof. M. de Riquer*, II. Barcelona: Quaderns Cremà, pp. 255–69.
———, 1988. "Dos tradiciones épicas sobre el nacimiento del Cid", *Nueva Revista de Filología Hispánica*, 36: 219–48.
———, 1989. "Cantares de gesta y crónicas alfonsíes: 'Mas a grand ondra/tornaremos a Castiella'", en Sebastian Neumeister, ed., *Actas del IX Congreso de la Asociación Internacional de Hispanistas (Berlín, agosto 1986)*, Frankfurt am Main: Vervuert, I, pp. 177–85.
———, 1999. "Las *Mocedades de Rodrigo* y el Romancero", en Bailey 1999b, pp. 17–36.
———, 2000. *La tradición épica de las "Mocedades de Rodrigo"*. Acta Salmanticensia: Estudios Filológicos, 280. Salamanca: Ediciones Universidad de Salamanca.
Bailey, Matthew, ed., 1994. *Texto y concordancias de "Mocedades de Rodrigo"*.

BN de París (Ms. Fonds espagnol, 12). Spanish Series, 101. Madison: The Hispanic Seminary of Medieval Studies. Microfichas.

———, 1999a. "Las asonancias inusitadas de las *Mocedades de Rodrigo*", *Revista de Poética Medieval*, 3: 9–30.

———, ed., 1999b. *Las "Mocedades de Rodrigo": estudios críticos, manuscrito y edición*. King's College London Medieval Studies, 15. London: King's College London Centre for Late Antique & Medieval Studies.

———, 1999c. "Vestigios del *Cantar de Fernán González* en las *Mocedades de Rodrigo*", en Bailey 1999b, pp. 89–97.

Bénichou, Paul, 1953–54. "El casamiento del Cid", *Nueva Revista de Filología Hispánica*, 7: 316–36 y 8: 79.

Bourland, Benjamin P., ed., 1911. "The Rimed Chronicle of the Cid (*El Cantar de Rodrigo*)", *Revue Hispanique*, 24: 310–57.

Bowra, C. M., 1964. "The Meaning of a Heroic Age", en su *In General and Particular*, London: Weidenfeld and Nicholson, pp. 63–84.

Burshatin, Israel, 1980. *Narrative and Cycle: The "Poema de Mio Cid" and the "Mocedades de Rodrigo"*. Columbia University. Tesis doctoral inédita.

Carrasco, Juan, 1995. "Europa en los umbrales de la crisis: 1250–1350", en *Europa en los umbrales de la crisis: 1250–1350 (Actas de la XXI Semana de Estudios Medievales de Estella, 18 a 22 de julio de 1994)*. Pamplona: Gobierno de Navarra, pp. 17–35.

Catalán, Diego, 1966. "El *Toledano romanzado* y las *Estorias del fecho de los godos* del s. XV", en *Estudios dedicados a James Homer Herriott*, Madison: Universidad de Wisconsin, pp. 9–102.

———, 1977. "Don Juan Manuel ante el modelo alfonsí: el testimonio de la *Crónica abreviada*", en Ian Macpherson, ed., *Juan Manuel Studies*. Colección Támesis, A60. London: Tamesis Books, pp. 17–51.

———, 1980. "A propósito de una obra truncada de Ramón Menéndez Pidal en sus dos versiones conocidas: notas históricas y críticas", en Ramón Menéndez Pidal, *Reliquias de la poesía épica española*, 2ª. ed., ed. Diego Catalán, Reliquias de la Épica Hispánica, 1. Madrid: Cátedra-Seminario Menéndez Pidal y Gredos, pp. xi–xliv.

———, 1992. "La *Estoria del fecho de los godos* hasta 1407 y sus continuaciones y refundiciones", en su *La "Estoria de España" de Alfonso X: creación y evolución*, Fuentes cronísticas de la historia de España, 5. Madrid: Universidad Complutense de Madrid-Seminario Menéndez Pidal, Fundación Ramón Menéndez Pidal y Universidad Autónoma de Madrid, pp. 231–85.

———, 2000a. *La épica española: nueva documentación y nueva evaluación*. Madrid: Fundación Ramón Menéndez Pidal & Seminario Menéndez Pidal, Universidad Complutense de Madrid.

———, 2000b. "Monarquía aristocrática y manipulación de fuentes: Rodrigo en la *Crónica de Castilla*: el fin del modelo historiográfico alfonsí", en Georges Martin, ed., *La historia alfonsí: el modelo y sus destinos (siglos XIII–XV)*, Collection de la Casa de Velázquez. 68. Madrid: Casa de Velázquez, pp. 75–94.

Chicote, Gloria Beatriz, 1996. "Jimena, de la épica al romancero: definición del personaje y convenciones genéricas", en Lillian von der Walde et al., ed., *Caballeros, monjas y maestros en la Edad Media: Actas de las V Jornadas*

Medievales, Publicaciones de *Medievalia*, 13, México: UNAM & Colegio de México, pp. 75–86.
Clavero, Dolores, 1994. *Romances viejos de temas épicos nacionales: relaciones con gestas y crónicas*. Madrid: Ediciones del Orto.
Corfis, Ivy A., ed., 1987. *Diego de San Pedro's "Cárcel de Amor": A Critical Edition*. Colección Támesis, Serie B – Textos, 29. London: Tamesis Books.
Dagenais, John, 1994. *The Ethics of Reading in Manuscript Culture: Glossing the "Libro de buen amor"*. Princeton: Princeton University Press.
Deyermond, Alan, 1969. *Epic Poetry and the Clergy: Studies on the "Mocedades de Rodrigo"*. Colección Támesis, A5. London: Tamesis.
———, 1973. *Historia de la literatura española, 1: La Edad Media*, Letras e Ideas: Instrumenta, 1. Barcelona: Ariel.
———, 1995. *La literatura perdida de la Edad Media castellana: catálogo y estudio, I: Épica y romances*, Obras de Referencia, 7. Salamanca: Ediciones Universidad de Salamanca.
———, 1999. "La autoría de las *Mocedades de Rodrigo*: un replanteamiento", en Bailey 1999b, pp. 1–15.
Di Stefano, Giuseppe, ed., 1993. *Romancero*. Clásicos Taurus, 21. Madrid: Taurus.
Duggan, Joseph J., 1986. "Medieval Epic and Popular Historiography: Appropriation of Historical Knowledge in the Vernacular Epic", en *Grundriss der romanischen Literaturen des Mittelalters*, XI: *La littérature historiographique des origines à 1500,* ed. Hans Ulrich Gumbrecht et al., I.1, Heidelberg: Carl Winter, pp. 285–311.
Dumézil, Georges, 1969. *Heur et malheur des guerriers: aspects mythiques de la fonction guerrière chez les Indo-Européens*. Paris: Presses Universitaires.
Durán, Agustín, ed., 1851. *Romancero general, o Colección de romances castellanos anteriores al siglo XVIII*. Tomo II. Biblioteca de Autores Españoles, 16. Madrid: Rivadeneyra.
Faulhaber, Charles B., 1975–76. Reseña de Deyermond 1969, *Romance Philology*, 29: 555–62.
Ferro, Jorge N., 1999. "El concepto de 'mesura': una cuestión de analogía", en Azucena Adelina Fraboschi et al., eds., *Studia Hispanica Medievalia IV. Actas de las V Jornadas Internacionales de Literatura Española Medieval (Buenos Aires, República Argentina, agosto 21–23, 1996)*, Buenos Aires: Pontificia Universidad Católica Argentina, pp. 124–31.
Fitzmaurice-Kelly, James, 1898. *A History of Spanish Literature*. Short Histories of the Literatures of the World, 5. London: Heinemann.
Funes, Leonardo, 1983. "La distinción entre texto y manuscrito: observaciones sobre crítica textual a propósito de una reciente edición del *Libro de la montería de Alfonso XI*", *Incipit*, 3: 25–51.
———, 1987. "Gesta, refundición, crónica: deslindes textuales en las *Mocedades de Rodrigo* (razones para una nueva edición crítica)", *Incipit*, 7: 69–94.
———, 1998. "El lugar de la *Crónica Particular de San Fernando* en el sistema de las formas cronísticas castellanas de principios del siglo XIV", en Aengus M. Ward, ed., *Actas del XII Congreso de la Asociación Internacional de Hispanistas (21–26 de agosto de 1995, Birmingham)*, I: *Medieval y*

lingüística, Birmingham: Department of Hispanic Studies, The University of Birmingham, pp. 176–82.

———, 2000. "Dos versiones antagónicas de la historia y de la ley: una visión de la historiografía castellana de Alfonso X al Canciller Ayala", en Aengus Ward, ed., *Teoría y práctica de la historiografía hispánica medieval*, Birmingham: University of Birmingham Press, pp. 8–31.

———, 2003. "La apuesta por la historia de los habitantes de la Tierra Media", en Lillian von der Walde Moheno, ed., *Propuestas teórico-metodológicas para el estudio de la literatura hispánica medieval*, México: Universidad Nacional Autónoma de México y Universidad Autónoma Metropolitana, pp. 15–39.

———, en prensa a. "Huellas textuales de un mundo en crisis: Castilla y su literatura en el siglo XIV", *Reflejos* (Jerusalén), 10.

———, en prensa b. "Una versión nobiliaria de la historia reciente en la Castilla post-alfonsí: la **Historia hasta 1288 dialogada*", *Revista de Literatura Medieval*.

Gautier-Dalché, J., 1970–71. "L'Histoire castillane dans la première moitié du XIVe siècle", *Anuario de Estudios Medievales*, 7: 239–52.

Geary, John S., 1980. *Formulaic Diction in the Poema de Fernán González and the Mocedades de Rodrigo: A Computer-Aided Analysis*. Potomac, MD: Studia Humanistica.

Gómez Redondo, Fernando, ed., 1996. *Poesía española, I. Edad Media: juglaría, clerecía y romancero*. Páginas de Biblioteca Clásica. Barcelona: Crítica.

———, 1997. "La otra épica", en José Manuel Lucía Megías, ed., *Actas del VI Congreso Internacional de la Asociación Hispánica de Literatura Medieval (Alcalá de Henares, 12–16 de septiembre de 1995)*, Alcalá de Henares: Universidad de Alcalá, pp. 701–19.

———, 1999. "Las 'Mocedades' cronísticas", en Bailey 1999b, pp. 137–61.

Gornall, John, 1985–86. "*Plus ça change* . . .: Rodrigo's *Mocedades* and the Earlier Legend", *La Corónica*, 14: 23–35.

———, 1989. "One Way to Invent Youthful Deeds: Prefiguration in the Cid's *Mocedades*", *Modern Language Review*, 84: 345–50.

———, 1994–95. "The Cid's Youthful Deeds: Decadent *Mocedades* or Pristine *Enfances?*", *Journal of Hispanic Research*, 3: 69–79.

———, 1995. "Two Interpolators or None?: Palencia and Genealogy in the *MR*", Comunicación, Association of Hispanists of Great Britain and Ireland (Aberdeen).

———, 1997. "The *Mocedades de Rodrigo*: A Hero with a Bad Character?", *Olifant*, 21, 3–4: 109–24.

Greimas, Algirdas J., 1972. *Sémantique structurale: recherche de méthode*. Ed. revisada. Paris: Seuil.

Grognard, André, 1976. *Les "Mocedades de Rodrigo" ou la polémique sous la couvert de la tradition*. Université de Liège. Tesina inédita.

Guillemain, Bernard, 1977. "Les transformations du XIVe siècle: bilan et orientation des recherches", en Federico Udina Martorell, ed., *La mutación de la segunda mitad del siglo XIV en España*. Anexos de *Hispania: Cuadernos de Historia*, 8. Madrid: Consejo Superior de Investigaciones Científicas, Instituto Jerónimo Zurita, pp. 1–14.

Hinard, Damas, ed., 1858. *Poème du Cid*. Paris: Imprimerie Impériale.

Harvey, L. P., 1976. "Fernán González's Horse", en A. D. Deyermond, ed., *Medieval Hispanic Studies Presented to Rita Hamilton*, Colección Támesis, A42. London: Tamesis Books, pp. 77–86.

———, y David Hook, 1982. "The Affair of the Horse and Hawk in the *Poema de Fernán González*", *Modern Language Review*, 77: 840–47.

Hook, David, y Antonia Long, 1999. "Reflexiones sobre la estructura de las *Mocedades de Rodrigo*", en Bailey 1999b, pp. 53–67.

Huber, D. V. A., ed., 1844. *Chrónica del famoso cavallero Cid Ruydiez Campeador*. Marburg: Bayrhoffer.

Huntington, Archer M., ed., 1904. *Crónica rimada*. New York.

Lacarra, María Jesús, 1979. *Cuentística medieval en España: los orígenes*, Publicaciones del Departamento de Literatura Española, 1. Zaragoza: Universidad de Zaragoza.

Lacarra Lanz, Eukene, 1999. "Political Discourse and the Construction and Representation of Gender in *Mocedades de Rodrigo*", *Hispanic Review*, 67: 467–91.

Ladero Quesada, Miguel Ángel, 1995. "La Corona de Castilla: transformaciones y crisis políticas, 1250–1350", en *Europa en los umbrales de la crisis: 1250–1350 (Actas de la XXI Semana de Estudios Medievales de Estella, 18 a 22 de julio de 1994)*. Pamplona: Gobierno de Navarra, pp. 275–322.

Lévi-Strauss, Claude, 1958. *Anthropologie structurale*. Paris: Plon.

Lods, Jeanne, 1960. "Le thème de l'enfance dans l'épopée française", *Cahiers de Civilisation Médiévale*, 3: 58–62.

Lord, Albert B., 1974. "Perspectives on Recent Work in Oral Literature", *Forum for Modern Language Studies*, 10: 187–210.

Marcos Marín, Francisco, 1986. "Tejidos árabes e independencia de Castilla", *Bulletin of Hispanic Studies*, 63: 355–61.

Martin, Georges, 1992. *Les Juges de Castille: mentalités et discours historique dans l'Espagne médiéval*. Annexes des *Cahiers de Linguistique Hispanique Médiévale*, 6. Paris: Séminaire d'Études Médiévales Hispaniques, Université de Paris-XIII.

———, 2002. "El Cid de las *Mocedades*", en Carlos Alvar et al., ed., *El Cid: de la materia épica a las crónicas caballerescas: Actas del Congreso Internacional IX centenario de la muerte del Cid (Alcalá de Henares, noviembre de 1999)*, Alcalá de Henares: Universidad de Alcalá, pp. 254–67.

Menéndez Pelayo, Marcelino. 1944. *Tratado de los romances viejos,* en su *Antología de poetas líricos castellanos*, ed. Enrique Sánchez Reyes, VI–VIII. Edición Nacional, 22–24. Santander: Consejo Superior de Investigaciones Científicas.

Menéndez Pidal, Ramón, 1945. *La epopeya castellana a través de la literatura española*. Buenos Aires: Espasa Calpe.

———, ed., 1951. "Rodrigo y el rey Fernando", en su *Reliquias de la poesía épica española*, Madrid: Instituto de Cultura Hispánica y Consejo Superior de Investigaciones Científicas. 2ª ed., ed. Diego Catalán, 1980. Madrid: Cátedra-Seminario Menéndez Pidal y Gredos, pp. 257–89.

———, 1953. *Romancero hispánico (hispano-portugués, americano y sefardí): teoría e historia*. Obras Completas de R. Menéndez Pidal, 9–10. Madrid: Espasa-Calpe.

―――, 1956. "Los godos y el origen de la epopeya española", en su *Los godos y la epopeya española*, Colección Austral, 1275, Madrid: Espasa-Calpe, pp. 11–57.

―――, 1957. *Poesía juglaresca y orígenes de las literaturas románicas: problemas de historia literaria y cultural*. Madrid: Instituto de Estudios Políticos.

Michael, Ian. 1992. "Orígenes de la epopeya en España: reflexiones sobre las últimas teorías", en José Manuel Lucía Megías et al., eds., *Actas II Congreso de la Asociación Hispánica de Literatura Medieval (Segovia, del 5 al [9] de octubre de 1987)*, Alcalá de Henares: Universidad de Alcalá, I, pp. 71–88.

Michel, Francisque, ed., 1846. "*Crónica rimada de las cosas de España desde la muerte del Rey don Pelayo hasta Don Fernando el Magno, y mas particularmente de las aventuras del Cid*", en *Wiener Jahrbücher für Literatur*, Viena, 116: 1–27.

Milá y Fontanals, Manuel, 1959. *De la poesía heroico-popular castellana*, 2ª ed., ed. Martín de Riquer y Joaquín Molas. Barcelona: Consejo Superior de Investigaciones Científicas.

Miller, William Ian, 1990. *Bloodtaking and Peacemaking: Feud, Law, and Society in Saga Island*. Chicago: University of Chicago Press.

Millet, Víctor. 1994. "Tradición y epopeya: ensayo metodológico sobre la poesía épica castellana", *Cultura Neolatina*, 54: 125–60.

Montaner Frutos, Alberto, 1988. "La **Gesta de las Mocedades de Rodrigo* y la *Crónica particular del Cid*", en Vicente Beltrán, ed., *Actas del I Congreso de la Asociación Hispánica de Literatura Medieval (Santiago de Compostela, 1983)*, Barcelona: PPU, pp. 431–44.

―――, 1992. "Las quejas de doña Jimena: formación y desarrollo de un tema en la épica y el Romancero", en José Manuel Lucía Megías et al., eds., *Actas II Congreso de la Asociación Hispánica de Literatura Medieval (Segovia, del 5 al [9] de octubre de 1987)*, Alcalá de Henares: Universidad de Alcalá, II, pp. 475–507.

―――, ed. , 1993. *Cantar de Mio Cid*. Biblioteca Clásica, 1. Barcelona: Crítica.

―――, 1994. "*Emendatio*, buena forma y entropía: reflexiones sobre la restauración de textos épicos medievales", en María Isabel Toro Pascua, ed., *Actas del III Congreso de la Asociación Hispánica de Literatura Medieval (Salamanca, 3 al 6 de octubre de 1989)*, Salamanca: Biblioteca Española del Siglo XV, pp. 669–700.

―――, 2000. "Entre Procusto y Proteo o el arte de editar poemas épicos", en David G. Pattison, ed., *Textos épicos castellanos: problemas de edición y crítica*, Papers of the Medieval Hispanic Research Seminar, 20. London: Department of Hispanic Studies, Queen Mary and Westfield College, pp. 13–21.

―――, 2002a. "Rodrigo y el gafo", en Carlos Alvar et al., eds., *El Cid: de la materia épica a las crónicas caballerescas: Actas del Congreso Internacional IX centenario de la muerte del Cid (Alcalá de Henares, noviembre de 1999)*, Alcalá de Henares: Universidad de Alcalá, pp. 121–79.

―――, 2002b. "Emblemática caballeresca e identidad del caballero", en Eva Belén Carro Carbajal et al., eds., *Libros de caballerías (de "Amadís" al "Quijote"): poética, lectura, representación e identidad*, Publicaciones del

SEMYR, Actas, 3. Salamanca: Seminario de Estudios Medievales y Renacentistas y Sociedad de Estudios Medievales y Renacentistas, pp. 267–306.

———, en prensa. "El Epitafio épico del Cid", en *Actas del IX Congreso de la Asociación Hispánica de Literatura Medieval (La Coruña, 2001)*.

———, y Ángel Escobar, ed. y trad., 2001. *"Carmen Campidoctoris", o poema latino del Campeador*. Madrid: Sociedad Estatal España Nuevo Milenio.

Montgomery, Thomas. 1977. "The *Poema de Mio Cid*: Oral Art in Transition", en *"Mio Cid" Studies*, ed. Alan Deyermond, Colección Támesis, A59. London: Tamesis Books, pp. 91–112.

———, 1982–83. "Some Singular Passages in the *Mocedades de Rodrigo*", *Journal of Hispanic Philology*, 7: 121–34.

———, 1984. "Las *Mocedades de Rodrigo* y los romances", en *Josep Maria Sola-Solé: homage, homenaje, homenatge: miscelánea de estudios de amigos y discípulos*, ed. Antonio Torres Alcalá et al., Barcelona: Puvill, II, pp. 119–33.

———, 1984–85. "The Lengthened Lines of the *Mocedades de Rodrigo*", *Romance Philology*, 38: 1–14.

———, 1986–87a. "Horatius, Cúchulainn, Rodrigo de Vivar", *Revista Canadiense de Estudios Hispánicos*, 11: 541–57.

———, 1986–87b. "The Uses of Writing in the Spanish Epic", *La Corónica*, 15: 179–85.

———, 1998. *Medieval Spanish Epic: Mythic Roots and Ritual Language*. University Park: Pennsylvania State University Press.

———, 1999. "Las *Mocedades de Rodrigo* y el *Táin Bó Cúailnge*", en Bailey 1999b, pp. 37–52.

Moxó, Salvador de, 1970–71. "La nobleza castellana en el siglo XIV", *Anuario de Estudios Medievales*, 7: 493–511.

Ochoa, Eugenio de, 1844. *Catálogo razonado de los manuscritos existentes en la Biblioteca Real de París*. París: Imprenta Real.

O'Kane, Eleanor S., 1959. *Refranes y frases proverbiales españolas de la Edad Media*. Anejos del *Boletín de la Real Academia Española*, 2. Madrid: Real Academia Española.

Orduna, Germán. 1985. "El texto del *Poema de Mio Cid* ante el proceso de la tradicionalidad oral y escrita", *Letras*, 14: 57–66.

Powell, Brian J., 1983. *Epic and Chronicle. The "Poema de Mio Cid" and the "Crónica de veinte reyes"*. MHRA Texts and Dissertations, 18. London: The Modern Humanities Research Association.

Ratcliffe, Marjorie, 1992. *Jimena: A Woman in Spanish Literature*. Potomac, MD: Scripta Humanistica.

Rico, Francisco. 1993. "Un canto de frontera: 'La gesta de Mio Cid el de Bivar'", estudio preliminar de Montaner 1993, pp. xi–xliii.

Rodiek, Christoph. 1995. *La recepción internacional del Cid: argumento recurrente-contexto-género*. Trad. de Lourdes Gómez de Olea. Biblioteca Románica Hispánica, 2. 390. Madrid: Gredos.

Rodríguez Velasco, Jesús D., 2002. "El Cid y la investidura caballeresca", en Carlos Alvar et al., eds., *El Cid: de la materia épica a las crónicas caballerescas: Actas del Congreso Internacional IX centenario de la muerte*

del Cid (Alcalá de Henares, noviembre de 1999), Alcalá de Henares: Universidad de Alcalá, pp. 383–92.
Romano, Ruggiero, y Alberto Tenenti, 1971. "La 'crisis' del siglo XIV", en su *Los fundamentos del mundo moderno: Edad Media tardía, Renacimiento, Reforma*, trad. de Marcial Suárez, Historia Universal Siglo XXI, vol. 12, Madrid: Siglo XXI, pp. 3–39.
Sánchez, Galo, ed., 1924. *Libro de los fueros de Castiella*. Barcelona: Facultad de Derecho, Universidad de Barcelona.
Sánchez-Prieto Borja, Pedro, 1998. *Cómo editar los textos medievales: criterios para su presentación gráfica*. Colección Bibliotheca Philologica. Madrid: Arco Libros.
Serrano Asenjo, J. Enrique, 1996. "Aspectos de la organización interior de las *Mocedades de Rodrigo*", *Bulletin of Hispanic Studies* (Glasgow), 73: 159–70.
Smith, Colin, 1994. "Toward a Reconciliation of Ideas about Medieval Spanish Epic", *Modern Language Review*, 89: 622–34.
Spiegel, Gabrielle M., 1990. "History, Historicism, and the Social Logic of the Text in the Middle Ages", *Speculum*, 65: 59–86.
Suárez Fernández, Luis, 1977. "La crisis del siglo XIV en Castilla", en Federico Udina Martorell, ed., *La mutación de la segunda mitad del siglo XIV en España*. Anexos de la revista *Hispania*, Cuadernos de Historia, 8. Madrid: Consejo Superior de Investigaciones Científicas-Instituto Jerónimo Zurita, pp. 33–45.
Toro-Garland, Fernando de, 1973 "El Arcipreste, protagonista literario del medievo español: el caso del 'mal Arcipreste' del *Fernán González*", en M. Criado de Val, ed., *El Arcipreste de Hita: el libro, el autor, la tierra, la época: Actas del I Congreso Internacional sobre el Arcipreste de Hita*, Barcelona: SERESA, pp. 327–36.
Valdeón Baruque, Julio, 1969. "Aspectos de la crisis castellana en la primera mitad del siglo XIV", *Hispania* (Madrid), 29: 5–24.
Vaquero, Mercedes, 1985. Reseña de Victorio 1982, *El Crotalón: Anuario de Filología Española*, 2: 560–63.
———, 1994. "Spanish Epic of Revolt", en Steven M. Oberhelman et al., eds., *Epic and Epoch: Essays on the Interpretation and History of a Genre*. Lubbock: Texas Tech University Press, pp. 146–63.
———, 1999. "Las *Mocedades de Rodrigo* en el marco de la épica de revuelta española", en Bailey 1999b, pp. 99–136.
Victorio, Juan, 1972. "Nota sobre la épica española: el motivo de la rebeldía", *Revue Belge de Philologie et d'Histoire*, 50: 777–92.
———, ed., 1982. *Mocedades de Rodrigo*. Clásicos Castellanos, 226. Madrid: Espasa Calpe.
Webber, Ruth House, 1980. "Formulaic Language in the *Mocedades de Rodrigo*", *Hispanic Review*, 48: 195–211.
Willis, Raymond S., 1972. "*La crónica rimada del Cid*: A School Text?", en *Studia hispanica in honorem R. Lapesa*. Madrid: Cátedra-Seminario Menéndez Pidal y Gredos, I, pp. 587–95.
Wolf, Ferdinand, 1847. *Ueber die Romanzen-Poesie der Spanier*. Viena: C. Gerold.

Wright, Roger, 1985–86. "How Old is the Ballad Genre?", *La Corónica*, 14: 251–57.
———, 1990. "Several Ballads, One Epic, and Two Chronicles (1100–1250)", *La Corónica*, 18.2: 21–37.
Zaderenko, Irene, en prensa. "Rodrigo, los doce pares, Almerique de Narbona, el palazín de Blaya: influencia de la épica francesa en las *Mocedades de Rodrigo*", en Isaías Lerner et al., eds., *Actas del XIV Congreso de la Asociación Internacional de Hispanistas (Nueva York, 16–21 de julio de 2001)*, New York: The Graduate Center, City University of New York.
Zamora Vicente, Alonso, ed., 1978. *Poema de Fernán González*. Clásicos Castellanos, 128, 2ª ed. Madrid: Espasa-Calpe.

ÍNDICE ONOMÁSTICO

NOTA: Cada nombre recibe la aclaración necesaria de acuerdo con el parentesco o el título que el poema le otorga (lo que muchas veces resulta incorrecto desde el punto de vista histórico). Se indica a continuación la ubicación del nombre en la *Crónica rimada* (folio, columna y línea del Ms. P) y en el texto crítico de la *Refundición* (número de verso), los datos de cada ocurrencia van separados por un doble guión (=) –salvo, lógicamente, en el caso de aquellos nombres que sólo figuran en el texto de P.

Alfonso, el mayor (rey de León, hijo mayor del rey Sancho Avarca): f. 191ra, l. 30 = v. 224; f. 191rb, l. 2 = v. 231.
Alfonso (Alfon), rey de León (hijo del conde don Suero de Casso y de la hija del rey Pelayo): f. 188ra, l. 12 = § 1; f. 188ra, l. 13 = § 1; f. 188va, l. 40 = v. 20.
Almereque (Almerique) de Narbona: f. 189ra, l. 34 = v. 57; f. 198ra, l. 9 = v. 801.
Antolín, San: f. 189vb, l. 32 = v. 119; f. 190va, l. 29 = v. 182; f. 190vb, l. 15 = v. 195.
Alva y de Bitoria, Conde de: f. 191va, l. 3.
Álvarez de Amaya, Nuño: f. 190ra, l. 34 = v. 141; f. 192rb, l. 5 = v. 302.
Álvarez de Amaya, Ramón: f. 191va, l. 17.
Álvaro de Feuza, Conde don: f. 191va, l.9.
Archil: f. 196va, l. 13 = v. 671.
Avarca, Sancho, rey de Castilla: f. 189rb, l. 11 = v. 66; f. 189rb, l. 29 = v. 76; f. 189rb, l. 39 = v. 81; f. 189va, l. 7 = v. 85; f. 189va, l. 16 = v. 90; f. 189va, l. 27 = v. 96; f. 190ra, l. 37 = v. 142; f. 190rb, l. 25 = v. 158; f. 190va, l. 21 = v. 178; f. 190vb, l. 11 = v. 193; f. 191ra, l. 26 = v. 221; f. 191vb, l. 27 = v. 273.
Bavieca: f. 200rb, l. 35.
Bellar, Conde don: f. 198ra, l. 1 = v. 797.
Bermudo, Pero: f. 198vb, l. 9 = v. 869. **Pero Mudo**: f. 198va, l. 43 = v. 865; f. 198vb, l. 27 = v. 880.
Bernaldo (Bernardo), segundo obispo de Palencia: f. 189vb, l. 21 = v. 113; f. 189vb, l. 22 = v. 114; f. 189vb, l. 24 = v. 115; f. 189va, l. 26 = v. 116; f. 190ra, l. 38 = v. 143; f. 190rb, l. 9 = v. 150; f. 189va, l. 16 = v. 151; f. 191vb, l. 23 = v. 271; f. 197ra, l. 34 = v. 726.
Bulcor, arrayaz de Sepúlveda: f. 193vb, l. 25 = v. 436.
Burgos de Aillón, rey moro: f. 193vb, l. 24 = v. 435; f. 194va, l. 10 = v. 490; f. 194va, l. 26 = v. 498; f. 194va, l. 37 = v. 503; f. 196ra, l. 24 = v. 628; f. 196va, l. 33 = v. 681.

Calvo, Laín, juez de Castilla: f. 188ra, l. 34 = § 3; f. 190vb, l. 35 = v. 206; f. 190vb, l. 36 = v. 207; f. 190vb, l. 39 = v. 208; f. 191ra, l. 18 = v. 217; f. 191ra, l. 23 = v. 219; f. 191ra, l. 37 = v. 227; f. 191rb, l. 34 = v. 249; f. 191va, l. 23 = v. 250; f. 192ra, l. 24 = v. 291; f. 192rb, l. 3 = v. 302; f. 195ra, l. 32 = v. 541; f. 196rb, l. 39 = v. 662; f. 199rb, l. 42 = v. 933; f. 201va, l. 3 = v. 1113.
Castro, Linaje de: f. 191va, l. 14.
Costança (hermana del rey don Sancho Ordóñez de Navarra): f. 188rb, l. 29 = § 5.
Díaz de Bivar, Rodrigo: f. 192rb, l. 2 = v. 302; f. 192rb, l. 17 = v. 309; f. 192rb, l. 21 = v. 311; f. 192va, l. 15 = v. 328; f. 192va, l. 19 = v. 330; f. 192vra, l. 40 = v. 340; f. 192vb, l. 39 = v. 362; f. 193ra, l. 9 = v. 367; f. 193ra, l. 24 = v. 374; f. 193rb, l. 4 = v. 386; f. 193rb, l. 21 = v. 394; f. 193rb, l. 22 = v. 395; f. 193va, l. 5 = v. 406; f. 193va, l. 11 = v. 409; f. 193va, l. 13 = v. 410; f. 193va, l. 19 = v. 414; f. 193va, l. 34 = v. 420; f. 193va, l. 38 = v. 422; f. 193va, l. 39 = v. 423; f. 193vb, l. 35 = v. 441; f. 194ra, l. 12 = v. 450; f. 194ra, l. 23 = v. 455; f. 194ra, l. 29 = v. 458; f. 194ra, l. 37 = v. 462; f. 194rb, l. 13 = v. 471; f. 194rb, l. 25 = v. 477; f. 194rb, l. 35 = v. 482; f. 194va, l. 8 = v. 489; f. 194va, l. 28 = v. 499; f. 195ra, l. 1 = v. 526; f. 195ra, l. 29 = v. 540; f. 195ra, l. 33 = v. 542; f. 195rb, l. 3 = v. 549; f. 195rb, l. 5 = v. 550; f. 195rb, l. 11 = v. 553; f. 195rb, l. 27 = v. 560; f. 195rb, l. 35 = v. 564; f. 195va, l. 3 = v. 570; f. 195va, l. 17 = v. 577; f. 195va, l. 31 = v. 584; f. 195vb, l. 14 = v. 597; f. 195vb, l. 16 = v. 598; f. 195vb, l. 25 = v. 603; f. 195vb, l. 26 = v. 604; f. 196ra, l. 1 = v. 614; f. 196ra, l. 11 = v. 619; f. 196ra, l. 16 = v. 622; f. 196ra, l. 29 = v. 631; f. 196rb, l. 8 = v. 644; f. 196rb, l. 11 = v. 645; f. 196rb, l. 15 = v. 648; f. 196rb, l. 19 = v. 650; f. 196rb, l. 33 = v. 659; f. 196rb, l. 41 = v. 663; f. 196va, l. 1 = v. 665; f. 196va, l. 9 = v. 669; f. 196va, l. 18 = v. 673; f. 196va, l. 24 = v. 677; f. 196va, l. 37 = v. 684; f. 196vb, l. 7 = v. 690; f. 196vb, l. 13 = v. 693; f. 196vb, l. 23 = v. 698; f. 196vb, l. 32 = v. 702; f. 197ra, l. 20 = v. 719; f. 197ra, l. 40 = v. 729; f. 197va, l. 5 = v. 754; f. 197va, l. 9 = v. 756; f. 197va, l. 17 = v. 760; f. 197va, l. 26 = v. 765; f. 197vb, l. 43 = v. 796; f. 198ra, l. 11 = v. 802; f. 198rb, l. 37 = v. 839; f. 198rb, l. 39 = v. 840; f. 198va, l. 9 = v. 847; f. 198va, l. 25 = v. 855; f. 198va, l. 30 = v. 858; f. 198vb, l. 21 = v. 876; f. 198vb, l. 28 = v. 881; f. 198vb, l. 36 = v. 886; f. 199ra, l. 9 = v. 894; f. 199rb, l. 16 = v. 920; f. 199rb, l. 37 = v. 931; f. 199rb, l. 39 = v. 932; f. 199va, l. 22 = v. 945; f. 199va, l. 39 = v. 954; f. 199vb, l. 9 = v. 961; f. 199vb, l. 29 = v. 971; f. 199vb, l. 39 = v. 976; f. 200ra, l. 1 = v. 978; f. 200ra, l. 12 = v. 983; f. 200ra, l. 17 = v. 986; f. 200ra, l. 25 = v. 990; f. 200rb, l. 2 = v. 999; f. 200rb, l. 9 = v. 1003. **Ruy Díaz**: f. 191va, l. 21; f. 200ra, l. 18 = v. 986; f. 200rb, l. 32 = v. 1014; f. 200rb, l. 33 = v. 1015; f. 200va, l. 4 = v. 1021; f. 200va, l. 26 = v. 1034; f. 200va, l. 29 = v. 1036; f. 200va, l. 35 = v. 1040; f. 200vb, l. 6 = v. 1047; f. 200vb, l. 10 = v. 1049; f. 201ra, l. 2 = v. 1068; f. 201ra, l. 37 = v. 1085; f. 201ra, l. 40; f. 201rb, l. 1 = v. 1089; f. 201rb, l. 23 = v. 1099; f. 201rb, l. 24 = v. 1100; f. 201rb, l. 42 = v. 1111; f. 201va, l. 1 = v. 1112; f. 201va, l. 6 = v. 1115; f. 201va, l. 16 = v. 1120; f. 201va, l. 19 = v. 1121; f. 201vb, l. 15 = v. 1140.
Díaz de Mendoza, Luys: f. 191va, l. 7.

Essar, Conde don (señor de Monçón): f. 197vb, l. 42 = v. 795.
Fáñez, Álvar: f. 191va, l. 12.
Fernández, Conde don Garçí (hijo del conde Fernán González): f. 189ra, L. 31 = v. 55; f. 189ra, l. 35 = v. 57; f. 189ra, l. 40 = v. 60; f. 189rb, l. 24 = v. 73.
Fernández, Conde don Garçí (hermano de Ximeno Sánchez de Burueva, uno de los condes traidores): f. 196vb, l. 1 = v. 687; f. 198ra, L. 7 = v. 800.
Fernando, rey de Castilla: f. 191ra, l. 35 = v. 226; f. 191rb, l. 2 = v. 231; f. 191rb, l. 22 = v. 242; f. 191vb, l. 40 = v. 279; f. 192vb, l. 6 = v. 344; f. 193ra, l. 2 = v. 363; f. 193ra, l. 20 = v. 372; f. 193va, l. 2 = v. 404; f. 194rb, l. 3 = v. 465; f. 194vb, l. 17 = v. 512; f. 195rb, l. 32 = v. 562; f. 195va, l. 40 = v. 588; f. 196ra, l. 17 = v. 623; f. 196va, l. 21 = v. 675; f. 196vb, l. 31 = v. 701; f. 196vb, l. 37 = v. 704; f. 197rb, l. 31 = v. 746; f. 197va, l. 12 = v. 757; f. 197va, l. 41 = v. 773; f. 198ra, l. 18 = v. 805; f. 198ra, l. 37 = v. 816; f. 198rb, l. 3 = v. 821; f. 198rb, l. 41 = v. 841; f. 199rb, l. 34 = v. 929; f. 199vb, l. 4 = v. 958; f. 200ra, l. 22 = v. 987; f. 200ra, l. 26 = v. 990; f. 200rb, l. 4 = v. 1000; f. 200va, l. 22 = v. 1031; f. 200va, l. 24 = v. 1032; f. 200va, l. 34 = v. 1039; f. 200ra, l. 38 = v. 1041; f. 200rb, l. 11 = v. 1049; f. 200vb, l. 38 = v. 1064; f. 201ra, l. 27 = v. 1080; f. 201rb, l. 2 = v. 1089; f. 201rb, l. 19 = v. 1097; f. 201rb, l. 31 = v. 1104; f. 201rb, l. 41 = v. 1110; f. 201va, l. 18 = v. 1120; f. 201va, l. 28 = v. 1125; f. 201va, l. 39 = v. 1131; f. 201vb, l. 23 = v. 1144; f. 201vb, l. 31 = v. 1148.
Fruela (Firuela) de Salas, Conde don: f. 197vb, l. 35 = v. 792; f. 198ra, l. 38 = v. 817.
Garay, moro de Atienza: f. 196va, l. 26 = v. 678.
Garçía (rey de Navarra, segundo hijo de Sancho Avarca): f. 191ra, l. 32 = v. 225; f. 191rb, l. 8 = v. 234.
García de Cabra, Conde don: f. 198ra, l. 5 = v. 799.
Gómez, Aldonza (hija del conde Gómez de Gormaz): f. 192rb, l. 30 = v. 315.
Gómez, Alfonso (hijo del conde Gómez de Gormaz): f. 192rb, l. 25 = v. 313.
Gómez de Gormaz, Conde don: f. 192ra, l. 3 = v. 281; f. 192rb, l. 14 = v. 307; f. 192va, l. 6 = v. 324.
Gómez, Elvira (hija del conde Gómez de Gormaz): f. 191rb, l. 29 = v. 315.
Gómez, Fernán (hijo del conde Gómez de Gormaz): f. 192rb, l. 25 = v. 313.
Gómez, Martín, conde don: f. 197vb, L. 21 = v. 789.
Gómez, Ximena (hija del conde Gómez de Gormaz): f. 192rb, l. 31 = v. 316; f. 192vb, l. 2 = v. 342; f. 192vb, l. 9 = v. 346; f. 192vb, l. 33 = v. 359; f. 193va, l. 37 = v. 422.
González, Fernán (Fernando, conde de Castilla): f. 188rb, l. 16 = § 4; f. 188rb, l. 23 = § 5; f. 188va, l. 31 = v. 16; f. 189ra, l. 9 = v. 44; f. 189ra, l. 26 = v. 52; f. 189rb. l. 22 = v. 72.
González (de Navarra), conde don Martín: f. 194vb, l. 2 = v. 505.
Guibén, señor de Madrid (rey moro): f. 188rb, l. 6 = § 4.
Isabel, hija del rey de Francia (casada con el rey Sancho Avarca): f. 189va, l. 13 = v. 89.
Jesyas de Guadalajara, rey moro: f. 196ra, l. 20 = v. 626; f. 196va, l. 28 = v. 679.
Judas, el Macabeo: f. 196va, l. 12 = v. 670.

Laínez, Diego: f. 191ra, l. 23 = v. 220; f. 191va, l. 15; f. 192ra, l. 4 = v. 281; f. 192ra, l. 9 = v. 283; f. 192rb, l. 2 = v. 302; f. 192rb, l. 40 = v. 321; f. 192va, l. 13 = v. 327; f. 192va, l. 33 = v. 337; f. 192vb, l. 19 = v. 352; f. 193ra, l. 16 = v. 370; f. 193ra, l. 25 = v. 375; f. 193rb, l. 14 = v. 391; f. 193va, l. 9 = v. 408; f. 193va, l. 29 = v. 418; f. 195ra, l. 31 = v. 541; f. 195va, l. 1 = v. 590; f. 195va, l. 3 = v. 591; f. 195va, l. 6 = v. 593; f. 195vb, l. 21 = v. 601; f. 196rb, l. 22 = v. 652; f. 199rb, l. 41 = v. 933; f. 201va, l. 2 = v. 1113.
Laínez, Fernand: f. 196rb, l. 25 = v. 655.
Laínez, Galdín: f. 191va, l. 1.
Laínez, Laín (Galduy): f. 191ra, l. 5 = v. 212.
Laínez, Ruy (de Alfaro o Faro): f. 191ra, l. 4 = v. 211; f. 193ra, l. 40 = v. 382; f. 196rb, l. 23 = v. 653.
Laínez de Carrión, conde don Galín: f. 197vb, l. 40 = v. 794.
Lázaro, San: f. 195va, l. 21 = v. 579.
Lope (hijo de Galdín Laínez): f. 191va, l. 5.
Mjnayas, Gonzalo: f. 191rb, l. 37.
Miro, primer obispo de Palencia: f. 190rb, l. 18 = v. 155; f. 190va, l. 7 = v. 171; f. 190vb, l. 5 = v. 190; f. 191vb, l. 22 = v. 271.
Nicanor: f. 196va, l. 13 = v. 671.
Núñez, Gonzalo (hijo de Nuño Rassura): f. 188rb, l. 3 = § 4.
Núñez, Nuño (conde de Simancas): f. 197vb, l. 31 = v. 790.
Núñez, Theresa (madre de Rodrigo): f. 191va, l. 16; f. 195rb, l. 20 = v. 557.
Ordóñez, Sancho, rey de Navarra: f. 188rb, l. 20 = § 5; f. 188rb, l. 21 = § 5; f. 188rb, l. 30 = § 5; f. 188va, l. 33.
Ordoño de Campos: f. 190ra, l. 31; f. 197vb, l. 33 = v. 791.
Ordoño de Navarra: f. 195va, l. 41.
Ossorio, conde don (ayo del rey Fernando): f. 190ra, l. 30 = v. 140; f. 193ra, l. 1 = v. 363; f. 193va, l. 26 = v. 416; f. 193vb, l. 13 = v. 430; f. 197vb, l. 27 = v. 788.
Pedro, conde de Palencia: f. 189va, l. 25 = v. 95; f. 190ra, l. 3 = v. 125; f. 190ra, l. 9 = v. 128; f. 190rb, l. 40 = v. 166. **Pedro del Canpo**: f. 197ra, l. 18 = v. 718.
Pelayo, rey: f. 188ra, l. 5 = § 1; f. 188ra, l. 7 = § 1.
Ramírez, Sancho, rey de Navarra: f. 188rb, l. 9 = § 4.
Ramiro, rey de Navarra: f. 191rb, l. 18 = v. 240; f. 195va, l. 39 = v. 588.
Rassura, Nuño, juez de Castilla: f. 188ra, l. 33 = § 3; f. 188ra, l. 33 = § 3; f. 188ra, l. 33 = § 3; f. 188rb, l. 1 = § 4.
Rodríguez, Álvar: f. 197vb, l. 36 = v. 793.
Rodrigo, conde don (suegro de Galdín Laínez): f. 191va, l. 2.
Rodrigo de Cabra: f. 197vb, l. 43 = v. 796.
Saboya, Conde de: f. 198ra, l. 35 = v. 815; f. 198ra, l. 41 = v. 818; f. 198va, l. 29 = v. 857; f. 198vb, l. 42 = v. 889; f. 199rb, l. 22 = v. 923; f. 199vb, l. 17 = v. 965; f. 200rb, l. 15 = v. 1006; f. 201va, l. 26 = v. 1124.
Saboya, hija del conde de: f. 201va, l. 25 = v. 1124.
Salas, Infantes de: f. 189ra, l. 39 = v. 59.
Sancha, hija del rey don Sancho: f. 191rb, l. 15 = v. 238.
Sánchez, Aldara: f. 188rb, l. 7 = § 4.
Sánchez de Burueva, Ximeno (Ximón): f. 196vb, l. 5 = v. 689; f. 198ra, l. 3 = v. 798; f. 198ra, l. 39 = v. 817.

Suero de Casso, conde don: f. 188ra, l. 10 = § 1; f. 188va, l. 39 = v. 19; f. 189rb, l. 5 = v. 63.
Tholomeo: f. 196va, l. 14 = v. 671.
Santiago, hijo de Zebedeo: f. 196va, l. 10 = v. 669.

ÍNDICE DE TOPÓNIMOS

Aguilar de Canpo: f. 190ra, l. 21 = v. 135.
Arlanzón: f. 198ra, l. 16 = v. 804.
Aspa: f. 189va, l. 18 = v. 91; f. 197rb, l. 12 = v. 735; f. 197va, l. 35 = v. 769; f. 197vb, l. 2 = v. 784.
Astorga: f. 194rb, l. 15 = v. 555; f. 196rb, l. 13 = v. 647.
Atapuerca: f. 191rb, l. 7 = v. 234.
Atienza (Atiença): f. 191ra, l. 11 = v. 215; f. 196ra, l. 19 = v. 625.
Benabente (Benavente): f. 195rb, l. 13 = v. 554; f. 196rb, l. 13 = v. 646; f. 196vb, l. 39 = v. 705.
Bilforado: f. 188ra, l. 21 = § 2; f. 193vb, l. 32 = v. 439; f. 196va, l. 41 = v. 686.
Birviesca: f. 196vb, l. 10 = v. 691.
Bivar: f. 192ra, l. 7 = v. 283; f. 192rb, l. 26 = v. 313; f. 192rb, l. 39 = v. 320; f. 192vb, l. 1 = v. 341: f. 193ra, l. 15 = v. 370; f. 193vb, l. 21 = v. 434; f. 196ra, l. 28 = v. 630; f. 196rb, l. 19 = v. 650.
Blaya: f. 198ra, l. 34 = v. 815.
Burgos: f. 189rb, l. 13 = v. 67; f. 189va, l. 26 = v. 95; f. 193vb, l. 34 = v. 440.
Calahorra: f. 194vb, l. 6 = v. 507; f. 195ra, l. 23 = v. 536; f. 196ra, l. 16 = v. 622.
Campo de Gomiel: f. 194ra, l. 19 = v. 453.
Carrión: f. 188ra, l. 24 = § 2; f. 196vb, l. 23 = v. 698; f. 196vb, l. 26; f. 197vb, l. 41 = v. 794.
Cascajares del Bravo: f. 190va, l. 4 = v. 169; f. 191vb, l. 33 = v. 276.
Castiel Redondo: f. 191vb, l. 30 = v. 275.
Cohinbra: f. 197vb, l. 8 = v. 778.
Cuesta de los Cascajares: f. 191vb, l. 33 = v. 276.
Defesa Brava: f. 190rb, l. 14 = v. 153.
Duero: f. 193rb, l. 19 = v. 393; f. 194ra, l. 33 = v. 460; f. 195rb, l. 38 = v. 565; f. 196rb, l. 32 = v. 658; f. 198ra, l. 15 = v. 804.
Fuente Dueña: f. 194ra, l. 36 = v. 461.
Grañón: f. 188ra, l. 22 = § 2; f. 193vb, l. 34 = v. 440; f. 196vb, l. 42 = v. 687; f. 198ra, l. 8 = v. 800.
Grejalva: f. 195va, l. 9 = v. 573.
Huerta del Campo: f. 190va, l. 1 = v. 168.
Huerta del Topo: f. 191vb, l. 28 = v. 274.
Lerma: f. 194ra, l. 11 = v. 449.
Madrid: f. 188rb, l. 6 = § 4.
Magaz: f. 191vb, l. 30 = v. 275.
Malgrado: f. 195rb, l. 12 = v. 553; f. 196rb, l. 12 = v. 646.
Mansilla: f. 191ra, l. 41 = v. 230.

Mendoça: f. 191ra, l. 5 = v. 212.
Mondoñedo: f. 197vb, l. 38.
Monte Iraglo: f. 195rb, l. 16 = v. 555; f. 196rb, l. 14 = v. 647.
Montemayor: f. 197vb, l. 9 = v. 778.
Moreruela: f. 196vb, l. 38 = v. 705.
Nava del Grillo: f. 194ra, l. 10 = v. 449.
Olmedo: f. 188ra, l. 19 = § 2; f. 191ra, l. 14 = v. 216; f. 193vb, l. 28 = v. 437.
Oter Redondo: f. 190va, l. 2 = v. 168; f. 190vb, l. 13 = v. 194.
Palençia: f. 189va, l. 31 = v. 98; f. 189vb, l. 2 = v. 103; f. 189vb, l. 3 = v. 104; f. 190rb, l. 8 = v. 150; f. 190rb, l. 28 = v. 160; f. 190rb, l. 37 = v. 165; f. 190va, l. 25 = v. 180; f. 191vb, l. 21 = v. 270; f. 197ra, l. 22 = v. 720; f. 197ra, l. 31 = v. 724.
París: f. 197va, l. 38 = v. 771; f. 197vb, l. 24 = v. 786; f. 200ra, l. 31 = v. 993; f. 200rb, l. 6 = v. 1001; f. 200rb, l. 40 = v. 1018; f. 200va, l. 8 = v. 1024.
Pavía: f. 198ra, l. 25 = v. 809.
Peña Falcón: f. 194ra, l. 31 = v. 459.
Peñafiel: f. 191ra, l. 19 = v. 218; f. 194ra, l. 32 = v. 459.
Quintanilla: f. 191vb, l. 29 = v. 274.
Redezilla: f. 193vb, l. 33 = v. 440; f. 196va, l. 41 = v. 686.
Rochela: f. 198ra, l. 32 = v. 814.
Ruédano: f. 198rb, l. 4 = v. 822.
Saldaña: f. 188ra, l. 24 = § 2; f. 188vb, l. 7 = v. 24; f. 191ra, l. 24 = v. 220.
San Pedro de Cardeña: f. 190vb, l. 38 = v. 208; f. 193vb, l. 21 = v. 434.
Santa María de Rocamador: f. 195ra, l. 39 = v. 545.
Sant Estevan de Gormaz: f. 188ra, l. 17 = § 2; f. 191ra, l. 9 = v. 214; f. 192ra, l. 11 = v. 285; f. 192rb, l. 38 = v. 320.
Sant Salvador de Oviedo: f. 195rb, l. 18 = v. 556. **San Salvador**: f. 197vb, l. 4 = v. 775.
Santiago: f. 188ra, l. 38 = § 3; f. 191rb, l. 4 = v. 232; f. 191rb, l. 12 = v. 236; f. 191va, l. 33 = v. 255; f. 195ra, l. 38 = v. 544; f. 195rb, l. 23 = v. 558; f. 196ra, l. 39 = v. 637; f. 196rb, l. 3 = v. 641; f. 196va, l. 9 = v. 669; f. 196rb, l. 13 = v. 735; f. 197va, l. 35 = v. 769; f. 201vb, l. 10 = v. 1137.
Santo Thomé: f. 191vb, l. 34 = v. 276.
Sepúlveda: f. 188ra, l. 18 = § 2; f. 191ra, l. 14 = v. 216.
Sevilla: f. 197vb, l. 11 = v. 780.
Sezilla: f. 198ra, l. 28 = v. 811.
Siete Barrios: f. 196vb, l. 10 = v. 691.
Simancas: f. 197vb, l. 32 = v. 790.
Soria: f. 197vb, l. 10 = v. 779.
Toledo: f. 190rb, l. 5 = v. 148; f. 190rb, l. 26 = v. 159; f. 190va, l. 33 = v. 184.
Treviño: f. 191ra, l. 6 = v. 212; f. 196rb, l. 24 = v. 654.
Tudela de Duero: f. 194ra, l. 40 = v. 463; f. 194rb, l. 11 = v. 470; f. 194vb, l. 6 = v. 507.
Tudela de Navarra: f. 188rb, l. 27 = § 5; f. 188rb, l. 35 § 6.
Vado de Cascajar: f. 195rb, l. 37 = v. 565.
Val de Pero: f. 191vb, l. 37 = v. 278.
Val Royado (Val Roçiado): f. 190va, l. 6 = v. 170; f. 191vb, l. 36 = v. 277.
Vañárez: f. 188rb, l. 24 = § 5.

Villafranca de Montes de Oca: f. 188va, l. 27 = v. 14; f. 190vb, l. 37 = v. 207; f. 196vb, l. 3 = v. 688.
Visagra: f. 190rb, l. 2 = v. 146.
Vizcaya: f. 190rb, l. 40.
Yoda: f. 194ra, l. 20 = v. 453.
Çamora: f. 191rb, l. 24 = v. 243; f. 192vb, l. 5 = v. 344; f. 192vb, l. 12 = v. 348; f. 193rb, l. 12 = v. 390; f. 193rb, l. 17 = v. 392; f. 193rb, l. 18 = v. 393; f. 194rb, l. 2 = v. 465; f. 194vb, l. 16 = v. 512; f. 195ra, l. 2 = v. 526; f. 196ra, l. 31 = v. 632; f. 196vb, l. 38 = v. 705; f. 196vb, l. 40 = v. 706.
Çerrato: f. 195vb, l. 10 = v. 573.
Çigüenza: f. 191ra, l. 11 = v. 215; f. 196ra, l. 19 = v. 625; f. 196va, l. 27 = v. 678.

ÍNDICE DE MATERIAS

Abengalvón: liv, 169
actuación juglaresca (como práctica discursiva): xi–xii, xiii
Alfonso Pinto, Fátima: lxv–lxvi
Alfonso VI, rey de León, Castilla y Galicia: xxvii, liv n., 154, 178
Alfonso VII, rey de Castilla y León: 162
Alfonso VIII, rey de Castilla: xii, xxvii, 178
Alfonso X, el Sabio, rey de Castilla y León: xiii, li, lxi, 154
Alfonso XI, rey de Castilla y León: xxi, lxi, 158, 167, 174
Almanzor: 177
Almerique de Narbona: 178
Álvar Fáñez: xxxiii, xlvi, liv
Amador de los Ríos, José: x, xxii
análisis contextual y formal: xvii
análisis textual: xxv, xxvi, xxxiii, lxviii
Armistead, Samuel G.: x n., xi, xvi n., xxiii, xxvi, xxxvi n., xxxviii, xl, xli, xlii, xlvi, liii n., lxiv, lxvi, lxix, 153, 163, 173, 176, 180
asonancia: xviii, lviii, lxxi, 179
Asur González: lvii
auto-investidura caballeresca: 173, 174
autoría: xxii–xxv, xxix, lii, lxi, lxii, 154, 172
autoridad, principio de/figura de: xix, xx, xlv, xlvi, xlviii, xlix, l, lix, 167, 168, 170, 175, 176
Barcelona, conde de: lvi, lvii
Barcelos, Pedro Afonso, conde de, *Livro de linhagens*: xxxii, xxxiii, lx
bastardía: xxxiii n., xxxviii, lx, 153, 157, 160, 161, 163, 180
Berceo, Gonzalo de, *Vida de San Millán*: lix, 177
Bermúdez, Pero: liv, lvi, 180
besamanos: xliii, liv, 167, 168
Bowra, C. M.: xii
Bulcor de Sepúlveda: xlvi

Burgos de Ayllón: xl, xlvi, liv, 169, 174
Burshatin, Israel: 165, 171, 172, 173, 178, 180
caballería urbana: liv n., lx, 179
Calahorra: xxx, xxxix, xlvi, xlviii, liii, lxi, 171, 173, 177, 179
Cantar de Fernán González (cantar juglaresco perdido): liii, lvii, 155
Cantar de los Infantes de Lara: lv, lvii, lviii, 176
Cantar de Mio Cid – Poema de Mio Cid: ix, xiii, xiv, xv, xvii, xviii n., xix, xxii, xxvii, xxx, xxxii n., xlvi, l, liii, liv, lv, lvi, lvii, 154, 161, 164, 169, 175, 176, 179, 180
Cantar de Sancho II y el cerco de Zamora: ix, xiii, xiv, xv, xxii, xxxviii n., liii
Cárcel de Amor: lxi
Carmen Campidoctoris: xiii, 170
Castro, Guillén de, *Las mocedades del Cid*: x
Catalán, Diego: xxvi, xxvii, xxxiii, xxxvi n., xxxviii n., li n., lxiii, lxix, 160, 178
Chronica Najerensis: 160
Chronicon Mundi: xxxvi, 177
Ciclo épico del Cid: ix, xiv, xv, 166,178
Codex Calixtinus: xxxvi, lxix
Constanza, hermana del rey Sancho Ordóñez de Navarra: lviii, 155
contexto histórico: xii, xiii, xix, xx, xxi, xxxiii, xxxiv n., xxxviii n., xliv, l, lii, lx, lxi, lxix, 167, 180
contienda verbal: xlix, lxi, lxii
copista del ms. P: xxviii, xxix, xxx, xxxi, xxxiii, xxxiv, xxxix, lxviii, lxix, lxxii
crisis castellana bajomedieval: xix, xx, xxi, lviii, lx, lxi, 167
crisis del siglo XIV: xx, xxi
crítica textual: lxii, lxiii, lxvii–lxix
Crónica de Castilla: ix, xxiv, xxvi, xxvii, xxviii, xxx, xxxvi n., xxxviii, xli, xlii, xliv, lxix, 166
Crónica general de 1344: ix, xxiv, xxxiii, xli, 156

Crónica general de España: ix, xiv, xxxii n., liv
Crónica particular de San Fernando: xxviii, 178
Crónica particular del Cid: xiv, xli
Crónica rimada: x, xxix, xxxiv, xxxvii n., lx, lxiii, lxx, 172
cuadernavía: xxxvii, xxxviii, lix, lxix
datación: xxvi n., xxxiv n., xxxviii n., li, liv, 158, 159
De rebus Hispaniae: xxxvi n., lxix n., 158
Deyermond, Alan: ix n., xii, xiii, xxiv, xv n., xxii n., xxiii n., xxvi n., xxx, xxxiv, xxxvi, xxxix, xl, li, lii, liii n., lv n., lvi, lix n., lxiii, lxv, lxx,153, 154, 155, 158, 159, 160, 168, 172, 176
Duggan, Joseph: xii
edad heroica en Castilla: xii, xiii, 178
ediciones previas: xxviii n., xl, xli n., lxii–lxvii, lxix
Enfances (subgénero épico de las): xvi n., xxiii n., liii, lviii, 168, 173
Enrique II de Trastámara, rey de Castilla y León: xxxiv n., lii
épica castellana (fases evolutivas): xii, xiv, xvii, xviii, xix, xliv, xlviii, l, lviii, lx
épica de revuelta: lviii, 172
épica tardía en Castilla: xiv, xvii, xviii, xix, xxxvii, xliv, xlviii, l, lviii, lx, lxviii, lxx
Episodio de Jimena y Rodrigo: xliv–xlvi, 162–170
Episodio de la batalla contra reyes moros y condes rebeldes: xxxvii, xli, xlvii, 173–176
Episodio de la campaña de Francia: xlvii, 176–181
Episodio de la restitución del obispo de Palencia: 176
Episodio del duelo por Calahorra: xlvi–xlvii, 170–173
Epitafio épico del Cid: ix n
Era Degollada, batalla de: 155, 156
escena matriz: xlix, lxii, 156, 162
estructura narrativa: xl–xliii
exceso, lógica del: 165, 181
Fáriz y Galbe: l, lvi, lvii
Faulhaber, Charles B.: xxxiv n., lxv
Fernando I, el Magno, rey de Castilla: xxvii, xliii, 178
Fernando III, el Santo, rey de Castilla y León: li, 162, 178
Fernando IV, rey de Castilla y León: xxxiv, xxxviii n., lix, lx, 178

Fernando, par de emperador: xxxviii, xl, xlvii, lvi, lviii, 178, 179
feudalismo – relación vasallática: xviii, xxxviii, xliii, xlvi, xlvii, liv, 155, 162, 168, 169, 170
Fitzmaurice-Kelly, James: x
fórmulas épicas: xviii, xxv, xxxvii
fragmentarismo: x, xiv, xviii, xix, xxv–xxvii, xxxv, xxxvi, xl, xli, xliv, xlvi, xlviii, l, li, lviii, lix, 173, 174, 176, 178
función propagandística: xxv, xxxiv n., xli, xlii, lii, lix
función social de la épica: xii
Gabriel, arcángel: liv, lv
Galicia: lii, 169
Garci Fernández: xxxi, xl
García de Salazar, Lope, *Libro de las bienandanzas e fortunas*: ix, xli
García I, rey de Navarra: 156
Geary, John Steven: xviii n., xxxii
genealogía, modelo genealógico; interés por la: xxiii, xxviii, xxx, xxxiii, xxxix, lix, 154, 156, 157, 159
género (*gender*), enfoque desde los estudios de: xlvi n., xlviii, 154, 163, 164, 167, 168
Gesta de las Mocedades de Rodrigo: x, xix, xxiv, xxvi, xxxiii, xxxvi, xxxviii, xl, xli, xliv, xlviii, li, liii, lix n., lxvii, lxviii, lxix, lxx, lxxi, 153, 154, 162, 164, 166, 167, 171, 178
glosas marginales: xxii, xxx, xxxi, xxxvii
Gómez de Gormaz, conde: xviii, xxxviii, xl, lxix, 162, 164
Gómez Redondo, Fernando: xi, xiii, li
Gormaz: xl, xli n., xliv, 153, 154, 163
Gornall, John: xvi, xxxii, liii n., liv, 164, 165, 168, 172, 180
Grognard, André: lii
Haro, Lope Díaz de: 167
heráldica: xxxvi, 157, 158, 162, 179
heterogeneidad: x, xviii n., xix, xxv, xl, xliv, xlviii, lii n., lxi, lxiv
Historia hasta 1288 dialogada: li
Historia nobiliaria de Castilla: 178
Historia Roderici: xiii, xxxiii, 170
Hook, David: xlii, xliii, 156
Huntington, Archer: lxiii, lxv
ideología: xiii, xiv, xv, xx, xxv, xxxviii, lii, lix, lx, 157, 158, 160, 161
iniciación, mito de – rito de: lviii, 168, 173
intertextualidad: liii, lvii
Introducción histórica (de las *Mocedades de*

Rodrigo): xxiii, xxiv, xxxiii, xxxviii, xxxix, xl, xliii, lix, lxix, 153, 169
investidura caballeresca: xxxvi, 173, 174
Jimena Gómez: x, xv, xviii n., xxxviii, xli, xlii, xlv, xlvi, xlix, liv, lv, 162–169, 172, 173, 180, 181
Juan Manuel: 167; *Crónica abreviada*: 178; *Libro de las tres razones*: xix
Jueces de Castilla: xxxix, xlix, 154
Jura de Santa Gadea: ix, xiii, liii, liv
Lacarra Lanz, Eukene: xlvi n., xlviii, 154, 163, 167, 168
Ladero Quesada, Miguel Ángel: xxi
Laín Calvo: xxxi, xxxii, 159, 160, 163
Laínez, Diego: ix, xviii, xxxi, xliv, xlv, xlix, liii, liv, 162, 168
Le Charroi de Nimes: 165
Lerma, conjuración de: 167
Lévi-Strauss, Claude: xlviii
Leyenda de Cárdena: xxvii
Liber Regum: xxxiii, 160, 170
Libro de Alexandre: xxxvii, 175
Libro de buen amor: xix, l
Libro del cavallero Zifar: xix
Linaje del Cid: xxxiii, 170
Long, Antonia: xlii, xliii
Lord, Albert: xxxvii
Los hijos de Sancho el Mayor: 160
Mainete: 169
Martin, Georges: xxii n., xxv, xxvi n., xxxiii, xxxiv n., xxxvii n., xl n., 153, 154, 155, 157, 160, 161, 167, 169, 179, 180
Martín González, conde navarro: xxx, xlvii, 171
matrimonio: xlii, xliii n., xlv, xlvi, lxix, 157, 166
Menéndez Pelayo, Marcelino: xv, xxii
Menéndez Pidal, Ramón: x, xii, xvi, xvii, xxiii, xxiv, xxvi n., xxxi, xxxii, xxxix, xl, xli, xlii, liii n., lxiii, lxiv, lxvi, lxvii, lxxi, 153, 156, 163, 173
mesura: xlvii, liv, lviii, 165
Michael, Ian: xi
Michel, Francisque: x, lxii
Milá y Fontanals, Manuel: x, xxii
Millet, Víctor: xi, lviii
Molina, doña María de, reina de Castilla y León: lx
Montaner, Alberto: ix n., xi, xvi n., xlii, xliii, xlvi, xlviii, lxvii, lxxi, 154, 157, 158, 159, 162, 163, 166, 168, 170, 171, 173, 174
Montgomery, Thomas: xiii, xxv, xxx, l, lii, lviii, lxviii, 161, 163, 168, 173, 179, 180

Montiel, regicidio de: 167
ms. Fonds Espagnol 12 de la Bibliothèque Nationale de France: ix, xxvii
Neo-individualismo: xi
Neo-tradicionalismo: xi, xxiii, xxiv, lxiv
Ochoa, Eugenio de: x, xxi, lxii
oralidad: ix, xi, xii, xiii, xiv, xvii, xviii, xxii, xxiii, xxiv n., xxxvii, l, liii, lxiii
Ordoño (personaje cidiano): liv
Ordoño de Campos, conde: 178
Ordoño I, rey de Asturias: 153
Orduna, Germán: xiii
Osorio, conde don, ayo del rey Fernando: 166, 169
Palencia, diócesis de: xxiv, xxxii n., xxxiv, xxxv, xxxvi, lii, lxviii, 153, 159, 162
Pedro I, el Cruel, rey de Castilla y León: xxxiv, lii, 167, 179
Pelayo, rey de Asturias: x, 153, 157, 169
Poema de Fernán González: xxiv, lix
Portugal: lii n., lxix
Powell, Brian: xxxiii
proceso compositivo: xxi, xxvi, xxvii, xxxiv, xxxix, xlviii, liii
prosa: xi, xiv, xix, xx, xxix, xxxi, xxxii, xxxiv, lxiii
prosificación de poemas épicos: ix, xiv, xvi, xxviii, xxx, xxxviii, xxxix, xli, 155
proto-romances: li, lviii
prueba calificante: 172, 178
puer senex: 165
puesta por escrito: xiii, xvii
rebeldía, principio de/figura de: xxxviii, xlv, xlvi, xlviii, xlix, lviii, lix, 167, 168
refranero: 171
Refundición de las Mocedades de Rodrigo: x, xxvi, xxvii, xxxii n., xxxiii, xxxiv, xxxviii, xl, xli, xlii, xliv, lx, lxvii, lxviii, lxix, lxx, lxxi, 153, 158, 164, 171, 172
reina falsamente acusada, motivo de la: 161
rey niño, motivo del: xl, 160
Rico, Francisco: xiii
Rodiek, Christoph: liii, liv, lv
Rodrigo: ix, x, xv, xix, xxvi, xxviii, xxx, xxxi, xxxiii, xxxiv, xxxv, xxxvi, xxxviii, xl, xli, xlii, xliii, xlv, xlvi, xlvii, xlviii, xlix, l, liii, liv, lv, lvi, lviii, lix, lx, lxv, lxviii, lxix, lxx, 154, 162–177, 179, 180, 181
Rodríguez de Almela, Diego, versión interpolada del *Compendio historial*: ix
romances: ix, xiv, xix, xxiii, xxvi, l, li, lviii, lxiv, lxix, 162, 165, 166, 177, 180. *A*

concilio dentro en Roma: ix, xlix; *Cabalga Diego Laínez*: ix, xviii, xlix, 168; *Cada día que amanece*: ix, 166; *Castellanos y leoneses*: xlix, 156; *Con cartas y mensajeros*: 172; *Día era de los reyes*: ix, 166; *En Burgos está el buen rey*: ix, 166; *Rey don Sancho, rey don Sancho*: ix; *Romance de Fernando el Emplazado*: li; *Yo salí de mi tierra*: li
romancero, orígenes del: l, li
Roncesvalles: xviii
Saboya, conde de: xix, xlvii, xlix, l, lvi, lvii, lviii, 157, 180
Saboyana (hija del conde de Saboya): 157, 180, 181
Saldaña: lviii, 154
San Antolín: xxxv, xxxvi, 158, 162
San Lázaro: xviii n., xxxix, xlvii, liv, lv, lxix, 170, 171
San Pedro de Arlanza: lix, 158, 159
Sánchez-Prieto Borja, Pedro: lxxi
Sancho Abarca: xxxvi, 156, 158, 159, 160, 162
Sancho Abarca, primer rey de Castilla: xxxv, xxxvi, 157, 159
Sancho Garcés IV, rey de Navarra: 161, 177
Sancho Ordóñez, rey de Navarra: xlix, lviii, 155
Sancho II, rey de Castilla: 166, 178
Sancho III, el Mayor, rey de Navarra: 157, 158
Sancho IV, rey de Castilla y León: xxi, xxxiv, 167
Santiago de Compostela: 171–174
segundones: lx, 157, 161

Serrano Asenjo, J. Enrique: xliii, xliv, xlvi, 153
Spiegel, Gabrielle: xvii
Suero de Casso, conde: liv, 157
Tosios de Olmedo: xlvi
transmisión textual: xviii n., xxvii, xxxii, xxxix, xl, lx, lxvii, lxviii, lxix, lxxi
Trastámara, dinastía: xxi, xxxiv, lii, lx
tributo, exigencia de: xlvi, liii, 156, 177
Velázquez, Ruy: lv
Velorado, Juan de, *Crónica particular del Cid*: xiv
versificación: xv, xviii, xix, xx, xxviii, xxx, xxxii, li
verso escrito: ix, l
verso oral: x, xiii, xxxvii, liii, lxiii
Victorio, Juan: xxviii n., xxxii, xxxiv n., lii, lxiv, lxvi, lxvii, lxxi, 153, 156, 159, 160, 168, 171, 172, 174, 175, 177, 178, 179
villanía: lx, 157, 179
violencia verbal: xlv n., xlix, lxii, 163
Vivar: ix, xvii, xl, xli n., xliv, liv, 159, 167
voto de las cinco lides: xviii n., xxxvi n., xxxviii, xl, xli, xlii, xliii, xliv, xlvi, xlvii, liv, lvii, lxix, 162, 167, 169
Webber, Ruth House: xviii n., xxv, xxx, xxxvii, lxviii
Willis, Raymond: x, xxxvii, lxix, 172, 175
Wright, Roger: li
Ximeno Sánchez de Burueva: xxx, xl, 176, 179
Zamora: ix, xviii, xxxi, lii, liii, lv, 166, 167, 170, 171, 172